本书得到中央高校基本科研业务费专项资金资助项目"苏南地区农业社会化服务机制创新研究"(编号:JUSRP1501XNC)和教育部人文社科研究规划基金项目(编号:13YJA790050)的资助

农业社会化服务体系研究

Research on Agricultural
Socialized Service System

李 俏◎著

社会科学文献出版社
SOCIAL SCIENCES ACADEMIC PRESS (CHINA)

摘　要

农业社会化服务体系是指为满足农业生产与发展需要，政府、市场和社会三方为农民从事农业生产与经营提供各种服务所构成的服务网络与组织系统。从本质上来看，发展农业社会化服务体系就是运用组织形式解决生产力发展的问题，农业社会化服务体系是实现农业现代化的基础力量。以家庭承包经营为基础的统分结合的双层经营体制，在一定时期内促进了生产力的发展，但是随着农村改革的深入和市场经济的发展，"统"的功能不断弱化，"分"的功能却不断加强，尤其是在大量农村青壮年劳动力向城市转移的现实背景下，适应农村劳动力结构和农业经营方式转型的需要，探索完善农业社会化服务体系的方法与路径，具有重要的理论意义与现实意义。

本研究主要沿着两条主线进行。第一条主线是围绕"体系建设"对农业社会化服务体系进行整体性研究，即前三章在分析现行农业社会化服务体系的发展现状与区域差异的基础上，借鉴国外发达国家农业社会化服务体系的建设经验，提出现代农业社会化服务体系的整体框架与发展思路。第二条主线是围绕"体系的组织结构"对农业社会化服务体系进行分类研究，即从第四章开始分别对政府公共服务机构、市场化龙头企业、农民专业合作组织和其他社会服务组织、科研教育单位进行论述，对其在体系中所扮演的角色及所发挥的功能做进一步探讨。

中国农业社会化具有巨大的发展潜力与发展空间，同时存在显著的区域发展差异。为适应新时期"三农"领域的变化发展，本研究初步构建了现代农业社会化服务体系的发展框架。影响体系建设的外部资源因素主要包括政策支持、财政投入、管理制度、人才队伍建设、社会支持和市场流通体制六个方面；内部结构主要由四个部分构成，即政府公共服务机构、市场化龙头企业、农民专业合作组织和其他社会服务组织、科研教育单位。这四个部分分别代表政府、市场、民间和事业单位四方的利益，因而在体系中分别承担公益性服务功能、市场化服务功能、互助性服务功能和科教推服务功能，发挥目标导向、经济适应、社会整合和模式维持的作用。中国农民数量巨大，单一力量无法承担综合服务的功能，同时由于市场经济向纵深发展、社会变革加剧等因素，也需要多重供给力量联合起来，以适应农业经济发展与农户生产生活的需要。因此，在宏观层面，要推进政府公共服务机构和科研教育事业单位转型，鼓励社会力量参与提供服务；在微观层面，要支持社区成为我国现代农业社会化服务体系建设的重要载体。

关键词：农业社会化服务　"三农"问题　新型农业经营主体　服务体系

Abstract

Socialized agricultural service system refers to the service network and organizational system formed by government, market and society in providing services to small farmers in order to meet the needs of agricultural production and development. In nature, developing socialized agricultural service system is the basic power to realize agricultural modernization in use of organizational form to solve the problem of agricultural productivity development. The unified and separate management system which is based on family contract management has promoted the development of productivity for a period of time. However, with the deepening of rural reform and intensifying of market competition, the unified function is gradually weakened, while the separate function is continually intensified. Especially under the background of large number of young rural labor migrate to urban areas, to meet the needs of rural labor force structure and agricultural management mode transformation, exploring the methods and paths of improving agricultural socialized service system has great theoretical and practical significance.

This paper is written along two main clues. The first clue is an overall study on "system construction", namely, on the basis of analyzing status and regional differences of current socialized services system for agriculture and learning from the experiences of developed countries, the former three chapters designs a overall framework and development ideas of modern socialized agricultural service system. The second clue is a detached study on "system structure" starting from the fourth chapter to the sixth chapter, which further explore the role and function of four kinds of providers including government public institutions, market leading enterprises, farmer specialized cooperatives and other social service organizations, research and education unites.

China's agricultural socialization has great potential and space to develop, but there are also significant differences in regional development. In order to meet development and change of "the three issues concerning to agriculture, farmers and rural area", this paper preliminary establishes a framework of modern agricultural socialized service system. External resources factors affects this system includes policy support, financial investment, management system, human resources, social support and marketing distribution system. Internal structure mainly consists of four parts including government public institutions, market leading companies, farmer specialized cooperatives and other social service organizations, research and education unites, which sand for the interests of government, market, civil society and public welfare unites. Consequently, they respectively assume the function of providing public services, market services, mutual – aid services, science and education services, and play the role of goal attainment, economic adaptation, social integration, and Latency. Any single organization cannot assume the function of providing comprehensive services because China has so many small farmers. Moreover, with the deepening of market economy and the escalation of social change, there is a great need for multiple organizations in cooperation to meet the living and agricultural needs of farmers. Thus, at the macro level, government public institution and research – education unites should return to public service area, and the government should encourage social organizations to participate in providing services. At the micro level, the government should support the community to become an important carrier within China's modern socialized agricultural service system.

Keywords: Agricultural Socialized Services; Three Issues Concerning Agriculture; New Agricultural Management Entity; Service System

目 录

第一章 导论 ……………………………………………………… 1
  一 问题的提出 ………………………………………………… 1
  二 研究思路与研究方法 ……………………………………… 9
  三 文献综述 …………………………………………………… 11
  四 研究的理论基础 …………………………………………… 22
  五 关键问题及创新 …………………………………………… 31

第二章 农业社会化服务体系现状与国际参照 …………………… 33
  一 农业社会化的发展趋势 …………………………………… 33
  二 农业社会化服务的需求分析 ……………………………… 45
  三 中国农业社会化服务体系发展的总体情况 ……………… 55
  四 国外发达国家的农业社会化服务体系建设的经验借鉴 … 66

第三章 现代农业社会化服务体系设计及发展路径 ……………… 82
  一 "三农问题"演变对社会化服务体系建设的新要求 …… 82
  二 发展现代农业社会化服务体系的基本构想 ……………… 88
  三 现代农业社会化服务体系框架设计 ……………………… 95
  四 现代农业社会化服务体系的发展思路 …………………… 107

第四章 政府职能在农业社会化服务体系中的主导地位 ………… 114
  一 政府公共服务机构在农业社会化服务体系中的角色地位 … 114
  二 政府公共服务机构在社会化服务体系中的问题 ………… 121

三　发展村级集体服务的可能与创新 …………………………… 129
　四　政府公共机构社会化服务的改进思路 ………………………… 135

第五章　市场经济条件下龙头企业社会化服务的带动作用 ………… 142
　一　龙头企业带动模式的发展情况 ………………………………… 143
　二　龙头企业服务农户的形式及意蕴 ……………………………… 145
　三　龙头企业带动模式的本土化思考 ……………………………… 151
　四　完善龙头企业服务功能的对策建议 …………………………… 157

第六章　农民专业合作组织及其他社会服务组织的骨干效能 ……… 160
　一　农民合作的形态与演进趋势 …………………………………… 160
　二　农户互助形式的演变与现状 …………………………………… 165
　三　农民专业合作组织社会化服务情况与特点 …………………… 174
　四　农民专业合作组织面临的问题与对策 ………………………… 181
　五　其他社会服务组织的类型及存在的问题 ……………………… 185
　六　其他社会服务组织的作用及发展方向 ………………………… 190

第七章　科研教育单位的支持作用 …………………………………… 194
　一　科研教育单位社会化服务的改革与发展 ……………………… 194
　二　科研教育单位社会化服务中的问题 …………………………… 196
　三　科研教育单位社会化服务中的创新模式 ……………………… 198
　四　增强科研教育单位支持作用的对策建议 ……………………… 203

第八章　结语 …………………………………………………………… 205
　一　结论 ……………………………………………………………… 205
　二　有待进一步研究的问题 ………………………………………… 208

参考文献 ………………………………………………………………… 209

附录　农户社会化服务需求调查问卷 ………………………………… 226

后　记 …………………………………………………………………… 231

Contents

Chapter 1　Introduction / 1

1.1　The Proposing of Questions / 1

1.2　Research Ideas and Research Methods / 9

1.3　Literature Review / 11

1.4　Theoretical Basis / 22

1.5　Key Problems and Innovation / 31

Chapter 2　Status and International Reference of Agricultural Socialized Service System / 33

2.1　Development Trends of Agricultural Socialization / 33

2.2　Requirement Analysis of Agricultural Socialized Service / 45

2.3　General Situation of Agricultural Socialized Services System in China / 55

2.4　Referential Experience of Agricultural Socialized Service System in Developed Countries / 66

Chapter 3　Design and Development Path of Modern Agricultural Socialized Service System / 82

3.1　New Requirements Proposed by "Three Issues concerning Agriculture, Rural Areas and Farmers" on the evolution Socialized Service System / 82

3.2　Basic Conception of Developing Modern Agriculture Socialized Service System / 88

3.3 Framework Design of Modern Agricultural Socialized Service System / 95

3.4 Development Ideas of Modern Agricultural Socialized Service System / 107

Chapter 4 Dominant Position of Government Function in Agricultural Socialized Service System / 114

4.1 Role of Government Public Institutionsin Agricultural Socialized Service System / 114

4.2 Problems of Government Public Institutions in Providing Socialized Service / 121

4.3 Possibility and Innovation of Developing Village Collective's Service / 129

4.4 Improvement Ideas of Government Public Institutions' Socialized Service / 135

Chapter 5 Leading Role of Dragon – head Enterprise's Socialized Service in Market Economy / 142

5.1 Development Situation of the Dragon – head Enterprise Leading Mode / 143

5.2 Form and Content of Dragon – head Enterprise in Servicing Farmers / 145

5.3 Localized Thinking of the Dragon – head Enterprise Leading Mode / 151

5.4 Countermeasures and Suggestions of Perfecting Dragon – head Enterprise' Service Function / 157

Chapter 6 Backbone Effectiveness of Farmer Professional Cooperatives and Other Social Service Organizations / 160

6.1 Morphology and EvolutionTrends of Farmers Cooperation / 160

6.2 Evolution and Situation of the Pattern of Farmers Mutual Aid / 165

6.3 Situation and Characteristics of farmer Professional Cooperatives' Socialized Service / 174

6.4 Problems and Countermeasures of Farmer Professional Cooperatives in Providing Services / 181

6.5 Types and Existing Problems of Social Service Organizations / 185

6.6 Effects and Development Orientation of Other Social Service Organization / 190

Chapter 7 Supportive Effect of Scientific Research and Educationand Organizations / 194

7.1 Reform and Development of Scientific Research and Education Institutions' Socialized Service / 194

7.2 Problems of Scientific Research and Education Institutions in providing Socialized Service / 196

7.3 Innovation Modes of Scientific Research and Education Institutions in providing Socialized Service / 198

7.4 Contermeasures and Suggestions of Enhancing Scientific Research Support Effect / 203

Chapter 8 Concluding Remarks / 205

8.1 Conclusions / 205

8.2 Issues for Further Study / 208

References / 209

Appendix / 226

Biography / 231

第一章 导论

一 问题的提出

(一) 研究背景

1. 农业发展方式亟须转变

经过 30 余年的改革与发展,我国农业已进入新的发展阶段,结束了农产品长期匮乏与短缺的历史,农产品的产量不断提高,供应日益丰富,并出现了结构性和地区性的过剩,取得了令人注目的成就。1978~2007 年,我国粮食生产年均增长速度为 1.7%,远高于同期人口年均增长速度(1.1%),与此同时,实现了水稻、小麦和玉米三大品种的供需基本平衡,国家的粮食安全得到了切实保障(黄季焜,2010)。但就中国农业的现状而言,由于农业人口众多,人均土地规模小,农业生产成本高、产出低,以分散经营为主的农业生产方式较为落后,农业生产力水平、劳动生产率和科技贡献率仍然较低,传统农业生产方式已不能有效促进农民收入增长。尤其是在加入 WTO 以后,随着社会分工的扩大和农业专业化、商品化程度的提高,我国农业生产需要逐渐与国际生产标准接轨,目标也要由过去的单纯追求产量增长转变为突出产品的质量和效益,在这种情况下,转变农业发展方式已经势在必行。党的十七大适时地提出要走中国特色农业现代化道路,发展创新型现代农业,在转变农业发展方式上寻求突破口,对传统农业经营体制进行创新,这是党中央在新的历史条件下做出的重大战略决策,为中国农业的未来发展指明了方向。转变农业发展方式,就是要充分利用现代农业科技成果改善农业投资效益,大力推进农业科技创新，完善农业科技推广体制，通过组织化途径延长农业生产链条，在加工与销售环节为农户搭建互助合作平台，减少中间商对农户的盘剥，提高农民参与农业现代化建设的积极性。

2. 小生产和大市场的矛盾亟待化解

以家庭承包经营责任制为基础的农村基本经济制度，曾在一定条件下促进了生产力的发展。但是随着农村改革的深入与市场经济的快速发展，小农经济越来越深地被卷入开放的市场体系中，而农村集体"统"的功能却在不断退化，个体农户越来越难以适应市场经济的发展要求，经常因无法抵御市场风险而蒙受损失。一方面，农户生产经营规模小、农业专业化分工水平低、抵御市场风险和自然风险的能力弱等特点，导致农民在生产经营与外出就业过程中面临许多自身无法解决的问题，如缺乏市场信息与技术指导、产品交易成本高、盲目生产、无序流通、谈判竞争能力弱、销售渠道不畅、合法权益得不到保护等。另一方面，现阶段我国农民的组织化程度仍然很低，一家一户的小农处于单兵作战的状态，还没有形成一个强有力的组织系统，无法在农产品生产、配送、运输等方面形成合力，导致交易成本较高，农民增收困难。自 20 世纪 90 年代以来，鲜活农产品"卖难"现象时有发生。近年来，受金融危机等因素影响，我国部分农产品的销售形势更是"雪上加霜"，小生产与大市场之间的矛盾越来越突出。在这种情况下，广大农户对社会化服务的需求变得更迫切，迫切需要社会各部门为其提供产前、产中和产后的系列化服务。

3. 农村经济迫切需要注入新活力

近年来我国粮食总产量稳定增加，农产品出口额也在快速增长，我国已跃居成为世界第五大农产品出口国，但是在很大程度上，初级农产品在我国出口的农产品中仍占较大比重，棉花和食用植物油仍依赖于国外进口。商务部的统计数据显示，2009 年加工产品和深加工产品仅占我国农产品出口额的 24.3%（中国社会科学院农村发展研究所，2010）。这说明我国农业产业链条的发展尚不完善，产后加工环节尤为薄弱，劳动密集型产业的优势发挥不足，农产品的比较优势不明显，缺乏国际竞争力。同时，随着我国工业化与城市化的发展，第一产业收入在农民家庭经营纯收入中所占的比重不断下降，从 1978 年的 94.4% 下降到 2008 年的 79.9%；第二产业收入在农民家庭经营纯收入中所占的比重缓慢上升，由 1985 年的 3.2% 一度攀升到 2002 年的 7.3%，而后又稳定回落至 2008 年的 6.1%；而第三产业收入在农民家庭经营纯收入中的比重则呈现不断上升的态势，由 1978 年的 5.6% 上升至 2008 年的 14%，外出务工收入已成为农民的主要收入来源。大量农村青壮年劳动力向外流出，导致农业兼业化、副业化现象不断增多，先进的农业科技成果难以在农村得到普遍应用。发展农业社会化服务体系，不仅可以通过机械化手段解决目前农村劳动力不足的问题，还能够有效促进农业科技深入农村，通过优质服务将生产、加工、销售各个环节连接起来，按照市场需求引导农户向专业化和产业化方向迈进，为农村经济发展注入新活力。

4. 我国政府高度重视农业社会化服务体系建设

长期以来，我国政府都比较重视农业社会化服务体系的建设工作，将加快发展农业社会化服务体系作为发展生产力和深化农村改革的一项重要任务。国务院最早在《中共中央关于一九八四年农村工作的通知》中就指出，要动员和组织各方面的力量，建立商品生产服务体系，促进农村商品生产的发展，将完善社会服务作为深化农村改革和促进农业生产发展的重要战略措施（于建嵘，2007）。随后国务院在《关于一九八六年农村工作的部署》中再次强调，要发展农村商品生产，实现生产服务社会化（于建嵘，2007）。1990 年 12 月，国务院在《关于一九九一年农业和农村工作的通知》中又进一步明确提出，要建立健全农业社会化服务体系，以促进农村家庭联产承包责任制的稳定与完善。2005 年，农业部将农业社会化服务体系列入我国农业"七大体系"建设规划，并提出了我国农业社会化服务体系建设与管理的指导思想、发展目标及基本思路。2008 年，党的十七届三中全会再一次指出，为了发展现代农业，要加快建立新型农业社会化服务体系，基本内容是要"以公共服务机构为依托、合作经济组织为基础、龙头企业为骨干、其他社会力量为补充，公益性服务和经营性服务相结合、专项服务和综合服务协调发展"（新华网，2008）。2010 年国家一号文件强调要着力形成多元化、多层次、多形式的经营服务体系，大力发展农民专业合作社,促进农户走向联合与合作,进而提高农业生产经营的组织化程度。2012年中央一号文件以推进农业科技创新为主题,进一步将发展农业社会化服务提高到战略的高度,并指出提高农业技术的社会化服务水平将是中国农业发展中的关键问题,倡导通过多种形式鼓励和支持社会力量参与提供农业社会化服务。这些文件充分表明我国政府已逐步将农业社会化服务体系建设提到空前的战略高度,将其作为深化农村改革和发展现代农业的重要手段与途径。发展农业社会化服务体系,能够有效解决现有体制下农民生产经营的问题,对于促进农业增效、农民增收和农村经济发展具有重要作用。

(二) 研究目的

本书对我国当前农业社会化服务体系的现状及存在的问题进行分析,借鉴国外发达国家农业社会化服务体系的发展经验,构建适合新时期农业生产力发展的现代农业社会化服务体系框架,深入剖析其组织结构与功能关系,在此基础上,分别对各类服务供给主体的角色与功能进行详细探讨,以期对建立现代农业社会化服务体系做出较深层次的理论诠释,并提出切实可行的政策建议。主要研究目的有以下四点。

1. 深化认识

通过对我国农业社会化的衍生逻辑、发展潜力以及农户对农业社会化服务需求的分析,揭示农业社会化服务在中国的演进历史与发展趋势,从而形成对农业社会化服务体系的整体性认识,加深对其内涵与意义的理解。

2. 分类研究

根据各服务供给主体在农业社会化服务体系中所发挥的功能,对其进行分类研究,探讨各供给主体的发展方向,并对其进行明确的角色功能定位,通过分类指导提高工作的针对性,为国家的政策制定与相关部门的实践工作提供参考依据。

3. 本土化思考

立足于对中国农业社会化服务各供给主体发展情况的分析,学习与借鉴国外发达国家农业社会化服务体系建设的成功经验，进行本土化的思考，分析国外经验在中国的适用性与可行性，做出优化选择，防止照搬国外经验而造成不必要的损失。

4. 探索新模式

在全面分析农业社会化服务体系的现状及问题的基础上，构建适应新时期"三农"领域变化的现代农业社会化服务体系框架，并从宏观与微观两个层面探索农业社会服务体系的改革与开发思路，强调在体系建设过程中要有社区意识。

（三）研究意义

到目前为止，我国农业社会化服务体系已初步形成贯穿产业链条、多主体参与的格局，但与国外发达国家相比，我国现有的农业社会化服务体系还不能有效满足农村经济发展和农业现代化发展的要求，在农业产业化经营方面还具有较大的发展空间。因此，对如何建设农业社会化服务体系进行探讨，具有重要的理论意义与现实意义。

1. 理论意义

以往有关农业社会化服务体系的研究，大多是对体系的内容与特征、目标模式、运行方式、问题及对策、经验借鉴、典型案例等方面进行探讨，宏观性的政策研究或理论分析较多，缺乏对服务供给主体的系统把握与微观思考。在涉及体系的研究文献中，框架设置较为简单，各子系统之间的联系不太紧密，逻辑思路也不是很清晰。针对这些问题，本书立足于对"农业社会化服务体系"内涵与本质的把握，借鉴国外农业社会化服务体系建设的经验，构建现代农业社会化服务体系的整体框架与发展路径，并着重对政府公共服务机构、市场化龙头企业、农民专业合作组织和其他社会服务组织、科研教育单位四大类服务供给主体进行深入剖析，探索不同供给主体在体系中的地位与功能。本书的核心思想是：现代农业社会化服务体系是一个由多主体共同构成的组织网络，各主体应根据自身的发展情况与外围的社会环境，对自身的发展方向与角色进行明确定位，实现角色协调与功能和谐，以避免在体系运行过程中出现角色冲突与角色混乱，从而提高农业社会化服务体系的整体服务水平与运行效率。对农业社会化服务体系进行深入研究具有一定的理论意义，主要包括：①对农业社会化服务体系的含义、本质和功能进行研究，对于正确认识和理解农业社会化服务体系建设的原因、过程和未来发展方向具有重要价值；②欧美国家和亚洲邻近国家农业社会服务体系的建设经验，对我国建设新型农业社会化服务体系具有理论上的指导意义；③结合现实国情构建现代农业社会化服务体系的整体框架和发展路径，不仅可以为农业社会化服务研究领域增添新的研究内容，还可以为相关部门制定政策与开展实践工作提供理论依据与工作思路；④对中国现有农业社会化服务供给主体进行分类，有助于引发对各服务供给主体在农业社会化服务体系中所扮演的角色、所发挥的功能及其发展方向的重新思考，为政府部门的改革、农业市场的规范、农民专业合作组织的发展和农业科技推广体系的完善提供理论依据；⑤对不同供给主体的组织形态和功能进行研究，有助于加强对体系的把握，提高对我国农业社会化服务组织形态和各组织间关系的认识。

2. 现实意义

（1）有利于完善农村基本经营制度，促进生产力发展

自20世纪80年代初开始在农村大力推行的以家庭联产承包责任制为基础、统分结合的双层经营体制，极大地促进了农业生产的发展。但是随着市场经济的快速发展和乡镇机构改革的深入，村级财力不断下降，集体"统"的服务功能不断衰退，农民"原子化"趋向不断增强，"小而全"的传统农业生产方式已远不能适应时代发展的要求，个体小农在与大市场进行连接方面困难重重。将小农无力承担的生产环节和经营项目分离出来，交由政府相关部门、村集体、企业、科研教育单位、农民专业合作社等组织来承担，能够发展完善"统"的功能，实现资源要素的合理配置，真正实现统分结合，从而稳定家庭承包经营制度。发展农业社会化服务体系，能够充分满足农户对产前、产中、产后服务的迫切需求，使其获得生产资料、金融信贷、技术指导、市场信息、农产品储存和销售等方面的服务，较好地解决小农户无法解决的问题。同时，农业社会化服务体系还能有效提高农民生产经营的组织化程度，促进农业专业分工和农民转移就业，推动农业与农村经济的发展。

（2）有利于增强农业综合生产能力，保障粮食供给

近年来，我国政府逐步加大了对农业生产的扶持力度，各级政府积极采取措施促进粮食稳定增产，科技支撑力度也明显加大，在此影响下，我国粮食产量不断提高，存量大幅度增加，供求关系也得到了明显改善，部分粮食品种出现阶段性供大于求的局面。国家统计局公布的数据显示，我国粮食连续8年增产，连续5年稳定在5亿吨以上，2011年全国粮食总产量达11424亿斤，比2010年增加了495亿斤，增长4.5%。但是，我国粮食连续丰收的内在机制尚不牢固，既面临农业比较效益低下、基础设施落后、农村劳动力外流等传统性挑战，又面临耕地减少、水资源短缺、生态环境恶化、极端气候增多等非传统性挑战，如何实现粮食生产的可持续发展，成为一个亟待解决的问题。扩大进口虽然可以弥补我国粮食供求的缺口，但是过分依赖国际市场会导致国家自主能力的丧失，同时，国际粮食的市场价格也会在我国扩大进口后逐步上升，这会对国家的粮食安全构成威胁，更不利于我国农业的可持续发展。发展农业社会化服务体系，能够以先进的科技生产手段解决当前农村"老人种田"的问题，通过高质量的社会化服务引导农户生产向专业化、区域化、产业化方向发展，增强农业综合生产能力。

（3）有利于促进农业产业化经营，增加农民收入

中国传统的农户经营模式主要是以家庭为基本单位进行多种生产，具有"小而全"的特征。长期以来，农户仅参与农业生产环节，不涉足农资供应、收割、加工、销售、运输等利润较高的产前与产后环节，这种生产体制上的分割导致其他产业从农业获利较多，而从事农业生产的农民收益较少。农业部公布的数据显示，国外发达国家的农产品加工值与农业值之比一般在2.0∶1以上，其中美国为3.7∶1，日本为2.2∶1，而我国仅为0.6∶1；发达国家的农产品深加工率在80%以上，而我国仅为45%，其中二次以上的深加工只占20%（农业部，2002）。完善农业社会化服务体系，能够有效减少中间流通环节，降低市场交易成本，为农户的生产、生活提供各种便捷高效、质优价廉的专业服务，使分散经营向联合经营与规模经营转变，通过延伸产业链推进农业产业化进程，提高农业生产的经济效

益，增加农民收入。

(4) 有利于统筹城乡发展，建设和谐社会

计划经济时期遗留下来的城乡分割二元经济体制，使城乡居民在居住条件、人均收入、文化教育、公共福利、医疗保健与社会保障等方面存在巨大的差距。国家统计局的数据显示，2009年城镇人均收入为17175元，农村地区为5153元，城乡收入比为3.33∶1，较2007年的3.32∶1和2008年的3.31∶1略为扩大，绝对差距由2008年的11020元扩大到12022元，达到1978年以来的最大值。在现有体制下，城乡公共服务严重失衡，农业社会化服务在部分地区仍然较为缺失。2010年中央一号文件第七次锁定"三农"问题，主题为"加大统筹城乡发展力度，进一步夯实农业、农村发展基础"，明确提出要用统筹城乡发展的新理念解决"三农"新问题。农村与城市是一个紧密联系的系统，农业与农村的发展不仅关系到粮食生产与供给的安全，同时还关系到整个社会的发展与稳定。因此，建立健全农业社会化服务体系，能够优化农业服务供给结构，提高农业服务水平，为农业生产和农村生活创造良好条件，从而缩小城乡差距，促进社会和谐。

(5) 有利于协调推进城镇化与农业现代化

人地资源紧张和城乡二元对立是当前中国面临的两个主要问题。我国拥有2.5亿农户和18亿亩耕地，户均和人均经营规模分别约为7亩和1.39亩，但由于耕地分布不均匀，有14个省份的人均耕地面积不到1亩，有660余个县的人均耕地面积不足0.5亩（彭真怀，2010），由此出现了大量农村剩余劳动力向城市转移的现象。国家统计局的数据显示，农业就业人数占全国就业人数的比重逐年下降，1952年为83.5%，1978年为70.5%，2000年为50%，2005年为44.8%，2008年底则降到39.6%；相比之下，第二、第三产业的就业人数占全国就业人数的比重则不断提高。虽然目前已转移出2亿多农村剩余劳动力，但我国农村尚有1.5亿富余劳动力，而且每年还会新增劳动力600余万人。要发展现代农业，提高农业的生产效率，就需要将更多的劳动力从农业部门转移出来。发展小城镇、实现城镇化是一个出路和方向，但是从我国现有的经济情况和社会状况来看，将农

村剩余劳动力全部转移到城市是不可能的，也是不现实的。一个可行的方案应该是建立健全农业社会化服务体系，为从事农业生产的农民提供产前、产中、产后服务，为外出务工的农民提供相关的信息与技能培训，同时，对部分留在农村的富余劳动力进行科技培训以提高他们的生产经营能力，为他们自主创业与发展相关产业提供服务，创造良好的社会发展环境，这对于协调推进城镇化与农业现代化具有重要的战略意义。

二 研究思路与研究方法

（一）研究思路及技术路线

农业社会化服务体系是在家庭联产承包经营责任制的基础上发展起来的，旨在解决农民生产与经营中的各种问题。通过将农户无力承担的生产与经营环节分离出来，交由专门的社会组织来完成，以在社会分工范围内实现农业生产专业化，提高农业生产效率，推动农业现代化发展。农业社会化服务体系的本质，就是通过组织要素的重新组合解决生产力发展的问题。基于这一认识，本书主要沿着两条主线进行，一是围绕体系建设进行整体研究，即在分析农业社会化服务体系的发展现状的基础上，借鉴国外发达国家农业社会化服务体系的建设经验，设计出现代农业社会化服务体系的整体框架与发展思路；二是围绕体系的组织结构进行局部研究，将现代农业社会化服务体系的结构分为政府公共服务机构、市场化龙头企业、农民专业合作组织和其他社会服务组织、科研教育单位四大块，并分别对其进行论述，技术路线如图1-1所示。

（二）研究方法

1. 文献分析法

文献分析法，又称资料分析法或室内研究法。它是利用已有信息和资料对问题进行分析的一种调查方法，是开展研究工作的前提与基础。从目前国内外既有的研究成果来看，对农业社会化服务体系进行系统研究的较少，而对各供给主体进行分散研究的较多。对此，笔者充分利用学校图书

图 1-1 技术路线图

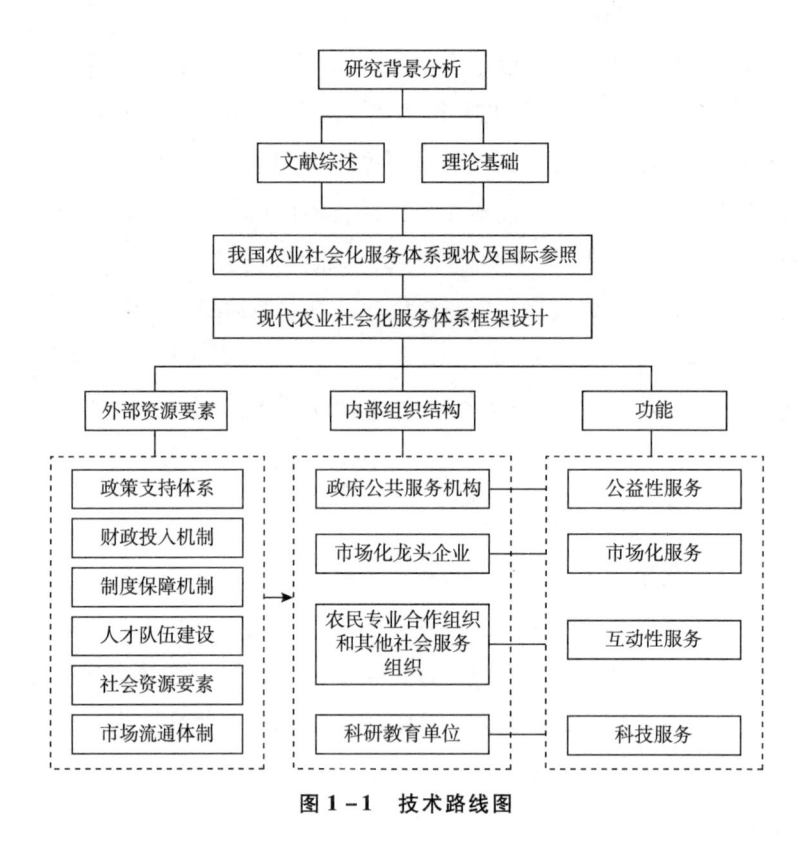

馆和互联网等资源进行了大量的文献搜索与整理，这些文献对本研究具有重要的启发与借鉴意义。

2. 比较分析法

比较分析法是对两个及以上相联系的事物之间共同性与差异性进行区分的一种思维方法。在世界范围内，任何一个国家的农业生产都有其相应的服务体系，对不同国家尤其是与我国经济社会发展情况类似的国家所采用的模式进行比较分析，有助于学习与借鉴其他国家的成功经验，从而促进我国农业社会化服务体系的建设和完善。

3. 系统分析法

系统分析法的原理是把所要解决的问题看成一个系统，重视关联性，强调对系统要素进行综合分析。农业社会化服务体系便是一个由诸多子系统构成的有机体，对各供给主体进行分类研究，不仅有助于具体把握各个服务供给主体的特点与角色，更有助于全面认识农业社会化服务体系的整体功能与发展方向。

4. 问卷调查法

问卷调查法是指按照特定的抽样方式，运用自填式问卷或结构式访谈从调查对象那里收集量化资料，并通过对这些资料的统计分析来认识社会现象及其规律的研究方法。为深入了解农户对农业社会化服务的需求状况以及我国农民专业合作组织的服务特点，本书运用了问卷调查与结构式访谈相结合的方法，以全面反映我国农业社会化服务体系的建设情况。

三 文献综述

（一）国外研究动态

由于经济社会背景不同，国外对农业社会化服务的研究起步较早。到20世纪80~90年代，美国、西欧、日本等发达国家已建立比较完善的贯穿产前、产中、产后整个农业生产过程的社会化服务体系，相关研究也逐渐开始升温。国外的相关研究主要涉及如下一些问题。

1. 农业服务的内容及形式

在国外所有的涉农服务一般统称为农业服务，涵盖的内容较多，涉及基础设施、农业机械、信息咨询、技术指导、医疗保健、心理健康、贫困救助、社会治安、气象和能源等多方面，包含农业社会化服务与农村公共服务的内容。国外农业服务的供给主体主要包括政府公共服务部门、私营企业、志愿者团体、社区和混合企业（社区企业和具有多种合作形式的合资企业）。这些服务供给主体主要提供四种类型的服务：一是固定式服务（Fixed Outlets），如商店、诊所和乡村市场；二是移动式服务（Mobile Units），如流动图书馆和治安巡查队；三是上门式服务（Doorstep Delivery），如邮递公司和家政服务公司；四是电子式服务（Electronically），如通过电话或更复杂的信息通信技术（ICT）提供服务（Moseley and Owen, 2008）。目前国外大部分国家的农业服务由政府、第三方机构和私有化组织等共同承担，但近几年发展中国家的市场化改革也影响了其农业服务的提供方式。Oscar Ortiz（2006）通过对秘鲁农技推广与信息服务系统的研究，发现自 1970 年以来随着非政府服务组织和私营企业的出现，政府对农业服务的参与变得越来越有限，各服务组织之间缺乏互动，农业服务市场较为混乱。

2. 农业生产向其他服务形式转化的问题

在全球范围内，农产品供过于求的状况已导致许多发展中国家出现农产品剩余的现象，从而使农产品的交易价格降到了几十年来的最低水平。农业收入水平直接决定农民继续从事农业生产的意愿。只有当农民是流动的且流出农业领域的速度快于农产品价格下降的速度时，农户的收入才能够维持。面对这一现实情况，农民不得不对他们的物质与人力资本进行重新分配，转向其他有利可图的领域。而重新分配的结果通常是农民将资源从农业生产中完全撤出以用于提供其他经济形式的环境产品。一方面，这意味着劳动力和资本从农业生产中退出；另一方面，这意味着可以利用生产中的规模经济优势扩大生产（Dawson，1987；Mukhtar，1989）。McInerney 和 Turner（1991）认为如果农民能把他们的生产资本用于提供非交易性服务，如发展餐饮住宿、农业观光旅游、田园农业等，则农业收入水平过低的情况便会发生逆转。在国外，这类转型已取得了巨大的成功，但由于土地质量和区域位置不同，并不是所有的农民都能成功完成此类转型。但有学者认为只要拥有足够的人口密度和在易于出行的距离范围之内，那么提供其他形式的服务便是可行的，这可以有效地替代传统农业生产（Suggett and Houghton – brown，1994）。

3. 政府与私营部门在服务中的权力划分问题

一直以来，国外学者较为关注政府与私营部门在农业服务中的活动与权力范围如何划分的问题，如政府应坚守哪些活动领域，又该从哪些领域退出，政府与私营部门各自应在农业服务中扮演何种角色等。国外学者对这些方面的研究较多，也较为成熟，但还没有形成统一的方案。David Hulme（1983）通过对第三世界国家的考察，认为由私营企业提供农业服务能够促进农业增产，却无法达到促进农村发展的目标，从而肯定第三世界国家由政府主导农业服务的做法是有效的。Farrington（1994）认为大多数国家政府角色转变的目标主要有两个，一是通过提供服务以增进社会福利，二是促进效率与资本价值的最大化。而后一个目标则需要市场的高度参与，即政府公共服务部门要从市场竞争领域退出并允许私营企业进入，从而通过市场力量推动私营企业向社会合意的方向发展。但并不是所有的服务都适合由市场提供，其中一些服务将仍由政府来提供，这样可以减少组织与运行成本，促进效率的提高。A. Sen 和 M. Chander（2003）认为私营企业与政府公共服务部门相比，在资源和人员管理方面具有较大的灵活性，而且能够通过与其他企业进行市场竞争以降低商品的价格，提高服务的质量和效率，最终使农民受益。但在承认私营企业具有众多优势的同时，也要认识到私营企业不是万能的，在许多发展中国家的农业服务领域，政府公共服务部门仍然发挥着不可替代的作用。政府公共服务部门与私营企业相结合，共同提供农业服务是一种较好的解决思路。

在政府与市场的关系上，一些学者已达成共识，认为政府对市场进行管制虽然是一种低水平的联合供应，但在农业生产领域是个不错的选择，这可以促使政府公共服务部门对私营企业无法涉足的活动领域提供资金支持，如通过激励手段促使私营企业收购偏远地区的农产品，对农民组织进行投资，鼓励其开展种子供应业务和提供金融服务等。同时，政府公共服务部门与非营利部门应建立同事般的合作关系，公共部门可以通过合同转包的形式把一部分农业科技研究与推广活动交由那些最具经济活力的供应商去完成（Maalouf et al.，1991）。另外，政府在某些领域可与私营企业进行创新合作，利用其在广播、电话、网络等方面的低成本优势，促进科学技术和信息的传播与推广（Carney，1995b）。Kidd 等（2000）对土耳其进行了实证研究，结果发现，对于进行大规模商业化生产的农民来说，完全商业化和私营化的推广服务是有效的。由公共部门引入成本回收机制，可以有效地减轻政府的财政负担，促进私营服务的发展，但这仅适用于农产品生产过剩的地区。同时，由于服务需求具有价格弹性，农民的支付意愿是决定成本回收机制是否合理的重要因素。在通常情况下，小规模生产的农民不会花钱购买商业性的推广服务，除非它能使农民在短期内获益，因为农民为获得建议和信息所支付的成本往往只会抵消利润的增长，而并不能使其从中获益。另外，如何对所提供的服务进行合理定价也是相当困难

的 (Dinar, 1996)。

4. 农民专业合作组织的发展问题

国外的一些研究表明,促使土地规模小、资源贫乏的农民实现商业化,能有效提高生产率、专业化水平和收入水平,从而保障家庭的粮食安全,减少贫困,促进农业发展和经济增长(C. O. Timmer, 1997;M. Fafchamps, 2005)。然而,在不完全市场竞争和高交易成本的情况下,很多小农无法通过商业化的途径获得潜在收益(De Janvry et al., 1991;N. Key et al., 2000;T. Jayne et al., 2006)。因此,合作组织作为一种独特的企业形式,可以有效地解决这些经济问题,同时,合作组织也是公民社会发育的一个重要组成部分,具有重要的社会意义(Kofi Annan, 2003),它不仅代表社会民主的发展,同时也代表社会群体对社会经济发展需求的回应(Patrick Develtere, 1994)。在美国,农业合作组织已经成功发展,它们在早期移民和开拓者的作用下出现,由农民自主创办,以成本价格向其成员提供服务和产品,并最终发展成为现代商业协会。1890~1930 年,在合作运动兴起并得到大农场主和其他利益集团广泛支持的情况下,合作社的数量激增。1922 年《卡帕—沃尔斯坦德法》(Capper - Volstead Act)和其他法案的出台为其发展提供了更多支持。1920~1930 年,农民为抵御经济大萧条的影响,纷纷成立了许多社团。在第二次世界大战以后,合作社开始通过经济一体化、兼并与合并的方式扩大规模和经营范围,并通过改进经营方法提高了效率。20 世纪 60 年代,合作社的数量开始减少,但是营业额持续增加。20 世纪 70 年代末,美国农业合作社的营业额突破 1000 亿美元,其中包括 30% 的现金收入,20% 的农场供给品和 34% 的农场地产。但目前美国农业合作社的发展已遇到了新的问题,如反垄断问题、议价协会增加的问题以及出口市场发展问题,同时面临一系列挑战,例如,如何采取新融资方法有效应对投资需求的扩大,如何采用新技术实现设施现代化,如何促进更广泛的服务联合和提高成员间的关系等(H. B. Jones and J. C. Thompson, 1982)。在土耳其,一些学者的研究发现,农业信用合作社、农业销售合作社和农业发展合作社等组织在数量上增长较快,但是它们实际上对于促进农村经济、社会、工业以及社区部门的民主化发展所发挥的作用十分有限，这与其在经费、融合、培训、研究、管理、法律与监督方面存在的问题有密切关系（Gülen Özdemir，2005）。John Morley（1975）认为合作社本身的自助性质与需要政府提供帮助一直都是矛盾的，政府很容易给予合作社过多或不当的援助，从而削弱合作社的责任感，结果背离了促进其自主发展的初衷。另有一些学者对中国农民专业合作组织进行了研究，如 Li Zhao（2011）从重建公民社会的视角分析了中国当前的新农村合作运动，并按照合作组织组建的背景，将其分为三种类型：官方组建的组织、半官方组建的组织及私人组建的组织。前两种类型的合作组织具有官方的成分，即由中央或地方政府按照由上至下的路径组建，在其发展中会享受到特殊的登记资格、法律保护及其他来自官方的支持。而按照由下至上的路径组建的草根合作组织，则较难得到官方认可的登记资格，政府的财政支持、私人捐赠及法律上的保护也相应缺乏，导致其发展困难，相应的服务功能无法得到有效发挥。由此，笔者倡导发展真正意义上的具有社会基础的合作组织。

5. 农业企业问题

美国著名经济学家 D. 盖尔·约翰逊（2004）对中国能否在农村创造非农就业机会转移农业劳动力的问题进行了探讨，他认为未来中国农村的发展不应主要依赖于农业生产，而应依赖于农村劳动力的非农就业。他主张城市企业与乡村发展同步进行，一方面，要加速促进小城市和城镇工业企业的发展，以创造更多的就业岗位；另一方面，要提高农村的生活质量，使多数农村居民可以乘车往返于家庭与工作单位之间，而居住地与生活空间仍保持在农村。对此，需要加大对农村道路与交通等基础设施建设的投入，完善农村公共服务；同时要为开办新企业提供多种形式的服务，如培训、技术咨询、产品营销和信贷支持等。Prabhu Pingali（2007）通过对亚洲食品体系的考察，认为食品结构的变化以及进口竞争的加剧将会推进亚洲农业部门的商业化进程，但这一进程已与10年前的情况大不一样，现在商业化更关注农业企业对这一进程的影响。小农在这一进程中主要面临两个问题：一是他们从半自给或完全自给转向从事商业化生产的能力问题；二是有关粮食作物或企业选择的问题。关于解决方法，一些学者认为政府应该通过增加基础设施投入与制度改革为小农商业化创造一个良好的环境，科研与推广系统应该运用适当的技术手段对小农进行改造，以使他们能够应对不断变化的市场环境。互联网及相关的信息技术可以明显减少组织内的交易和搜索成本，对于发展中国家农业的改革与发展意义重大（Bussolo and Whalley，2002）。

（二）国内研究动态

自1984年中央一号文件提出要加强社会服务之后，政府有关部门和学术界对农业社会化服务都给予了一定的关注与思考，并取得一些成果，尤其是一些专家学者沿着不同的思路对农业服务体系的内涵、运转、构建与改革进行了有益的探讨和研究。近几年，农村公共服务成为研究热点之一，并取得丰富的研究成果，而相比之下，有关农业社会化服务体系的研究较少，还有待充实。目前国内有关农业社会化服务体系的研究主要集中在以下几个方面。

1. 农业社会化服务体系概念研究

通过查阅外文文献笔者发现，国外并没有"农业社会化服务"这一提法，欧美国家通常称为"农业服务"（Agricultural Service），澳大利亚称为"农村服务"（Rural Service），其含义可能与世界银行所说的"支持服务"（Supporting Service）最为接近。在概念的外延上，"农业社会化服务"要小于"农业服务"，前者是后者的重要组成部分；但在内涵和基本特征上，两者有一定的相似之处。到目前为止，对于什么是农业社会化服务和农业社会化服务体系，国内学术界尚无定论，仁者见仁，智者见智，不同学者的观点不同。通过对现有文献的梳理，可以归纳出如下四种具有代表性的观点。

（1）官方说——来自权威的官方定义

根据国务院1991年在《关于加强农业社会化服务体系建设的通知》中给出的定义，农业社会化服务是指国家专业经济部门、农村合作经济组织和社会其他方面为农、林、牧、副、渔各业发展所提供的服务；而其对农业社会化服务体系做出的定义是：以乡村集体或合作经济组织为基础，以专业经济技术部门为依托,以农民自办服务为补充,所形成的多经济成分、多渠道、多形式、多层次的组织体系。这一定义初步揭示了农业社会化服务的供给主体与服务对象,却没有指出其本质和内容。随着时间的推移,其内涵也需要加以增补。

(2) 发展说——从发展阶段与制度角度提出的定义

例如,陈可文 (1993) 认为,农业社会化服务是在农业生产专业化、社会化和商品化的基础上发展起来的,是农业生产专业化、社会化和商品化的实现形式。樊亢和戎殿新 (1994) 将农业社会化服务体系界定为,随着生产力的发展和农业商品化程度的不断提高,从传统农业生产环节中分化出来的经济部门与农业生产相联系的一个有机整体。

(3) 产业链说——从农业产业链角度提出的定义

例如,为便于区分生产与服务,龚道广 (2000) 对农产品从生产到消费的全过程进行了明确划分,认为生产是由劳动者独立完成的环节,主要包括动植物的自然生长过程,而按照等价原则交由其他形式的市场主体完成的产前、产中、产后环节,则可称为农业社会化服务。仝志辉 (2007) 的观点与此类似,他认为农业社会化服务就是指有关农业生产的各种产前、产中、产后服务,而农业社会化服务体系则是对一系列组织机构和方法制度的总体称谓。

(4) 系统或网络说——认为农业社会化服务体系是一种网络体系

农业部农村经济研究中心课题组 (2005) 给出的定义是,农业社会化服务体系是在现有农村基本经济制度的基础上,由为农业生产各个环节提供服务的组织机构和个人构成的网络。并从两个角度对农业社会化服务体系的内涵进行了剖析:一是服务的社会化,强调农业在再生产环节中依赖其他产业部门的服务活动;二是组织的系统性,即围绕农业再生产环节,不同服务供给主体形成了一个有机结合的组织体系,各服务供给主体之间是相互补充的关系。

2. 国外农业服务体系建设经验研究

国内学者对发达国家的农业社会化服务体系关注较多,美国农业社会化服务的发展模式更是被加以普遍引用与介绍,并被奉为学习与借鉴的经典模式。例如，樊亢、戎殿新等（1994）编写了《美国农业社会化服务体系——兼论农业合作社》一书，认为美国政府的农业部在组织支持开展农业教育、科研和推广工作中发挥了重要作用，通过提供公益服务的方式推动着美国现代化农业不断前进。书中将不同体制下的农业服务类型进行了区分，将其概括为"体内循环型"与"体外循环型"。"体内循环型"指农业生产流通全过程所需的服务完全由产业内的部门提供；"体外循环型"指除农业生产外其他环节的服务均由产业外的其他部门提供。新中国成立以来尤其是在人民公社时期，我国的农业服务类型主要是"体内循环型"，改革开放以后才开始向"体外循环型"转化。据此笔者提出应加强政府、农业相关产业部门、合作经济组织和个体服务组织之间的自我建设与相互协调。许先（2003）分别对构成美国农业社会化服务体系的三个层次——政府、合作社和私营公司进行了分析，认为合作社服务体系在美国社会化服务体系中的作用最为突出，据此，她主张以农村供销合作社为基础建立一个有效的农业社会化服务系统。徐祥临（1995）在对日本进行考察后发现，日本农协具有集合作经济组织、行政辅助机构与政治压力团体"三位于一体"的特性，认为社区性合作经济组织应成为我国农业社会化服务体系发展的主体。

还有学者对不同类型国家的农业社会化服务体系进行了整体性研究。例如，吕新业（1996）认为在世界范围内主要存在三种形式的农业社会化服务，即以合作社为主体的服务、各类企业或公司向农户提供的服务和政府部门提供的服务，他以日本和韩国为例对小规模经营的国家的农业社会化服务发展情况进行了介绍。张启文等（1999）将发展中国家的农业社会化服务体系的共同特征概括为：起步较晚，整体水平较低，发展很不平衡，发展内容与模式明显受到发达国家的影响，政府在农业社会化服务体系中举足轻重。郭翔宇和范亚东（1999）认为发达国家的农业社会化服务体系在历史起源、地位和作用、组织形式、服务主体、发育程度和发展趋势等方面存在一些共同的特征，主张坚持服务组织形式多样化，优先发展合作社，政府要参与体系建设，但不应直接干预其他社会化服务组织的内部事务。另有学者对国外农业社会化服务体系建设的情况进行了归纳和对比（孙明，2002；刘玉梅和田志宏，2009）。

3. 农业社会化服务组织分类研究

穆月英（1995）认为我国的农业服务组织具有多样性特征，具体可分为社区性、专业性和服务性实体；按体制类型则可划分为官办、集体办、民办和混合办四类。王凯伦等（1997）在实际工作中发现，适合农户家庭经营的服务力量主要有四种，即政府部门、村级集体经济组织、龙头企业和民间合作服务组织，在发展趋势上，这四种组织将长期互补共存。李炳坤（1999）认为我国农业社会化服务体系的总体结构是：农村集体经济组织或社区合作经济组织是体系的基础部分，国家经济技术部门是体系的主要依托力量，农民自办的服务组织是体系重要补充成分，但这种组织结构在我国不同地区具有明显差别。龚道广（2000）按照服务机构的运行机制及利益取向，将农业社会化服务组织主要划分为四大类，即国家垄断性经营服务组织，由国家经济技术部门和集体经济组织创办的各类事业型服务组织，与农业劳动者处于平等地位的服务组织或个人，以及通过农民组织化而形成的各类合作经济组织、专业协会、研究会以及产销一体化服务组织。杨群义（2001）认为新型农业社会化服务体系的组织载体主要有五个，包括计划经济体制下形成的公有制服务体系、农技推广机构创办的服务经营实体、农民经纪人和专业大户、龙头企业、专业合作经济组织。朱四海（2006）则认为农业社会化服务体系应由农村社区性集体经济组织、农民专业合作组织和第三部门组成，农业社会化服务体系建设的主要任务应该是建立能够促进社会反哺的制度结构。

4. 农业社会化服务体系问题对策研究

为全面解决我国农业社会化服务体系发展中存在的问题，学术界提出了许多对策与建议。按照不同的问题进行分类，主要表现在以下方面。

（1）服务层面问题

郭彩英（1995）认为我国农业社会化服务体系建设尚不能适应市场经济体制发展的要求，主要表现为：社会化服务客观动力不足，服务的行政色彩较浓，农业服务组织功能和效率低下。金兆怀（2002）认为我国农业社会化服务面临的主要问题是：产前服务满足不了要求，产后服务跟不上，农业生产支持服务系统不完善，市场信息服务严重滞后。庞晓鹏（2006）通过调查研究发现，农户获得各种服务的渠道较为单一，技术服务部门、科教单位、涉农企业及农民专业合作组织所起的作用不大，农户仍主要依靠自己解决生产经营中的各种问题。郭彩英（2010）认为当前的农业社会化服务更多地体现在乡镇一级，主要采用以会代训的服务指导方式，在农资供应、新技术应用、病虫害防治、农产品销售等方面的服务还不能满足农民的需求，统一的综合性服务的发展还不够完善。

（2）制度层面问题

仝志辉（2007）认为我国农业社会化服务体系发育不良的症结不是工作不力，而是体制不力。现行的条块分割、缺乏联系的多主体服务格局存在机构重叠、竞争不规范、服务效率低下、监管不力等问题，容易导致公益性服务出现"真空"，因而无法有效满足农民的需求。靳铭等（2009）通过在陕西的实证调研发现，现行的农业社会化服务管理体制还不健全，发展地方农村特色产业仍主要依赖地方政府的介入，否则涉农部门的项目资金得不到专项应用。田先红和王德福（2008）认为在税费改革之后尤其是随着乡镇机构改革的推进，精简机构、裁人减员和实行农技服务市场化，几乎导致农技服务体系走向崩溃的边缘。

（3）组织体系问题

当前我国的农业社会化服务组织体系存在组织功能萎缩、职能错位、体制不顺、人才匮乏等问题，对此，有学者主张从厘清组织职能、创新组织机制、优化组织环境、改善组织条件、增加组织供给等方面进行完善（史传林，2009）。另外，从供给的角度来看，我国农业社会化服务的供给主体存在不同程度的问题，具体表现为：县、乡农业服务机构的体制机制不顺；村集体的农业社会化服务力度不够；龙头企业的服务意识不强；农民专业合作组织的决策和运行机制尚不完善；民间服务供给主体承受的风险较大而自身建设不足；信用社的资金供给与服务能力有待提高。对此，孔祥智等（2009）认为现阶段的主要任务应是提高公共机构的服务能力。

（4）利益联结问题

黄婧和纪志耿（2009）认为中国与日本的国情较为接近，却采用了美国式的市场化农业社会化服务模式,"半社会化"和"去公益化"特点日益明显,服务的内容和形式偏离了中国人多地少的基本国情,而陷入"低水平的均衡陷阱",造成农民生产成本过高,而农业服务效果不佳。何菊芳(2009)认为当前的农业社会化服务组织与农户之间缺乏利益共享与风险共担机制,一些组织单纯追求经济利益,通过"提供服务、收取费用"的方式来联系农户,还有一些组织行政色彩浓厚,服务意识淡薄,功能单一,质量不高,服务内容与农民需求相脱节。

(三) 国内外文献参照与分析

通过对上述研究成果的梳理与分析发现,国内外学者研究的视角与关注的内容不同,这些差异明显地反映出经济社会发展以及国内外农业服务体系所面临问题的国情差异。

国外学者比较关注服务领域中政府与私人的角色与权力划分、关系协调、社区建设、制度管理与改革等方面的问题,主要以微观经济学理论为基础,中观与微观层面上的研究较多;主要采用定性与定量相结合的方法,研究的视角、理论与内容都较为新颖,区域性特点较强。国内学术界对农业社会化服务体系的研究较为分散,尚缺乏系统性研究。在研究内容上,主要集中于服务内容分类、作用分析、现状描述、目标模式研究、运行机制分析、问题解决办法研究等方面,或借鉴国内外先进经验进行比较研究,或根据一些典型案例进行专题讨论。虽然在呼吁加强农业社会化服务体系建设这一点上,海内外众多学者早已达成共识(陈可文,1993;樊亢等,1994),但我国相关的实证研究出现得比较晚,而且较为缺乏。在研究视角上,国内相关研究经历了从"政策"视角向"组织"视角再向"农民主体"视角的转换,但总体上显得比较零散,聚焦不够,尚缺乏深入全面的研究。在研究方法上,定性研究方法运用得较多,定量研究相对不足;同时,要么基于少数个案进行逻辑推论,要么基于问卷调查进行比较笼统的归纳,大都未能形成比较系统和全面的观点。在研究内容上,至今缺乏对农户与企业、政府、科教单位等外部组织力量间关系的系统考察。另外,在研究的基础理论上,国内研究也存在很大不足,缺乏理论创新,在概念与特征分析上也比较含糊,由此导致人们对当下农业社会化服务体系的真正内涵缺乏科学而准确的认识与判断。

据此,本研究力图弥补这些方面的不足,从供给主体的角度对我国农业社会化服务体系建设进行系统分析,探究各供给主体的发展变革与农民生产需求嬗变之间的微妙互动关系,依照角色功能定位,考察各供给主体的发展变革对农民农业生产需求的潜在影响,以及农民生产需求变化对农业社会化服务体系的深层制约。在此基础上,寻找促进体系结构优化与功能整合的路径,构建适合农业生产力发展的现代农业社会化服务模式,并提出改革与创新的具体思路,以为我国农业、农村经济调整提供理论借鉴与现实依据。

四 研究的理论基础

(一) 关于农业社会化服务体系的理论回顾

1. 结构功能主义理论

结构功能主义理论是在现代西方社会具有广泛影响的一个理论流派,20世纪中期时曾一度在社会学中占据主导地位,至今仍有很大影响,我国著名的社会学家费孝通就一直秉承和践行这一思想。这一理论的主要代表人物有孔德、斯宾塞、迪尔凯姆、马林诺夫斯基、布朗和帕森斯等,主要观点是社会与生物有机体类似,是由相互依存的各个部分构成的有机系统,各组成部分在系统中承担着一定的功能,整体以平衡的状态存在,在受到外部环境压力时,各组成部分会产生分化与调整,从而使整个系统趋于平衡与和谐的状态。孔德认为,社会在结构上与生物有机体极其相似,社会的基本单位是家庭,它们是"社会的要素或细胞";然后是阶级或种族,它们是"社会真正的组织";最后是城市和社区,它们是"社会的器官"(吕佳龄,2005)。斯宾塞继承了这一思想并向具体化方向发展,他认为社会的发展遵循由简单结构到复杂结构、由同质结构到异质结构的发展过程,各部分由于具有不同的功能而相互依存。社会结构体系的主要特征是部分与整体间的分化与合作。此后,埃米尔·涂尔干进一步深化了这一思想，在其1893年的博士学位论文《社会劳动分工论》中，将社会关联形式区分为"机械关联"和"有机关联"两种。"机械关联"是一种建立在同质性基础上的关联，"有机关联"则是建立在个体分化基础上的关联，两者分别对应古代和现代社会。在涂尔干看来，在"机械关联"主宰的社会中，由于个体间还没有发生分化，因此互相类似、差异不大；而在"有机关联"主宰的社会中，个体分别承担着不同的功能，彼此各不相同但又不可或缺（雷蒙·阿隆，2003）。随后，现代社会人类学家拉德克利夫·布朗和马林诺夫斯基对涂尔干的思想进行了发展，并将结构功能主义理论用于分析和解释文化现象。20世纪50年代，美国社会学家帕森斯在前人的基础上对结构功能理论进行了创新，提出了著名的"AGIL功能分析模型"。他将社会系统分为经济、政治、社会化和社区四个子系统，分别对应四种功能，经济子系统具有适应功能（Adaptation），政治子系统具有目标获取功能（Goal Attainment），社会化子系统具有模式维持功能（Latency），社区子系统具有整合功能（Integration）。各子系统之间相互依存、相互影响，共同维持系统的运行（候钧生，2001）。随着社会的变迁，各子系统会逐渐发生功能分化，适应力不断提高，包容性不断增强，从而促进价值普遍化，维持社会的稳定与和谐。

结构功能主义理论为我们认识与把握农业社会化服务体系的演变过程提供了一个全新的视角，具有重要的理论指导意义。农业社会化服务体系的出现，正是社会功能不断发生分化导致社会分工扩大的结果。为适应社会生产力的发展，农业社会化服务体系的结构与功能变得越来越复杂，由政府垄断包办服务发展到由多个不同类型的组织共同提供服务，从而提高了体系的适应能力，增强了体系的包容性，使其服务趋向综合化，在此基础上通过资源整合形成新体系。这一理论为探讨农业社会化服务体系的结构与功能关系提供了一个有益的分析框架。

2. "两个飞跃"理论

1990年3月，邓小平同志在谈话中指出，中国农业的改革与发展必然要经过两个历史性的飞跃过程：第一个历史性飞跃过程是，在废除人民公社的基础上，全面推行家庭联产承包责任制；第二个历史性飞跃过程是，为满足农业科技发展和生产社会化的需要,探索适度规模经营和集体经济实现形式。邓小平同志的这一思想,明确指出了我国农业与农村改革的前进方向和发展步骤,具有重要的指导意义和现实意义。人民公社体制的实行,严重挫伤了广大农民的生产积极性,破坏了农业生产,使我国农业长期处于徘徊和崩溃的边缘。1978年,在安徽凤阳小岗村出现的"大包干"责任制,彻底改变了人民公社的旧体制,这种由农民群众创造的、充满生机和活力的家庭联产承包责任制,充分调动了农民的生产积极性,提高了农业生产效率,邓小平同志对此给予了高度与评价肯定。1984年的中央1号文件明确提出要将土地承包期延长至15年以上(于建嵘,2007),至此,以包干到户为主要形式的家庭联产承包责任制在全国普遍实行。家庭联产承包责任制作为社会主义农业道路的"第一个飞跃",主要是对农村生产关系进行了重新调整,使其能够适应不断发展的生产力水平,使农民获得生产自由,从而调动农民的生产积极性。虽然家庭联产承包责任制在我国农村已经取得了巨大成功,但它作为一种小生产形态,难以实现农业的规模经济效应并增加农民收入。因而,在全面达到温饱水平以后,就如何将小生产与大市场连接、如何进一步解放和发展生产力的问题,邓小平同志以战略家的眼光敏锐地提出,农业的改革和发展必须有第二个飞跃,即在农业科学技术不断进步的基础上,探索为农服务的社会化形式,壮大集体经济,实现适度规模经营。生产社会化是一个必然的发展趋势,因为生产社会化不仅有利于通过专业化分工提高农业生产的效率,促进农业发展现代化,还有利于形成规模经济效应,提高农业综合生产能力和增加农民收入。

邓小平有关"两个飞跃"的理论,高屋建瓴地指出了生产社会化是我国农业未来改革与前进的方向,是促进农业生产力发展的关键因素。目前我国农村基础薄弱,剩余劳动力较多,农民增产不增收,生产方式滞后,解决这些困难和问题的根本途径就在于满足生产社会化的要求,发展和完善农业社会化服务体系,这将是推动农业现代化和可持续发展的必然要求和关键手段。

3. 交易成本理论

英国经济学家罗纳德·哈里·科斯(R. H. Coase)1937年在其著名的

文章《论企业的性质》中提出了"交易成本"（Transaction Cost）的概念，他认为使用价格机制是有成本的，这是建立企业的主要动因。科斯又于1960年发表了著名的《社会成本问题》一文，提出交易成本是为获得准确的市场信息以及谈判和经常性契约所需要付出的费用。科斯用交易成本对企业存在的原因和决定企业规模的因素进行了解释，他认为企业通过市场内部化可以节省交易成本，因为在交易费用为零和对产权充分界定的条件下，外部性因素不会引起资源的不当配置，也就是说，外部性因素的内部化会驱使生产者和消费者互惠互利地进行谈判交易。

交易成本理论对于建立健全农业社会化服务体系具有重要的启发意义。我们会发现，个体农户在市场经济中与其他经济实体打交道时不可避免地会产生交易成本，由于存在信息不对称现象，农户经营规模越小，其在信息获取、农资采购、技术指导、销售以及流通等环节所要负担的交易成本就越高。近年来，我国频繁出现农产品"卖难"的问题，主要就是因为个体农户无法支付高额的交易成本，无法全面掌握市场信息，从而盲目生产。事实证明，单纯依靠农户自身提高素质、发展生产和增加收入是不可行的，因为农户生产规模小且具有兼业的特征，他们不可能花费较高的交易成本去提高生产能力。所以，通过政府、企业、社会等多方力量发展完善农业社会化服务体系，能够有效地满足农户在农资供应、技术指导、信息咨询、产品加工及流通等方面的需求，降低市场交易成本，整合农户的生产行为，这对于推进农民组织化和农业现代化具有重要的指导意义。

4. 社会经济分析

社会经济分析的早期思想萌芽，主要来源于埃米尔·涂尔干在《社会分工论》（1893）中的相关论述，他指出社会分工的发展促进了社会形态从"机械团结"向"有机团结"过渡，同时也带来很多社会经济问题。凡勃伦在《有闲阶级论》（1899）中，通过对有闲阶级炫耀消费行动的分析，强调经济行动分析的非经济意义。马克思在《资本论》中指出，资本主义的社会经济结构是资本主义经济危机周期性爆发的根本原因，而生产力和生产关系间的交互作用则促进了资本主义的产生与发展。在此基础上，德国政治经济学家和社会学家马克斯·韦伯于1904年提出

"社会经济"（Socio-economic）一词，他从心理和文化角度对资本主义的起因进行了探讨。在《新教伦理与资本主义精神》（1920）一书中，韦伯认为加尔文教派所宣传的教义与思想促进了资本主义的兴起，另外，在《经济与社会》（1921~1922）一书中韦伯也具体阐述了其社会经济思想。韦伯认为随着人类社会的不断发展，不同价值的重要性将会被着重强调，旧的研究领域会逐渐淡出人们的视野，而作为一般文化科学的经济社会学必将成为一个新的研究领域。后人对其思想进行了不断的扩充与发展，并运用其在1916年提出的"经济社会学"（Social-economics）一词来概括他有关经济领域的研究观点。"经济社会学"的含义是指仅从经济学的角度来分析经济现象是不够的，而需要从多个学科角度进行研究，尤其是需要从社会学的角度进行分析，即传统的"理性经济人"假设虽然是解释人类各种行动的重要手段，但是其他社会方面的因素如传统、文化、习惯、社会关系、价值理性等同样重要。所有的社会科学都有其长处与不足，而个人研究的目的则决定了其研究的角度。若要研究发生在过去的经济现象，可从经济历史学的角度出发；若要研究现在或过去的典型经济行为，可从经济社会学着手；若要单纯研究某一特定时期利益驱动下的行为逻辑，便会用到经济学理论。韦伯认为社会经济分析的终极目标是解释经验事实，而不是建构无任何实际内容的抽象范畴。因此，在实际观察分析经济现象或行为的过程中，不仅要考虑经济层面的问题，而且要考虑经济制度以外的社会因素对经济活动的影响。在韦伯之后，格兰诺维特（Mark Granovette）在其1985年发表的《经济行为与社会结构：嵌入性问题》一文中提出了"嵌入性分析方法"，认为人类的经济行为是由其所属的社会结构决定的，倡导从社会结构角度进行分析。

这一思想对本研究具有重要的指导与借鉴意义，因为农业社会化服务体系是与特定的时代背景和社会环境紧密相联的。以往对中国农业社会化服务体系的研究多偏重于经济角度的分析，强调收益与效率，采用政治与经济手段的二维发展网络，压制了社区层面服务网络的发展。本书试图在政治与经济二维发展空间之外探寻发展农业社会化服务的"社会"维度，侧重于社会与文化层面的分析，在社区文化与社会资源动用方面寻找发展空间，探索具有中国本土特色的农业社会化服务的改革与发展方向。

（二）相关概念界定

1. 农业社会化

"社会化"是来自社会学的一个概念，原本用来表示个人、群体或某种文化传统的变化过程，其基本含义是指个体在与社会的互动过程中，通过对社会规范与社会文化的内化以及角色知识的学习，逐渐由生物人成长为社会人并适应社会生活的全过程（郑杭生，2003）。随着社会的发展变化以及研究的不断深入，"社会化"概念的内涵也在不断拓展和扩大，逐渐由狭义上有关个体发展的范畴扩展到社会分工扩大的范畴，比如教育社会化、高校后勤社会化、组织社会化、养老社会化等。但这些用法中的"社会化"主要指服务环节上的社会化，即将原来由政府或单位承担的事务分离出来，交由社会共同承担。农业社会化与此稍有不同，主要是指生产环节上的社会化，即生产要素为适应生产力发展的要求而在社会范围内流动，将分散的个体行动整合为有效的集体行动，从而推动社会生产力的发展。在这个意义上，本研究对农业社会化做出的定义是，在社会分工扩大和农业的生产专业化的基础上，转变农业生产与发展方式，将原本孤立、封闭的自给型体系转变为分工细密、协作广泛的开放型商品性体系的过程。农业社会化不仅是现代农业的组成部分与支撑手段，而且是实现农业现代化的重要标志。农业社会化主要包括两方面的含义。其一，在微观层面上，农业劳动生产者——农民在实际生产及经营过程中，受自身素质与能力的限制而逐渐产生对社会的依赖。伴随着市场经济的快速发展与社会开放程度的提高，传统农业生产与农村生活逐渐向现代农业与城市生活过渡，传统意义上的小农进入更广阔与开放的全球化市场经济范围内，对此，传统小农开始认识到自身能力的不足，从而产生合作的欲望，逐渐参与到社会化的分工和合作中。其二，在宏观层面上，伴随着社会分工的扩大，以及农业生产专业化与标准化水平的不断提高，其他社会经济部门开始逐渐参与到农业生产中来。在传统农业中，因为社会开放与流动程度低,绝大多数农村劳动力都主要从事农业生产活动。而随着社会生产力的不断提高与就业机会的增多,更多的人开始从农业部门中分离出来,导致第一产业劳动者的比重不断下降。同时,农业生产的主要任务已转变为为大量的非农人口提供各种食物,农业的保障供给功能不断增强,导致农业对外部技术、资本、政策及市场环境的依赖增强,其他社会经济部门的参与是确保农业生产高效率运行的主要手段。发展农业社会化的必要性及意义在于:能够将分散的个体小农户组织起来,通过社会性力量将小农生产经营纳入现代农业发展轨道,凭借分工协作优势获得规模经济效应;有利于农业科学技术的转化、应用、推广和农业机械化的实现;有利于增强农业综合生产能力,保障粮食供给;有利于推动农业生产向专业化、设施化、现代化方向发展,增强现代农业的整体功能;有利于统筹城乡发展,建设和谐社会(李俏,2011a)。

2. 农业社会化服务

农业社会化服务是在农户兼业化、农业商业化和农业产业化不断推动的作用下发展起来的,针对个体小农无法独立完成整个生产过程的状况而产生,是指政府公共服务部门、农民专业合作组织和其他社会服务组织、市场化龙头企业、科研教育单位为农户生产经营所提供的各种服务,服务内容涵盖产前、产中、产后各个环节。从20世纪50年代起,我国就相继建立了农林、水利、气象等技术服务组织和供销合作社、信用社等信贷服务组织;改革开放后,随着农业生产力的发展和农业市场化程度的提高,农业社会化服务的种类与内容变得越来越丰富。

3. 相关概念辨析

农业服务已经成为一个使用频率较高的词,但学术界对它的认识与理解还存在很大的分歧,对"农业服务""农村公共服务""农业社会化服务""农村社会化服务"等一些概念把握得不是很准确,在使用上也不太规范,存在交叉重叠使用而不加区别的现象。因此,有必要对这些概念进行分类与区分,以助于更好地认识与把握研究的重点。

(1)农业服务、农村公共服务和农业社会化服务

农业服务的范围最广,包含多种服务类型,但在一般意义上,可按服

务的性质将其分为两大类。一类是农村公共服务,指用于满足"三农"公共需要而提供的具有一定非排他性和非竞争性的社会服务(徐小青,2002)。简单地说,就是对一个农户来说具有外部效益和社会效益的事情,如农田水利基础设施建设、气象服务、道路建设、义务教育、医疗卫生服务、社会保障等。这类服务具有成本高、社会效益大的特点,基本上属于公益性服务。另一类是农村经营性服务,是指那些收取一定费用的服务,如生产资料购买、生产作业、农产品销售等。这类服务基本上以市场服务为导向,以追求利润为交易动机(王西玉,1996)。由于供给主体具有多元性的特征,在农业社会化服务中既有公益性服务也有经营性服务。由此可见,农村公共服务与农业社会化服务既相互补充,又相互联系,存在相互交叉的地方。

(2)农村社会化服务与农业社会化服务

农业社会化服务体系与农村社会化服务体系这两个概念较容易混淆,在学术研究中常常不加区别地使用,这种模糊化处理的方式极容易引起研究上的混乱与误解。要厘清这两个概念的范围与关系,可对国家政策文件中的表述与学者研究中的论述加以比较,并进行深入分析。国务院2007年3月下发的《关于加快服务业发展的若干意见》中指出:"要围绕农业生产的产前、产中、产后服务,加快构建和完善以生产销售服务、科技服务、信息服务和金融服务为主体的农村社会化服务体系。"在这里,农村社会化服务与农业社会化服务在含义上差别不大,都指为农业生产所提供的产前、产中、产后服务。在2006年中央一号文件《中共中央国务院关于推进社会主义新农村建设的若干意见》中提到,农村新型社会化服务组织,能为农民发展生产经营和维护合法权益提供有效服务。由此可以看出,农村社会化服务体系应该至少包括生产经营服务和维权服务两部分内容。在2010年中央一号文件《关于加大统筹城乡发展力度进一步夯实农业农村发展基础的若干意见》中提到,要大力发展各类农业、农村社会化服务组织,使农民在生产经营过程中能够得到各种专业化服务。这一文件将农业与农村社会化服务并列提出,可见这两个概念是有区别的,而且侧重点不同,并非等同关系,也不是从属关系,而应该是相互补充的关系。

在学术研究中，有学者认为农村社会化服务是为农村政治活动、经济活动和农村居民生活提供服务的一切业务活动的总称（李鸿儒，1992）。淳伟德（2005）认为农村社会化服务体系包括三个部分：一是农业生产服务体系，直接为农业生产提供专业性服务；二是农村基础设施服务体系，主要为改善农村生产生活条件服务；三是农村社会事业服务体系，专门为农村居民提供教育、医疗卫生、社会保障等服务。李武和胡振鹏（2009）认为农村社会化服务所包含的范围要更广一些，它不仅包括为农业生产所提供的服务，还应该包括为改善农民生活所提供的有效服务。由此可见，学者们争论的焦点主要是两个概念范围的大小，他们多将农业社会化服务看成农村社会化服务的一个组成部分，认为两者之间应该是从属关系。

单从名称上分析，"农业"与"农村"是既相互区别又相互联系的。农业是一个产业概念，与第二、第三产业相对应；农村是一个地域概念，与城市相对应；农业这一产业主要存在于农村，但农业又不等于农村。本研究认为，根据国家在最近政策文件中的表述，农业与农村社会化服务体系应是相互补充的关系，两者侧重点不同，即农业社会化服务体系主要服务于农业生产与流通领域，而农村社会化服务体系则主要服务于农村生活领域。

4. 农业社会化服务体系

农业社会化服务体系是农业内部分工扩大的结果，是农业生产商品化、市场化发展到一定程度的表现。发展农业社会化服务体系，要在农户分散供给与市场集中需求之间建立沟通的桥梁与纽带，为小生产走向大市场提供载体与中介。2008年党的十七届三中全会将完善农业社会化服务体系提到了一个新的发展高度，明确提出要鼓励公共服务机构、合作经济组织、龙头企业以及其他社会力量共同参与，建立覆盖全程、综合配套、便捷高效的新型农业社会化服务体系，以促进公益性服务、经营性服务、专项服务、综合服务协调发展。本研究认为，农业社会化服务体系是指为满足农业生产与发展需要，政府、市场和社会三方为农民从事农业生产与经营提供各种服务所构成的服务网络与组织系统。简单地说，就是为农民生产经营提供各种生产性服务的组织网络。这一体系与传统农业生产形式存在本质上的区别，在传统的农业生产过程中，大部分农业生产经营环节都是由单一的经济实体独立完成的，而在现代农业生产过程中，各独立经济实体间存在广泛的分工协作（李俏，2011a）。因此，从本质上来看，发展农业社会化服务体系就是运用组织形式解决生产力发展的问题，是实现农业现代化的基础力量。

五　关键问题及创新

（一）拟解决的关键问题

第一，我国农业社会化的演进逻辑是什么？具有什么样的规律？发展潜力怎样？

第二，我国现行农业社会化服务体系的发展状况如何？在服务中存在哪些问题？国外发达国家为我国农业社会化服务体系的完善提供了哪些有益经验和启示？

第三，农业社会化服务体系发展变化的动力是什么？具有什么意义？

第四，构建现代农业社会化服务体系所需的外部资源要素有哪些？现代农业社会化服务体系作为一个整体，其结构是什么？它的基本组成部分是什么，这些部分又是如何相互联系的？体系的发展路径是什么？

第五，各供给主体在现代农业社会化服务体系中分别承担着什么样的功能？发展状况怎样？如何协调配合促进整体功能的发挥？

（二）创新之处

1. 对农业社会化服务体系的内涵进行了重新诠释

基于对体系内涵的理解与把握，本研究将农业社会化服务体系界定为：为满足农业生产与发展需要，政府、市场和社会三方为农民从事农业生产与经营提供各种服务所构成的服务网络与组织系统。简单地说，就是为农民生产与经营提供服务的组织网络，在本质上就是运用组织形式解决生产力发展的问题，是实现农业现代化的基础力量。

2. 构建现代农业社会化服务体系的整体框架和发展思路

为适应"三农"领域的发展变化，在中央方针政策的指导下，初步设计出政府主导、企业带动、科教示范、市场优化、民间协同、社区参与的现代农业社会化服务体系的发展目标。在此基础上，构建现代农业社会化服务体系的整体框架，并对各服务供给主体的角色和功能进行了明确定位。在宏观层面，应对政府公共服务部门、市场化龙头企业、农民专业合作组织与其他社会服务组织、科研教育单位进行相应的调整与优化，以促进整体功能的发挥；在微观层面，应对农村社区资源进行开发，培育内生性动力。

3. 从结构功能主义理论视角对体系的结构与功能关系进行了论述

本研究运用美国社会学家帕森斯的 AGIL 分析框架，对现代农业社会化服务体系的结构功能关系进行了分析，揭示各类服务供给主体的功能特征及相互关系。政府公共服务部门发挥着目标达成功能，在整个体系中处于主导地位，发挥着带头、推动的作用，并对其他供给主体及其服务工作进行指导、调控和监管，协调各供给主体间的关系，而市场化龙头企业、农民专业合作组织和其他社会服务组织、科研教育单位则发挥着适应、整合和模式维持的功能，它们之间是合作与配合的关系。

4. 提出体系建设中要具有"社区意识"

针对目前学术界侧重于依靠政府与市场两种力量为农户提供农业社会化服务的观点，本研究认为这两种模式并不十分理想，通过政策与投资来拉动农村经济增长，其实是一种不经济、不均衡以及不可持续的发展模式。本研究倡导要在体系建设中具有"社区意识"，要转换思维，进入村庄内部寻找转变途径，通过对农村社区资源的开发，培育内生性力量，走自主服务之路。

第二章 农业社会化服务体系现状与国际参照

一 农业社会化的发展趋势

(一) 农业社会化的衍生逻辑

农业社会化不是自古就有的,而是在经历了一个漫长的发展演变过程后才产生的,具有明显的时代特征。我国的农业社会化主要经历了由被动到强制再到主动的发展过程。第一阶段是在清末鸦片战争以后,社会化大生产严重冲击了我国自给自足型的传统农业生产经营方式,使我国农业的历史进程发生改变;第二阶段是在新中国成立以后,伴随着合作化运动与人民公社运动的推行,国家与集体力量强制性地进入社会化服务过程,使农民丧失了经营自主权,损害了农户的经济利益;第三阶段是在20世纪90年代末期以后,我国开始对政府公共服务部门进行市场化改革,出现了"网破、线断、人散"的局面,公益性服务严重缺失;直到进入21世纪以来,我国的农业社会化才进入主动发展阶段,并日益得到国家的重视与支持(熊万胜,2009)。Frriedmann(1980)认为,"农户生产是分析农业社会关系的重要概念与方法",本研究借鉴了这一观点,着重从农业生产形式的角度来考察中国农业社会化的衍生逻辑。随着历史与空间的变化,我国农业生产形式大致经历了农户兼业化—农业商业化—农业产业化—农业社会化的发展过程。值得说明的是,这四个过程并不是相互更替发展的,而是在演化过程中相互联系、相互促进的。

1. 农户兼业化

中国的小农经济主要是以家庭为生产单位，随着社会经济的发展和农业生产技术的进步，小规模土地与剩余劳动力之间的矛盾导致一部分农业劳动力从农业生产经营间隙中游离出来，从事一些如纺织业、商业、手工业、工业等非农业活动，出现了农户兼业化的特征。黄宗智（1986）在《华北的小农经济与社会变迁》一书中明确指出，当农户拥有的土地规模过小以至于无法满足其生存需要时，农户便会自主产生"半工半耕"的逻辑，通过兼业行为来维持家庭生计，收入极低的手工副业和商业是维持家庭农场的两个"拐杖"。这种兼业化行为在中国传统小农经济中占有相当高的比重，这也是小农经济在内卷和分化的联合压力下仍然能坚韧地维持下来的主要原因。这种"家庭手工业+小农耕作"的生产模式，被马克思视为自给自足的"自然经济"的基础（马克思，1967），被毛泽东概括为"男耕女织"式的家庭内部分工模式。佣工和手工副业收入可以帮助维持一个家庭的基本生活，并有效解决农业剩余劳动力的就业问题。自20世纪70年代末以来，随着家庭联产承包责任制的确立，农户兼业化的趋势越来越明显。由于农户拥有了对家庭内部劳动力、土地和农产品的支配权与经营权，他们开始在家庭内部实行分工以增加收益，部分家庭成员外出寻找就业机会，从农村流动到城市，尤其是在经济发达地区，这一兼业化趋势更明显。根据国家统计局公布的数据（见表2-1），从1990年开始，第一

表2-1　农民收入构成变化情况（1990~2009年）

年份	农民人均纯收入（元）	第一产业收入（元）	占人均纯收入比重（%）	第二、第三产业收入（元）	占人均纯收入比重（%）	工资性收入（元）	占人均纯收入比重（%）
1990	686.3	456	66.44	62.5	9.11	138.8	20.22
1995	1577.7	956.5	60.63	169.4	10.74	353.7	22.42
2000	2253.4	1090.7	48.40	336.6	14.94	702.3	31.17
2007	4140.4	1745.1	42.15	448.6	10.83	1596.2	38.55
2008	4760.6	1945.9	40.88	489.7	10.29	1853.7	38.94
2009	5153.0	1988.0	38.58	539.0	10.46	2061.0	40.00

资料来源：国家统计局农村社会经济调查司编《中国统计年鉴（2009）》，中国统计出版社，2009，第259页。

产业收入占农民人均纯收入的比重由66.44%持续下降到2009年的38.58%;第二、第三产业收入的比重由9.11%持续上升到2000年14.94%,2008年降为10.29%,2009年回升到10.46%;工资性收入的比重由20.22%上升到2009年的40.00%。虽然各项收入均有所增长,但增速不一,工资性收入和第二、第三产业收入增长较快,成为农民收入的主要来源。这种收入构成变化充分反映出我国农户兼业化程度不断提高,非农收入与农业收入所占比重基本上已经持平。

农户兼业化在当代具有重要的现实意义:第一,通过家庭内部分工,分化出农业劳动者和非农业劳动者,促进了从业者专业化水平的提高;第二,促进了农业机械化的实现,增加了农民对农业技术更新改造的需求;第三,为农村土地流转奠定了基础,有利于农村土地和劳动力的集约利用;第四,农民的社会流动有助于其提高自身素质,开阔视野,增长才干;第五,有助于增加农民收入,缩小城乡差距,加快城镇化进程。随着农业兼业化的发展,农民不断发生分化。对于普通小农户来说,其主要目的仍是维持生计;而对于具有一定资本的农场主来说,其主要目的就是追求利润最大化,不断加强商业化生产。

2. 农业商业化

以兼业为特征的小农经济在16~17世纪便开始进入了长期的农业商品化以及社会分化过程。"因土地收益倍增,较幸运的家庭——土地与人口的比例较有利、男丁劳动人口与消费人口的比例较有利、侥幸不患病、没有额外支出的家庭——会有可能略有积蓄去增购田地,慢慢从以维持生计为主要目的的农作转变为部分为赢利而生产的农作"(黄宗智,1986)。著名经济学家、经济史学家吴承明将农业商业化兴起的原因归结为六个方面:大商人资本的兴起,工场手工业的出现,财政的货币化,租佃制的演变,雇工制的演变,白银内流(吴承明,2001)。在明代,商品经济日渐发达,已出现长距离贩运的全国性农产品交易市场,主要出售粮、棉、丝、棉布、丝织品以及茶和盐等,尤其是以长江三角洲和珠江三角洲等沿海地区为最(吴承明,2001)。到清末,国际上对茶、丝、棉、粮、花生和大豆等的需求不断扩大,中国农业已成为世界商品市场的一部分。20世纪三四十年代以后,来自国际市场的需求、外国的经济侵略以及国内经济的发展,共同加速了小农经济的商品化进程。一言以蔽之,越来越多的人从农业劳作中分离出来,转而投资工业和手工业,从而促进了农产品的流通。农户生产农产品不再主要是为满足自己消费,而主要是进行交换以获得收益。在1978年中国农业经济改革之后,随着社会主义市场经济体制的确立,农户兼业化现象大量出现,国内农产品种类不断增加,产量大大提高,为发展农产品交易市场奠定了基础。农村部分劳动力外出务工,增加了留守专业化农户对相关农业技术和农业机械的市场需求,促进了农户间生产要素市场——劳动力市场、土地市场、技术市场、信息市场及农机作业市场等的形成。与此同时,国家也逐步对粮食流通体制进行市场化改革,放开对农产品价格与收购市场的管制,一批区域性批发市场和农贸市场在全国各地发展起来,农业由此迅速地商业化,这一趋势又进一步推进了社会分工的扩大和农业的专业化过程。

3. 农业产业化

改革开放后的十几年,是粮食产量和农民收入增长较快的时期,农村生产力得到解放,农民的生产积极性被调动起来,极大地促进了农业和农村经济的持续健康发展。但是,随着市场化改革的深入和农业商业化的快速发展,小生产和大市场之间的矛盾逐渐凸显。特别是20世纪90年代中期以后,粮食市场出现供大于求的情况,农业生产的比较利益下降,农民收入增长缓慢,城乡收入差距不断拉大。究其原因,主要在于农业生产劳动率和农产品转化加工率过低。由于规模小、分散、组织化程度低、抗市场风险能力差等原因,小农户的生产决策具有一定的盲目性,同时较少涉及农产品加工与销售等高利润领域。在这种情况下,亟须建立一种以市场为导向的一体化经营体制。20世纪80年代末,在经济发展较快的东部地区出现了"贸工农一体化""产加销一条龙"的经营方式,成为农业产业化的雏形。1993年11月,国务院出台了《关于当前农业和农村经济发展的若干政策措施》,明确提出要以市场为导向,鼓励和支持发展贸工农一体化经营。倡导发挥公司或龙头企业的技术与管理优势,将农户生产与国内外市场连接起来,促进农产品生产、加工、销售紧密结合,从而建立专业性商品基地，形成区域性支柱产业。2000年3月，中共中央、国务院印发《关于做好2000年农业和农村工作的意见》，指出以公司带农户为主要形式的农业产业化经营，是促进加工转化增值的有效途径，提倡各级政府和相关部门采取措施，积极推进农业产业化健康发展。同年10月，农业部等部门公布了首批农业产业化国家重点龙头企业名单，提出要对龙头企业给予信贷、财政支持和税收上的优惠，逐步建立龙头企业与农户之间的风险共担机制，鼓励龙头企业参与国际竞争和通过多种渠道筹集资金。相关资料显示，中国政府在2000~2005年共拨款119亿元扶植国家级龙头企业发展（Qian Forrest Zhang and John A. Donaldson，2008）。发展农业产业化，可以推进农业和农村经济结构调整，拉长农业产业链条，实现初级产品、加工产品和服务业的互动发展，从而有效增加农业附加值，减少外生交易费用，促进农业整体效益的提高。

4. 农业社会化

随着社会分工的扩大与专业化农业生产的实施，传统小农经济"小而全"的生产方式逐渐向专业化大生产过渡，与此同时，小农经济与外部世界的联系也在不断增加，无论是农业生产的产前、产中还是产后环节都需要与不同职能部门相互补充、相互协作，社会化程度提高。首先，在产前环节，农民种植或养殖所需的良种、农药、化肥、农用机械等生产资料，需要到市场上购买或租赁；其次，在产中环节，由于社会开放、流动和分化程度不断提高，小农家庭中兼业情况普遍增多，促进了农户与农户、农户与村集体、农户与政府、农户与企业，以及农户与其他社会组织的合作；最后，在产后流通环节，农户越来越依靠农民经纪人、企业、专业批发市场等与外部世界产生广泛联系，从农户单独生产农产品转变为由许多社会成员共同创造社会产品。在这种历史条件下，个体小农在农资购买、信息咨询、技术指导、农机操作、产品加工与销售、金融以及保险等方面的服务需求越来越多。但政府相关农业技术服务机构的服务功能不强，"部门化"问题严重；村级集体经济组织由于缺乏经济实力，为农户提供的服务较少；市场化龙头企业出于自我经济利益的考虑，为农户提供服务的意识不强，服务供给力度不大；科研教育单位的技术推广作用也不明显。仅凭单一主体为农户提供服务是不符合现实国情的，极易造成资源浪费和市场垄断，不利于农户的生产与生活。据此，为农户提供全方位的农业社会化服务就存在发展的必要性与必然性。建立健全农业社会化服务体系，能够促进分散的小农生产经营转变为合作生产经营，实现小生产与大市场的有效对接，有效降低市场风险和自然风险。农业产业化主要解决的是农户与市场连接的问题，而农业社会化要解决的是现行农业体制下"分"与"统"相协调的问题，农业产业化侧重于经济层面，而农业社会化则涵盖社会层面。农业产业化和农业社会化的含义在实际应用中经常会出现一些交叉重叠的情况，因为两者都是要把农业链条中的产前、产中、产后环节联系在一起，以提高农业生产水平和增加农民收益。但是我们应该看到，产业化是一个经济学概念，而社会化则是一个社会学概念，前者强调效率，后者不仅强调效率还兼顾社会公平。所以，我国政府于1990年提出的农业社会化服务体系建设，是继农业产业化之后的一个更全面的一揽子方案。

综上所述，农业兼业化、农业商品化、农业产业化与农业社会化之间关系紧密。为补充家庭收入，兼业农户内部不断发生分化，出现了农、副、工的劳动分工，促进了农业商业化和专业化进程。随着对农产品加工需求的增加，龙头企业不断涌现，农业逐渐向产业化方向发展，而在我国要实现小农家庭经营基础上的产业化发展必然需要农业社会化的支持与配合。在本质上，农业社会化是在农户兼业化的情况下，农业商业化与专业化发展到一定阶段的产物，是围绕农业生产而形成的一种现代分工形式。发展完善农业社会化服务体系，能够将各种现代生产要素注入当前的农业生产过程，全面提高农业科技和装备水平，从而有效推进农业兼业化、专业化和商品化的发展进程。

（二）农业社会化的发展潜力

从中国农村的现实发展情况来看，改革开放以来，我国已经初步形成了一个贯穿产业链条的由多主体参与的农业社会化体系，但这与农村和农业现代化对农业服务的需求相比仍有很大差距。对比发达国家的农业社会化发展与实施情况,我国在此方面仍具有巨大的发展空间与潜力。

1. 纵向发展趋势分析

为全面考察我国农业社会化的发展水平与趋势,本研究结合中国统计年鉴中的相关数据,从农业市场化水平、农业机械化水平、农业社会化服务效益三个维度设计出相关的衡量指标,用于衡量我国农业社会化的纵向发展动态(见表2-2)。

表2-2 衡量农业社会化发展水平的主要维度与指标

衡量维度	具体指标
农业市场化水平	粮食商品化率=农村居民家庭平均每人出售粮食数量/农村居民家庭平均每人粮食生产数量×100%
	农村居民生产费用支出率=(家庭经营费用支出+购置生产性固定资产支出)/总支出×100%
	农民收入市场化率=农村居民现金收入/总收入×100%
农业机械化水平	农村居民平均每百户拥有大中型拖拉机台数
	农村居民平均每百户拥有小型和手扶拖拉机台数
	农村居民平均每百户拥有机动脱粒机台数
农业社会化服务效益	农民人均纯收入
	劳动生产率:家庭人均经营收入与农村居民人均经营耕地面积之比
	土地生产率(以谷物为例)
	农村固定资产投资与粮食总产量之比

(1)农业市场化日趋发达

农业市场化与农业社会化的关系极为密切,在当前的历史条件下,农业市场化水平已成为影响农业社会化水平的一个重要因素。农业市场化程度越高,农业生产的自给性越低,社会分工扩大的趋势也就越明显。在这里本研究主要选取了三项指标来衡量农业的市场化水平,即粮食商品化率、农村居民生产费用支出率和农民收入市场化率。对国家统计局历年的农户调查数据进行整理、计算和分析后发现,我国的粮食商品化率已从1991年的41%稳定上升到2008年的61%,累计增加了20个百分点(见图2-1)。农民的现金收入情况可以较好地显示农民对市场的依赖程度。

研究结果表明,自 1991 年以来,我国农民收入市场化率一直保持较高的水平,由 1991 年的 70% 上升到 2008 年的 86%,年均增加 1 个百分点。相比之下,农村居民用于家庭经营和购置生产性固定资产的支出占总支出的比重则变化不大,稳定保持在 30% 左右,均值为 28.1%。通过对农业市场化指标的分析发现,我国农业生产已逐渐突破自给自足模式,并延伸到产前和产后环节,与市场的联系不断增强,社会分工协作的范围日益扩大。

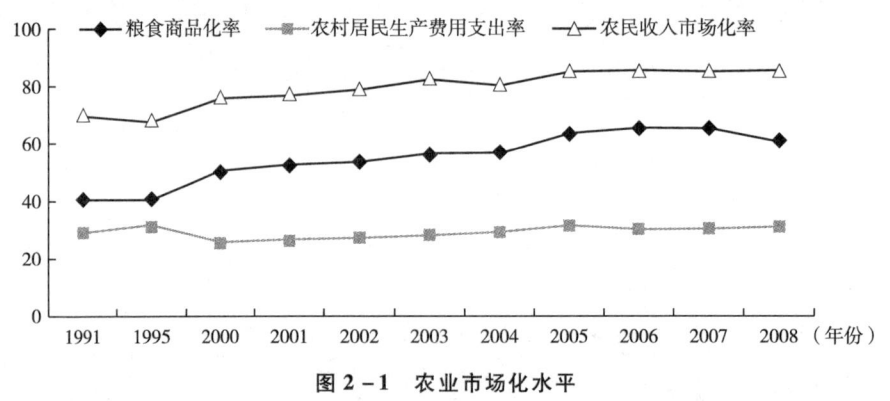

图 2-1 农业市场化水平

资料来源:国家统计局农村社会经济调查司编《中国统计年鉴(2009)》,中国统计出版社,2009。

(2) 农业机械化水平不断提高

农业机械作为推广应用先进农业技术的重要载体,是推动农业生产标准化、规模化和产业化的关键动力,是促进传统农业向现代农业转变的前提要素。农业机械化水平不仅是衡量农业现代化发展程度的重要标志,也是衡量农业社会化发展水平的重要指标。在传统中国社会,由于农业商业化水平较低,户均土地面积小而且较为分散,农户以家庭为单位一直维持着"过密化"的生产方式,即无限投入劳动力而不计回报,导致农民田间耕作效率低、强度大,阻碍了农业机械化的实施与推广。随着市场经济的快速发展,农村剩余劳动力向外流动与转移的速度加快、规模加大,而留守农村务农的人员则在逐年减少,从而促进农民对新型农业机械的需求不断增长。另外,自 2004 年起中央连续出台了 8 个一号文件,都高度强调要加快推进农业机械化,且逐步实行农业机械购机补贴政策,加大了新型农业机械的推广力度。在这两个方面的作用下,农民购机、用机的积极性不断提高，促进了我国农业机械拥有量的稳步增加，尤其是高性能、大功率的田间作业动力机械和配套机具增幅较大，较好地解决了留守农村劳动力不足的问题，降低了农业种植成本，在促进农业增效和农民增收方面做出了积极的贡献。国家统计局的数据显示，1991年，我国农村居民平均每百户拥有大中型拖拉机的数量仅为0.5台，每百户拥有小型和手扶拖拉机的数量为6.6台，每百户拥有机动脱粒机的数量为3.9台。经过多年的发展，我国农业机械的年均增幅较大，截至2008年底，我国农村居民平均每百户拥有大中型拖拉机的数量已增长至3.1台，每百户拥有小型和手扶拖拉机的数量增长至19台，每百户拥有机动脱粒机的数量增长至10.3台（见图2-2）。另据相关资料，2010年底，我国农机总动力已达到9.2亿千瓦，是1949年8.01万千瓦的1.15万倍，年均增长速度达22%；同时，我国耕种收综合机械化水平已达到52%，连续5年年均增幅突破3个百分点（杨杰，2011）。这些数据充分表明，我国已逐步建立农业社会化服务体系，农业机械化水平不断提高，并已进入中级发展阶段。

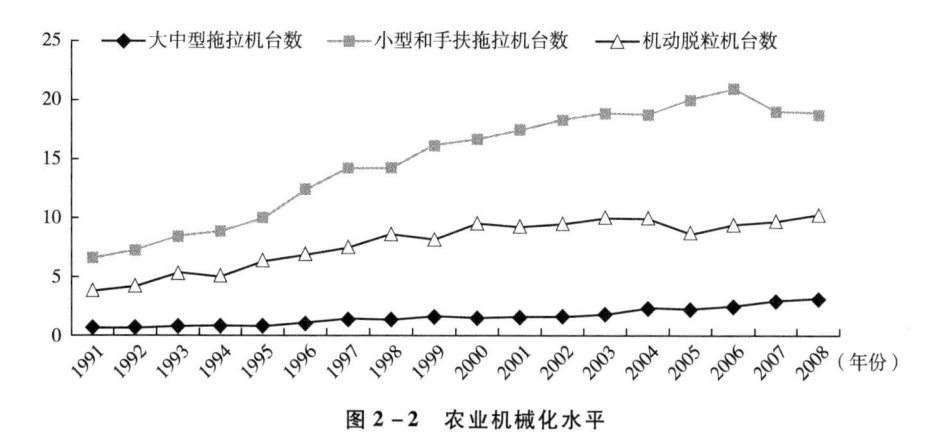

图2-2 农业机械化水平

资料来源：国家统计局农村社会经济调查司编《中国统计年鉴（2009）》，中国统计出版社，2009。

（3）农业社会化服务效益日益显著

本部分主要选取了四项指标来测量农业社会化服务效益，分别为农民人均纯收入、土地生产率、劳动生产率和农村固定资产投资与粮食总产量之比，具体计算方法见表2-2。通过对统计数据进行测算发现，1991年我国农民人均纯收入仅为708.6元,到2008年则迅速上升至4760.6元,增长了近6倍(见表2-3)。劳动生产率这一指标用家庭人均经营收入与农村居民人均经营耕地面积之比来表示,其数值也在不断攀升,由1991年的每公顷3602.8元提高到2008年的每公顷16761.5元。由于数据获得的有限性,土地生产率主要以谷物为例进行测算。结果发现,1991年谷物的土地生产率为每公顷4206千克,2008年则上升至每公顷5548千克。另外,农村固定资产投资与粮食总产量之比这一项指标的提升也比较显著,从1991年的0.4元/千克上升至2008年的4.6元/千克,18年增长了10.5倍。这些成果主要得益于社会分工范围的扩大以及国家各项强农惠农政策的推出,促进了农业基础设施的完善和农业社会化服务水平的提高。

表2-3 农业社会化服务效益情况

年 份	农民人均纯收入(元)	劳动生产率(元/公顷)	谷物土地生产率(千克/公顷)	农村固定资产投资与粮食总产量之比(元/千克)
1991	708.6	3602.8	4206	0.4
1995	1577.7	7782.0	4659	0.9
2000	2253.4	10812.9	4753	1.4
2005	3254.9	10601.0	5225	2.8
2007	4140.4	15236.1	5320	4.0
2008	4760.6	16761.5	5548	4.6

资料来源:国家统计局农村社会经济调查司编《中国统计年鉴(2009)》,中国统计出版社,2009。

2. 横向区域比较分析

在对我国农业社会化的发展潜力进行纵向分析的基础上,本部分将主要对农业社会化各分项指标的实现程度进行横向区域比较。

(1)农民收入的区域差异

通过对各地区农民人均纯收入的变化情况进行比较可以发现,虽然近年来各地区的农民人均纯收入都在迅速增长,并且东、中、西部三大地区间的收入差距正在逐渐缩小,但仍存在一定收入差距,其中东部与中、西部地区的农民收入差距较为明显,中部与西部地区的农民收入差距要小于东部与中部的差距。2001 年东部地区的农民人均纯收入为 3266.7 元，2009 年增加至 6742.8 元，年均增长 9.5%；2001 年中部地区的农民人均纯收入为 2165.2 元，2009 年增加至 4864.8 元，年均增长 10.6%；2001 年西部地区的农民人均纯收入为 1662.2 元，2009 年增加至 3585.6 元，年均增长 10.5%（常红，2010）。相比之下，东、中、西部三大地区间第一产业的收入差异不太明显，但西部地区要全面实现农村小康社会的目标存在较大难度。

（2）农民专业合作组织发展的区域差异

全国人民代表大会农业与农村委员会课题组 2004 年公布的统计数据显示，我国东、中、西部地区的农民经济合作组织在组织数量、会员数量、平均会员数量和入会比例等方面，都是中部居首，东部居中，西部居末。从发展情况来看，经济较为发达的东部地区的农民专业合作组织发展速度较快，经济欠发达的中西部地区的农民专业合作组织发展速度较慢，尤其是西部地区的农民专业合作组织在规模和数量上都较其他地区发展滞后（见表 2-4）。

表 2-4 我国农民经济合作组织区域分布情况

地 区	组织数量（个）	会员数量（万个）	会员数占乡村总户数的比例（%）	乡村总户数（万户）
东 部	29837	376.50	4.84	7778
中 部	40249	567.77	6.47	8781
西 部	22594	209.58	3.94	5316
合 计	92680	1153.85	—	21875

资料来源：全国人民代表大会农业与农村委员会课题组《农民经济合作组织立法专题研究报告》。

相关资料显示，我国的农民经济合作组织呈现良好的发展态势。2007 年，我国各类农民经济合作组织总数已突破 15 万个，成员规模达 2363 万户，占我国农户总量的 13.8%；间接带动非成员农户 5512 万户，占农户总数的 21.9%，这两类农户合计占我国农户总数的 35.7%（陈静然、陈潮昇，2009）。2010 年，我国农民专业合作组织的数量已增加到 35 万个，较

2009年底增长40%，月均增加1万个，成员规模也扩大到2800万户，约占我国农户总数的10%（李力、曹元水，2010）。另外，在服务内容方面，我国农民经济合作组织逐渐呈现单项与综合的地区差异。虽然现有资料尚不能完全显示农民专业合作组织的地区分布特征，但根据合作形式的地域分布特征可以粗略地得出相近的结论，即东部农民专业合作组织大多以提供综合性服务为主，既可能是"信息＋购销＋加工"，也可能是"信息＋技术＋加工＋购销"；中部农民专业合作组织的服务内容则较为复杂，包括从产前到产中再到产后的全方位服务，成员交易一般仅在合作组织内部进行；相比之下，西部农民专业合作组织的服务内容比较单一，或集中于技术方面，或集中于信息方面，或集中于销售方面。这些差异实际上还是地区生产力发展不平衡的结果。

（3）农村信息化水平的区域差距

农村信息化是农业现代化发展的重要组成部分，也是衡量农村经济社会发展的基础性和战略性指标，我国的农村信息化水平存在明显的区域差异。相关统计数据显示，在电气化和信息化水平方面，中部与西部地区间的发展差距远大于东部与中部地区间的发展差距，并且这一差距呈现不断扩大的趋势。在固定电话普及率和拥有率方面，截至2006年底，我国农村固定电话用户总拥有量达到11122.3万户，其中东部地区为4928.2万户，占农村固定电话用户总量的44.31%，总部及直属地区的固定电话用户为41.2万户，仅占农村固定电话用户总量的0.37%，中部和西部地区固定电话拥有量分别为4050万户和2102.8万户，占农村固定电话用户总量的36.41%和18.91%。在移动电话拥有量方面，西部地区人均拥有量最少，平均每千人才拥有一部手机。在电脑网络的普及方面，东、中、西部地区间的差异仍然较大。2006年我国乡村网民总规模为1931.4万人，乡村网民普及率为2.6%，其中东部网民普及率达到13%，是中部或西部网民普及率的两倍多。尤其是在人均网站数量方面差异最为明显，东部地区的人均网站数量是中西部总和的20倍，而中西部地区的人均网站数量尚不到平均水平的1/15，中西部互联网的发展水平则基本持平（马桂琴，2006）。

(4) 农业生产水平的区域差异

除上述指标外,农业生产方式、农业产出能力以及农民收入市场化水平也是用于测量农业社会化区域发展差异的三个重要指标。现有的统计资料显示,东、中、西部地区在这三项指标上呈现递减的态势。在农业生产方式上,东部与中、西部地区的差距明显,中部与西部地区的差距要小于东部与中部地区的差距。随着时间的推移,中部与西部地区的差距正在不断缩小,而东部与中西部地区的差距却在不断扩大。在农业产出能力上,农民收入的地区差异并不明显,而农业劳动生产率①的地区差距则较大。对国家统计局的数据进行测算发现,2007 年,东部地区的劳动生产率为 40987.5 元/公顷,中部地区为 73668.6 元/公顷,西部地区为 17204.25 元/公顷,即西部与中、东部地区的发展差距较为明显,说明西部地区在农业产出能力方面还有待进一步提高。在农民收入市场化水平方面②,东、中、西部三大地区间的发展差距明显。2007 年,全国农民收入市场化平均水平为 85.62%。其中,东部地区的农民收入市场化水平最高,达 90.92%;中部地区次之,为 83.15%;西部地区最低,为 78.69%。东、中、西部三大地区的农业社会化发展水平与我国地区经济发展水平与市场开放程度相符,因此,要提高中西部地区的农业生产水平,增加农民收入,亟待建立健全当地的农业社会化服务体系(李俏,2011a)。

二 农业社会化服务的需求分析

建立健全农业社会化服务体系的目的是为农户生产经营服务,农户是农业社会化服务的供给客体,他们的生产生活情况及对社会化服务的需求情况非常值得研究。根据已有的研究成果、政策条件及实证调研所获得的数据资料,本部分试从农户个体情况、家庭情况、经营情况和区域分布情况四个方面考察农户对农业社会化服务的需求程度。

---

① 这里的农业劳动生产率与前文计算方法相同,即等于家庭人均经营收入与农村居民人均经营耕地面积之比。
② 这里将农民收入市场化水平定义为:农村居民家庭经营收入/总收入×100%。

（一）研究假设与数据来源

具体研究假设为：①在农户个体特征层面，年龄较大的农户对农业社会化服务的需求会较多；文化程度越高的农户对农业社会化服务的需求越多；正在从事农业生产的农户对农业社会化服务的需求较强；有无特殊经历也会对农户的农业社会化服务需求产生影响。②在家庭特征层面，家庭经营的农地面积越大，对农业社会化服务的需求越多；实际参与务农的家庭劳动力越少，对农业社会化服务的需求越多；农户家庭经济条件越好，对农业社会化服务的需求越强烈；是否兼业也会影响农户对农业社会化服务的需求强度。③在经营特征层面，参加合作组织的农户，对农业社会化服务的需求程度较高；农户对市场信息的掌握情况也会影响其对农业社会化服务的需求。④在区域分布层面，农户对农业社会化服务的需求存在区域差异。

这部分所用数据主要来源于西北农林科技大学经管学院"西部农村信息化研究"课题组于2010年6～8月对陕西9个市18个乡镇的抽样调查。实际发放问卷222份，剔除无效问卷8份，共回收有效问卷214份，有效回收率为96.4%。调查内容主要涉及农户个人的基本情况、种植历史、经营规模、家庭收入、兼业情况、技术来源、培训需求、信息获得渠道、农资购买及产品销售渠道、农户对农业社会化服务的需求情况及满意度、参与合作组织的情况、融资问题，以及对信息入村的认知与评价等方面。基于研究需要，本书只选取了其中一部分数据，用以分析农户对农业社会化的服务需求程度。在有效样本中，陕北、关中、陕南地区的农户各占农户总数的33.6%、35.2%和31.2%。在性别构成上，男性占65.7%，女性占34.3%。在年龄方面，被调查农户年龄最大的为67岁，最小的为23岁，平均年龄为39.5岁。文化程度则以初中水平为主（见表2-5）。样本农户的家庭平均人口数为3.98人，户均劳动力为2.5人；户均拥有农地面积7.46亩；普通农户占61.4%，兼业农户占38.6%；具有外出打工、任村干部和在企业工作等特殊经历的农户占调查总数的34.5%。在家庭经济状况方面，家庭人均纯收入在1000元及以下的仅占9.5%，1001～2000元的占 35.8%，2001~3000 元的农户占 33.4%，3000 元以上的农户占 21.3%。

表 2-5 农户的年龄结构及文化程度分布情况

	年龄结构				文化程度			
	20~29 岁	30~39 岁	40~49 岁	50 岁及以上	小学及以下	初中	高中或中专	大专及以上
人数	48	57	75	34	28	94	67	25
百分比（%）	22.4	26.6	35.1	15.9	13.1	43.9	31.3	11.7

（二）农户对农业社会化服务的认知

1. 农业生产经营情况

通过本次调查发现，当前农户所采用的农业技术主要源自农业部门，这一比重占 34.15%，依靠传统经验耕作的农户占 26.83%；同时，科研教育单位在农业技术传播与推广方面也发挥了重要作用。从农业大学与研究机构获得技术的农户占 21.95%；从合作组织与专业协会得到技术的农户占 9.76%，由龙头企业提供技术的农户占 4.88%，其他来源占 2.44%（见图 2-3）。由此可见，目前农业部门和科研教育单位在农业科技推广过程中发挥了重要作用，而农民经济合作组织与龙头企业在农业科技指导方面的作用还未得到充分发挥，亟待进一步发展与完善。一旦农户在生产经营中遇到困难，村民互助仍然是最主要的解决方式，向邻居或亲戚朋友求助的占 47.7%，向县级政府求助的占 32.7%，向村委求助的占 16.8%，寻求其他帮助的占 2.8%。在遭遇生产资金紧张问题时，35.8% 的农户会选择自行解决；30.3% 的农户表示会向邻居或亲戚朋友借钱；23.9% 的农户倾向于从银行贷款；4.6% 的农户表示会向合作社借钱，而选择高利贷和其他方式解决问题的农户各占 1.8% 和 0.9%。

2. 农资购买及产品销售情况

在农用生产资料购买渠道方面，由农户自行到私人农资商店或公司购买仍然是最主要的渠道，这一比例达 68.57%；其次为通过经济合作组织或专业协会统一购买，占 14.29%；再有就是和邻居或亲戚一起购买，占

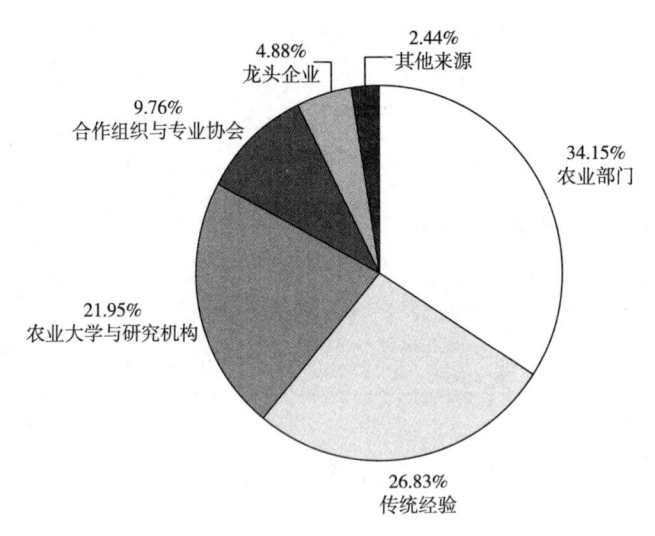

```
              2.44%
       4.88%  其他来源
       龙头企业
   9.76%
   合作组织与专业协会
                        34.15%
                        农业部门
   21.95%
   农业大学与研究机构

              26.83%
              传统经验
```

图 2-3　农户所采用的农业技术来源

12.38%；所占比重最低的是通过村级集体组织统一购买，仅占 4.76%（见图 2-4）。在农产品销售方面，目前最主要的渠道是由收购商到家里收购，这一比例达 64.15%；通过农民经纪人或协会等中介销售的占 19.81%；由农民自己到市场上销售的占 11.32%；由村集体统一组织销售的占 2.83%；由签过协议的龙头企业统一收购的仅占 1.89%（见图 2-5）。由此可见，以家庭承包经营责任制为基础、统分结合的双层经营模式，在一定时期内促进了生产力的发展，但随着农村改革的深入和市场竞

```
          通过村级集体组织统一购买
          4.76%
      和邻居或亲戚一起购买
      12.38%

   通过合作组织或专业
   协会统一购买
   14.29%
                        自行到私人农资商店或
                        公司购买
                        68.57%
```

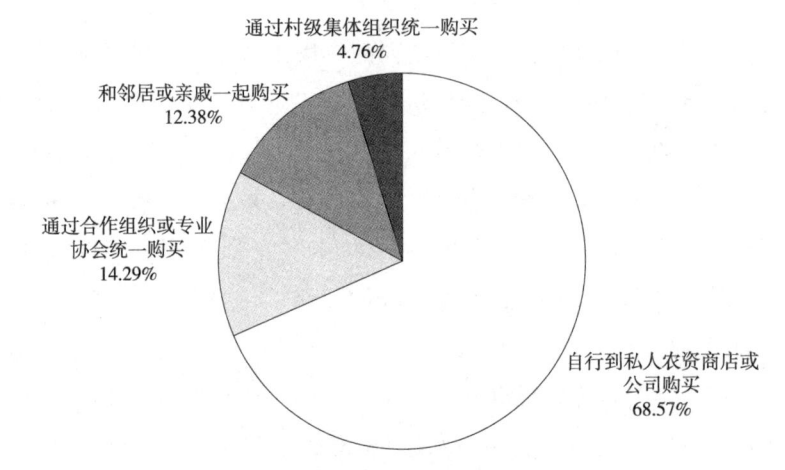

图 2-4　农户购买农用资料渠道

争的不断加剧，农村集体性的"统"的功能不断退化，个体农户由于生产经营规模小且处于单兵作战的状态，农业生产资料购买成本较高，在销售层面也存在一定问题。

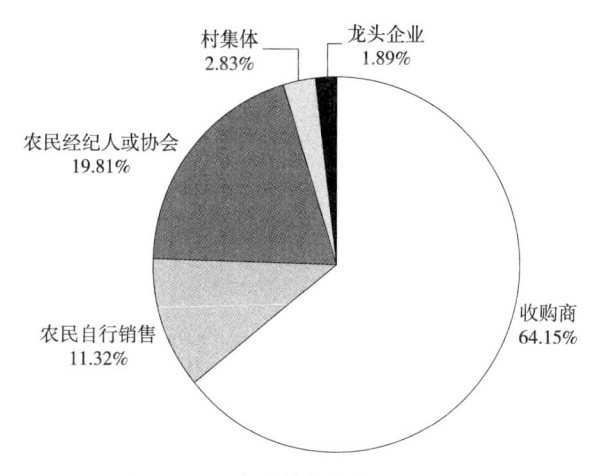

图 2-5 农户销售农产品的渠道

3. 农户参加农业合作组织情况

调查结果表明，没有参加任何合作组织的农户占 73.3%，参加农业合作社或协会的农户占 26.7%。其中，参加合作组织的农户表示入社的好处主要表现在如下几个方面，按所占比重由高到低排列依次为：能够获得技术服务；减少了购买农资的费用；便于销售；利于资金借贷；能够获得市场信息和进行经验交流；能够获得培训；节省了劳动力。对于没有参加合作组织的农户，他们认为主要原因是周围没有农业合作社或协会，这一比例达 61.4%，其次是对农业合作组织缺乏了解，这一比例占 24.3%，其他原因占 10.0%，认为没有必要的占 2.9%，因为要交会费而没有参加的占 1.4%。但在主观意愿上，表示愿意参加合作组织的农户比例高达 91.5%，而表示不愿参加的农户仅为 8.3%。由此可见，虽然目前农户参加农业合作组织的比例较低，但绝大多数农户在心理上对合作组织较为认可，农村合作组织具有较好的发展前景。

4. 农户对各类社会化服务的需求情况

本次调查结果显示，在当前的农业生产经营过程中，农户对农业社会化服务有需求的占71.6%，没有需求的仅占28.4%。对于农户当前最需要的农业社会化服务类型，按照需要的迫切程度由强到弱排列依次为：技术指导服务（59.6%）；市场信息服务（13.8%）；农产品收购与销售服务（11.0%）；政策法律与信息咨询服务（7.3%）；病虫害防治服务（3.7%）；贷款渠道介绍服务（2.8%）；农用生产资料购销服务（0.9%）；其他服务（0.9%）（见图2-6）。对于农业社会化服务供给主体是否应该在服务过程中收费，72.9%的农户赞同适当收费，但认为收费应该按照一定的标准且有限度，21.5%的农户认为不应该收费，5.6%的农户表示应该收费。

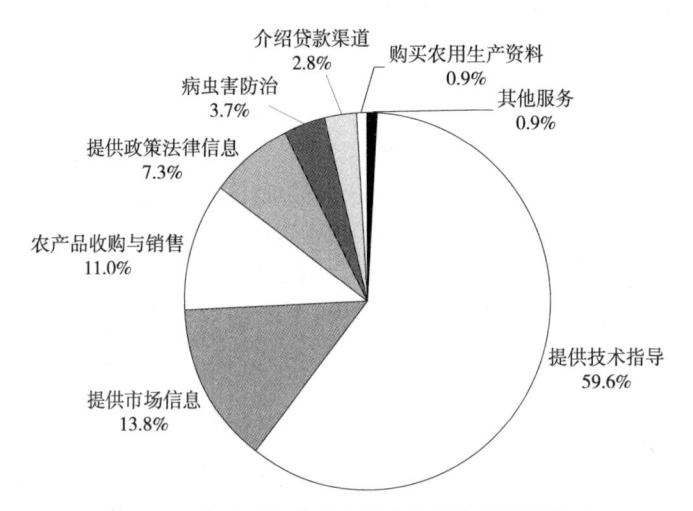

图2-6 农户对各类农业社会化服务需求的程度

5. 农业信息获取渠道及需求情况

本次调查还设计了有关农户对农业信息认知方面的问题，结果表明，认为自己缺乏信息的农户占94.5%，认为自己不缺乏信息的农户仅占5.5%；希望参加信息技术培训的农户占97.2%，不希望参加培训的农户仅占2.8%。这说明，当前农户已充分认识到农业信息的重要性，并对获取和掌握信息渴望强烈。在农产品生产与销售信息的获取途径方面，按所占比重从高到低排列依次为：电视（20.6%）；村里信息员（19.3%）；互联网（11.5）；村里的公告（10.7%）；邻居或亲戚朋友（9.1%）；政府派出机构（8.3%）；报纸杂志（7.5%）；村领导（6.7%）；广播（6.3%）。在相关政策信息的获取途径方面，排序结果稍有不同，按所占比重高低排列依次为：电视（20.9%）；村里的公告（16.2%）；政府派出机构（15.2%）；村里信息员（13.5%）；报纸杂志（10.0%）；村领导（7.8%）；互联网（7.8%）；广播（4.5%）；邻居或亲戚朋友（4.1%）。这反映出农户会根据信息的性质而采用不同的途径与策略进行获取，针对性比较强。

（三）农户对农业社会化服务需求的影响因素分析

1. 模型构建

在前文描述性分析的基础上，本部分将运用 SPSS 统计软件中线性回归的方法进一步分析哪些因素会对农户社会化服务需求产生影响。被解释变量为"农户在生产过程中对社会化服务有无需求"，由于这一指标属于二分类变量，即 0~1 型变量，所以，本部分将使用二分类变量的 Logistic 回归模型进行分析，其基本原理如下所述。

设 P 为农户对农业社会化服务有需求的概率，取值范围为 $0~1$，$1-P$ 为农户对农业社会化服务无需求的概率，对 P 做 Logit 转换，记为 Logit P，即取 $P/(1-P)$ 的自然对数 $\ln[P/(1-P)]$，Logit P 的取值范围在 $-\infty$ 到 $+\infty$ 之间。以 Logit P 为因变量，可建立如下线性回归方程：

$$\text{Logit} P = \alpha + \beta_1 x_1 + \cdots + \beta_m x_m$$

在这一模型中，参数 α 是常数项，表示自变量取值全为 0 时，$P/(1-P)$ 的自然对数值，参数 β_i 是回归系数，表示在其他自变量取值保持不变的情况下，该自变量取值每增加一个单位所引起 Logit P 的变化量。

2. 变量设定与处理

在二分类变量的 Logistic 回归模型中，系统一般默认以数值较小的变量为参照类。在本研究中，被解释变量是"农户对农业社会化服务有无需求"，因此，将"农户对农业社会化服务无需求"赋值为 0，将"农户对农业社会化服务有需求"赋值为 1。至于解释变量，按照上文提出的研究假设，主要从农户个人特征、家庭特征、经营特征和区域分布四个方面选择相关变量进行考察，各变量的具体赋值及统计见表2-6。

表2-6 实证模型变量说明

变量		变量定义	均值	标准差	预期符号
被解释变量					
农业社会化服务需求		有需求=1，无需求=0	0.72	0.45	
解释变量					
农户个体特征	年龄	农民的实际年龄（岁）	39	1.13	+
	文化程度	小学及以下=1，初中=2，高中或中专=3，大专以上=4	2.42	1.59	+
	当前是否务农	务农=1，没有务农=0	0.613	0.46	+
	有无特殊经历	有特殊经历=1，无特殊经历=0	0.578	0.42	+/-
家庭特征	家庭农地面积	家庭拥有土地总面积（亩）	6.86	2.07	+
	务农劳动力人数	家庭实际务农劳动力人数	2.51	0.87	-
	家庭人均纯收入	1000元及以下=1，1001~2000元=2，2001~3000元=3，3000元以上=4	3.84	0.85	+
	是否兼业	兼业=1，未兼业=0	0.71	0.45	+
经营特征	是否参加农业合作社或协会	参加了=1，没有参加=0	0.34	0.76	+
	是否缺乏信息	不缺乏=1，缺乏=0	0.72	0.69	-
区域分布	所在地区	陕北=1，关中=2，陕南=3	2.03	0.94	?

3. 模型分析结果

为筛选出对因变量有显著影响的自变量，本研究采用SPSS中Logistic回归自动筛选显著自变量的方法（Backward：Conditional），建立最优的逐步回归方程。根据概率临界值0.05进入、0.05以上剔除的标准，共进行了8步筛选，从模型中剔除的解释变量主要包括文化程度、有无特殊经历、是否兼业、是否参加农业合作社会或协会四个变量，剩余的变量为年龄、家庭农地面积、务农劳动力人数、家庭人均纯收入、当前是否务农以及所在地区。最终获得的模型结果与原初假设基本一致,具体分析结果见表 2-7。

表 2-7 农户对农业社会化服务需求的影响因素 Logistic 回归模型分析

影响因素	回归系数	标准误	Wald 值	显著度	Exp (B)
年龄	0.375	0.453	4.662	0.047	1.851
家庭农地面积	0.712	0.205	8.049	0.001	2.038
务农劳动力人数	-0.207	0.335	4.478	0.016	1.863
家庭人均纯收入(1000元及以下)					
1001~2000 元	0.840	0.568	5.104	0.239	1.438
2001~3000 元	0.241	0.803	6.357	0.032	1.403
3000 元以上	0.546	0.774	5.133	0.002	1.653
当前是否务农	0.536	0.364	7.248	0.004	1.845
地区(关中)					
陕北	0.642	0.734	5.186	0.155	1.214
陕南	-0.537	0.654	7.439	0.017	1.582
常数项	2.895	2.134	4.564	0.046	

-2Loglikelihood: 527.06 Cox&Snell R Square: 0.572
Nagelkerke R Square: 0.365 Sig.: 0.000

(1) 农户年龄与其对农业社会化服务的需求正相关,Sig 值在 0.05 的水平上显著。其原因可能是,受自身文化素质与技能水平的限制,年龄较大的农户的就业空间相对狭窄,接受与学习新知识与新技术也较为困难,多重因素导致其在农业生产经营过程中对农业社会化服务的需求较大。

(2) 经营规模是影响农户对社会化服务的需求的重要因素。家庭经营的土地面积越大,农户对农业社会化服务的需求也就越多。原因在于,农户经营规模越大,在农资购买、农技指导、市场信息获取、农产品销售等方面需要花费的时间与精力越多,需要获取的资源也较多,因而对农业社会化服务的需求就越大。相反,经营规模越小,收益就越小,这样的农户一般都会选择兼业,不会在农业生产经营上投入太多时间与精力,对于那些收费较多的农业服务,他们更是不会考虑。

(3) 务农劳动力人数与农户对农业社会化服务的需求呈负相关关系，即务农劳动力人数越少，农户对农业社会化服务的需求越强烈，反之，务农劳动力人数越多，农户对农业社会化服务的需求越弱。原因可能是，农业生产所需的劳动力不足会促使农户逐步跨越家庭边界而向外部寻求资源和帮助，从而促使农户对农业社会化服务产生更多的需求。

(4) 家庭人均纯收入与农户对农业社会化服务的需求之间的关系较为复杂。与家庭人均纯收入在 1000 元及以下的变量相比，收入为 1001～2000 元的变量的 Sig 值不显著，表明在这两个收入水平上，农户对农业社会化服务的需求差异不大。而收入为 2001～3000 元和收入为 3000 元以上的农户，其 Sig 值在 0.05 的水平上显著，表明相对于收入水平在 1000 元及以下的农户，收入为 2000 元以上的农户对农业社会化服务的需求较大。

(5) 是否从事农业生产也影响农户对农业社会化服务的需求。从发生比来看，从事农业生产的农户，其对社会化服务的需求的发生比是没有从事农业生产农户的 1.85 倍。这一点较易理解，因为当前是否从事农业生产会对农户的旨趣、态度与行为产生影响，从事农业生产的农户一般会密切关注本行业的发展动向，对技术与市场信息的了解较多，在生产经营方面投入的时间与精力也较多，因而其对农业社会化服务的需求也较大。

(6) 区域位置也是影响农户对农业社会化服务的需求的重要因素。相对于关中地区的农户，陕北地区的农户对农业社会化服务的需求差异不大，而陕南地区的农户对社会化服务的需求则较弱，也就是说，关中和陕北地区的农户对社会化服务的需求相对较多，陕南则较少。究其原因，除经济发展水平和产业结构调整程度不同外，区域文化环境、传统价值观念与政府及相关部门的重视程度也是重要的影响因素。另外，关中地区的农业大学及科研机构较多，良好的科研文化环境显著带动了该地区的农业发展；陕北地区由于经济条件相对较好，通过发展特色农业也增加了农户的服务需求；陕南地区由于多山、交通不便等地理环境的限制，环境相对闭塞，因而农户对农业社会化服务的需求相对较少（李俏，2011b）。

综上所述，对农户的农业社会化服务需求有显著影响的因素主要包括：年龄、经营规模、务农劳动力人数、家庭人均纯收入、是否从事农业生产和所在地区。本次调查研究的结果主要表明，农户个人及家庭因素是影响农户农业社会化服务需求的重要方面，同时本次调查也从侧面反映了区域位置、经济环境与发展农业社会化服务之间的重要关系。

三 中国农业社会化服务体系发展的总体情况

我国的农业社会化服务体系已具有一定的基础和规模，但发展尚不健全，整体服务水平较低，管理不够规范，各服务供给主体之间缺乏有效的沟通与配合，各项服务之间不能有效衔接，公益性服务缺乏，还不能有效满足农业生产发展的需要。

（一）现状及存在的问题

1. 多主体参与的农业社会化服务体系基本形成

新中国成立后，为促进生产力的发展，我国政府机构率先建立了按行政体制垂直管理的公共性服务组织，包括农业科技服务机构以及供销合作社、信用合作社等服务组织，从中央到地方都设有农业技术服务中心和服务站，在村一级设有科技组与科技示范户。20世纪80年代初实行家庭联产承包经营责任制后，村级集体组织开始承担"统"的功能，负责为分散小农户提供诸如灌溉、机耕、机播、统一植保、水利、教育等统一服务，以有效降低小农的生产和经营成本，增加农户收益，使村级集体与分散小农之间发展出一种扶助性的利益关系（仝志辉和温铁军，2009）。但随着税费改革与乡镇体制改革的推进，供销社、农资部门、农机部门、农技部门、水利部门等国家经济技术部门在经历了机构精简与体制改革后，逐渐走向衰落，村集体组织的运转也变得日益困难，难以保障基本开支，大部分村级集体组织基本上无力为农户提供社会化服务。而诸如农资供销、电力、农机、水利、植保等方面的农业服务都则存留于乡一级，由政府职能部门条条控制，即所谓的"七所八站"，到村一级已经无法发挥应有的作用了，丧失了为农民提供各项服务的动力（Chen An，2008），农业社会化服务呈现"网破、线断、人散"的局面。不少研究发现,税费改革后农业服务缺失导致农民上访数量急剧增加(田先红和杨华,2009)。近年来,随着市场经济体制的不断完善,各类服务主体如龙头企业、农民专业合作组织、专业技术协会和其他社会服务组织不断发展壮大,到目前为止,在我国的农业社会化服务领域,已逐渐形成了多主体共同参与的格局。

2. 农业社会化服务领域不断延伸

在发展现代农业的过程中,我国的农业社会化服务领域逐步由产中环节向产前和产后环节延伸,服务水平不断提高。在产前服务方面,各地区纷纷启动了信息入村工作,在当地建立农业信息中心,为广大农户提供市场信息、技术指导、政策法律咨询等方面的服务;一些地区还在村一级建立便民服务中心与农业综合服务站,专门为农民提供优良种子种苗与农用生产资料,方便了农民的生产与生活。在产后服务方面,近年来在国家政策的支持与引导下,农业产业化龙头企业不断发展壮大,成为农业产业化发展的重要基础;各种类型的农产品批发市场不断涌现,极大地拓宽了农产品的流通渠道,促进了小生产与大市场的连接。在产中服务方面,基层农技推广机构在改革中不断发展完善,农民专业合作组织逐渐成为农户自我服务的重要载体,这两种力量共同推动农业科技推广服务朝纵深方向发展,服务环节由单纯的产中服务向涵盖产前、产中、产后环节的系列化服务延伸。另外,随着农业产业结构的调整变化,农业的多功能性日益凸显,特色农业、生态农业和农村旅游业等不断兴起,农业社会化服务的范围也逐渐由简单的种植与养殖业向农产品保鲜、加工、销售、农机服务、技能培训、劳动力转移等领域延伸,拓宽了农业社会服务产业化发展的道路,形成了形式多样、灵活多变的社会服务组织和服务模式,全方位、高科技、高效率的服务逐渐增多,促进了服务水平和经济效益的提高。

3. 农业社会化服务组织发展较快

随着市场经济的发展,农业生产领域逐渐进入社会化大生产过程之中,农业生产的社会化程度不断提高,农民对社会化服务的需求也在日益增加。在这种情况下,各类农业社会化服务组织呈现蓬勃发展的局面。政府涉农服务机构的功能日渐完善,一些地区建立了涵盖县级推广中心、乡镇技术推广服务站、村科技人员和村级科技示范户的四级农业技术推广网络，为农户生产提供专业技术服务。各种类型的农村社区互助服务组织也纷纷出现，如社区生产服务中心、农资服务站、便民超市、红白理事会、互助互济会等，给农民的生产生活带来便利。同时，由农民自发建立的各类专业合作组织发展迅速，入社农户不断增加。2009年，在全国工商部门正式登记的合作社数量已达到22.77万户（周伯华，2009）。2010年，农民专业合作社数量继续快速增长，全国合作社数量超过35万家，带动农户约2800万，约占全国农户总数的10%。合作领域广泛涉及种植、养殖、农机、植保、技术、信息、农家乐等，服务内容涵盖农资供应、农技推广、土肥植保以及农产品加工、储藏和销售等多个环节，逐渐成为我国农业社会化服务体系发展中一种新的组织形式，为连接小农户与大市场提供了组织平台。另外，近年来产业化龙头企业在带动农户增收和服务农户方面成效显著，并在国家的高度重视和大力支持下得到了快速的发展。截至2009年底，农业产业化龙头企业数量已达到8.97万家，其中国家重点龙头企业有894家，带动农户户均增收约1900余元（乐施会，2010）。

4. 农业社会化服务模式不断创新

为满足农民日益增长的服务需求，各地积极推进农业社会化服务体系建设，因地制宜，不断创新，形成了多种行之有效的新型服务模式，极大地提高了农业综合生产能力，增加了农民收入，促进了农业生产和农村经济的发展。在全国不少地区，各级政府涉农机构积极引导，充分利用现代信息工具与网络技术，建立现代化的农技服务平台。例如，陕西省从2007年开始在全省范围内实施信息入村工程，由省农业厅负责，财政投资1.5亿元，在市县两级分别设立农业信息中心，在村一级建立农村信息服务站，配备专业信息员从事信息传递与咨询服务，服务范围遍及2.7万多个行政村，基本覆盖了全省所有行政村，延安市还开通了12316三农热线和寿光—安塞网络服务视频系统，辐射带动作用显著。江西、山西等地纷纷启动了科技进村入户工程，以满足农民的科技需求为出发点，确立了地区示范县，理顺了农技推广的体制和机制，培养了一大批农业科技示范户，建立农业科技示范基地，选聘农业专家和科技人员深入科技示范户家中，辐射带动农户增收，形成县、乡、村农业科技试验示范推广网络，促进了农业科技成果的转化应用。福建、河南、浙江、湖南等地结合本地区的特色产业和农民的实际需求，建立了多种类型的农村综合服务站，为农民提供综治、文化、计生、技术指导、信息咨询、培训、信贷、营销、劳动力转移等方面的服务，通过与农民近距离沟通，有效破解了涉农服务难题。另外，近年来在北京、天津、深圳、山东等地不断涌现农产品批发市场带动农民增收的模式，通过与农户签订合同建立农产品交易平台，连接农户与市场，形成产、加、销一条龙服务模式，促进了农产品的快速流通。

5. 农业社会化服务供需矛盾突出

随着城市化进程的加快和农业生产专业化、市场化程度的加深，农户对农业社会化服务的需求已经逐渐由单项农业生产服务转向资金、信息、技术、储存、加工、运输、销售、管理等综合性农业服务，但是现有服务体系在降低生产成本、进行产品深加工、疏通销售渠道等方面还比较薄弱，增加农民收入的效应不强，供需矛盾较为突出。主要表现在：①农户需求较多的农用生产资料的供给价格较高，并呈现逐年上涨的趋势，导致农户生产经营成本不断提高；②现有服务大多集中在产前和产中环节，产后服务较为薄弱，农产品销售难的问题长期存在；③农产品深加工领域的服务供给不多，不能有效引导农户提高农产品的附加值；④农业生产经营中信息不对称的现象较为突出，农户由于掌握信息不足而在市场竞争中处于不利地位；⑤农村金融服务发展不完善，不能有效满足农户发展生产的资金需求。农业社会化服务供给与需求之间的不对称，直接影响服务的效果，这是今后在体系建设中必须解决的问题。

6. 农业社会化服务管理体制不顺

目前我国农业社会化服务供给主体的角色定位不清，政府涉农经济技术部门、专业合作经济组织和营利性服务组织之间的角色经常串位。政府涉农经济技术部门既掌握着国家部分行政职能，又承担农业社会化服务的供给功能，为应对激烈的市场竞争，维护自身利益，政府涉农经济技术部门也广泛参与经营性活动以获取利益。政府涉农经济技术部门常常将自身应当承担的公益性服务项目如农业科技推广、植保、良种供应、农田水利建设等推给村集体组织，而像农资供应、农产品销售及农产品运输等获利较多的领域，政府涉农经济技术部门则往往会插手并参与其中，与市场化营利组织或民间合作经济组织共同竞争。由于缺乏监督，这些部门还常常会凭借与政府的关系强制性地为农民提供服务，从而导致市场无序竞争，尤其是一些财政较为困难的乡镇，通常会将政府部门负责管理的社会化服务组织承包或转包给私人，而不对其经营情况进行监督管理。这种多元化的利益目标导致政府涉农部门定位不清、职能模糊，部门间缺乏沟通联系，为农户服务的意识不强，服务水平不高，严重制约了农业社会化服务体系的发展。而本应是政府社会化服务有效补充的个体服务，则由于组织规模小，资金有限，抵御市场风险的能力比较弱，因而无法为农户提供全面的综合性服务。

7. 农业公益性服务层次和质量不高

在市场经济体制下，政府涉农机构既从事公益性服务，又从事经营性服务及党政工作，而把工作重心放在经营性服务和党政工作上，导致政府公共服务机构的服务能力不强，公益性职能缺失。虽然近年来随着政府涉农机构改革的推进，公益性服务体系建设得到了不断的加强，但依然存在机构发展不健全、管理体制不顺、专业人员素质不高、基础设施条件较差、技术服务手段落后、服务能力不强等问题。相对于经营性农业社会化服务来说，公益性服务的发展较为滞后，尤其是在公益性农业科技推广、动植物疫病防控和农产品质量安全监管等领域，尚不能为农户提供高效优质的服务。产业化龙头企业提供的社会化服务以经营性服务为主，公益性服务较少，其缺乏服务意识，还没有与农户结成风险共担的经济共同体。农民专业合作组织由于自身缺乏资金积累、经济效益不高、技术人员业务能力偏低及管理不规范等因素，为农户提供公益性服务的能力受到制约。而个体形式的服务组织如基层农资供应商及农村经纪人等由于承受的市场风险较大且保障能力不强，因而服务层次较低、能力不足。对此，政府涉农部门应当承担起公益性服务职能，加强与企业、科研教育单位及合作经济组织的合作，并对其发展进行监管与引导，促进公益性服务与经营性服务协调发展。

8. 农业社会化服务体系发展不完备

在当前的农业社会化服务体系建设中，比较突出的问题是基层服务组织体系不健全，地区差异较大，在中西部地区这一问题表现得更为突出。一般来说，经济基础好、集体经济实力雄厚、地方政府重视社会化服务体系建设的地区，体系发展较为完善，服务质量与水平也较高。相反，经济基础较差、集体经济实力薄弱、地方政府重视不足的地区，服务组织的发展较为缓慢，服务水平与层次也受到限制。随着农业税的取消和乡镇机构改革的推进，过去推行的县、乡、村三级农业社会化服务网络受到严重冲击，村级集体经济组织的财力日渐薄弱，服务缺乏活力，基层农技推广部门因为经费紧张而出现服务断层。虽然近年来农村合作经济组织的发展呈现较好的势头，但是农民参与率仍然较低，在资金、人才与管理方面也存在一定的困难，带动能力不强。龙头企业等市场化供给主体以营利为主，在与农户合作方面尚没有形成稳定的利益联结机制，骨干作用不明显。基层农资供销商、农村经纪人和种养育大户等其他社会服务组织由于规模小、管理不规范且相互间缺乏合作，服务手段较为落后，服务能力不强。而农业科研教育单位开展的科研活动和服务项目与农民的农业生产需要存在脱节现象，实用技术推广较为缺乏，科研成果的转化应用率较低。为适应发展现代农业和促进农村剩余劳动力转移的新形势和新要求，要继续推进农业社会化服务体系建设，培育多元化的服务组织，增强服务功能。

（二）发展中的区域差异

我国地域辽阔，各个区域之间的发展差距较大，农业社会化服务体系建设也明显呈现多样性和不均衡的特点。按照国家统计局的划分标准，可将我国的经济区域分为东、中、西、东北四大地区。各地区在农业社会化服务体系建设的具体实践中差异较大：在经济条件比较好的东部地区，社会化服务体系发展较快，服务水平也较高，以社区内合作为主，以政府部门服务及市场化服务为辅；在经济发展较为落后的中西部地区，社会化服务体系的建设相对缓慢，多以政府部门服务为主，其他组织类型的服务比较薄弱；而东北地区的社会化服务体系发展则处于中间状态，呈现多种服务组织平分秋色的局面。

1. 东部地区的农业社会化服务体系建设

东部地区由于邻近海洋，地理位置优越，水产品、石油、铁矿、盐等资源丰富，开发历史悠久，经济市场化程度高，劳动者的文化素质也较高，科技实力较强，同时，东部地区也是我国大城市聚集地带，在中国区域经济发展中处于领先地位。相关统计资料显示，2008年，东部地区的国内生产总值为177579.6亿元，占全国国内生产总值的59.6%，人均GDP达37024元，远远超过全国平均水平（"东部地区加快发展现代农业"课题组，2010）。如果以省为单位计算，2010年全国各省GDP总量排在前四位的依次是广东、江苏、山东、浙江，全都集中在东部。这一经济发展形势为东部地区的农业、农村发展营造了良好的物质与社会环境，直接促进了农业综合生产能力的提高和农业结构的优化，推进了由传统农业向现代农业转变的历史进程。在此影响下，农业产业链条不断得到延伸，并在农业生产中形成了特色农业。山东、江苏的蔬菜、水果，福建、浙江的茶叶，海南、广东的热带水果和热带经济作物等，都颇受海内外消费者的欢迎。东部地区的农业社会化服务体系的特点可以概括为：服务组织形式多样，农技推广体制完善，社区服务功能较强，龙头企业带动发展，能为农民提供系列化、综合性服务。

东部地区由于经济基础条件好，工业与服务业较为发达，村级集体经济实力较强，因而产生了形式多样的顺应农民社会化服务需求的组织。除政府涉农部门、村级集体经济组织和科研教育单位等公共服务组织外，民间性的服务组织和市场化的农业企业发展迅速且日渐活跃，主要包括农民专业合作社、农民专业协会、农业龙头企业、基层农资经销商、农机租赁商、农民经纪人、服务公司等。服务的内容也不断向产后加工领域延伸，服务链条日益完整，服务效果较为明显。为促进农产品科技含量的提高，东部地区相继建立包含省、市、县、乡四级的农业科技创新和推广网络、动植物疫情防控体系与应急机制、农产品标准体系、质量检验检测体系等，还开展了农业科技入户与新型农民培训等工程，有效地提高了农民的经营与管理水平。农业社会化服务体系的不断完善，促进了东部地区的农产品数量不断增加且质量不断提高，农业科技贡献率超过了50%，广东和海南的良种覆盖率达90%以上（"东部地区加快发展现代农业"课题组，2010）。浙江省自2005年起在全国率先对农技推广体制进行改革和创新，将农技推广确定为公益性服务，并制定实施了农技推广责任制度。通过多年的不懈努力，浙江省形成了一支由农技推广专家、农技指导员、责任农技员和社会化农技推广员组成的新型农技队伍，在省、市两级分别建有农技推广中心，还成立专家组负责地区主导产业发展，对农技推广工作进行统筹与指导。截至2009年，浙江省农技推广机构的数量达3440个，农技服务人员达21894人（汪志芳，2009），建立了省、市、县、乡四级农技推广体系，极大地促进了农业科技成果的转化。功能完善的社区服务是东部地区农业社会化服务体系建设的又一大亮点。山东省自2006年起投入大量的财政资金开展农村社区综合服务中心建设工程，将发展农村社区服务作为完善农业社会化服务的重要内容。2008年在全省选取了35个试验县建立了村级"社区邻里服务中心"，围绕农民的生产和生活开展服务（詹成付、王景新，2008）。生产类服务项目涉及大田作物的生产经营、土地托管、农产品储存和养殖等经营服务，服务中心还通过在社区中心位置建立日用品超市和农资超市的方式为农民提供生活服务。另外，山东省以农机合作社为龙头，以农机大户为骨干，以农机户为基础，形成了全程机械化作业的良好态势，极大地促进了农业生产水平的提高。在上海、浙江、山东、广东等地，以营利为目的的公司性质的服务主体和民间性合作组织呈现蓬勃发展的态势，龙头企业带动农户发展的案例也在不断增加。龙头企业通过与农户签订购销合同，围绕种植业与养殖业为农户提供一体化经营服务，将家庭经营与现代企业制度有效联系起来，促进了农民的增收，带动了地区主导产业的发展。

2. 中西部地区的农业社会化服务体系建设

我国中西部地区深处内陆，大部分地区以从事农业生产为主，经济发展速度较为缓慢，远远落后于东部沿海地区，而且受到地理环境的限制，山区较多，土地较为细碎，不利于机械化的大面积推广，因此"三农"问题成为中西部地区加快社会经济发展的重点与难点。就目前中西部地区的农业社会化服务体系发展的实际情况来看，其呈现的主要特点是：以政府涉农部门服务为主，村级集体组织力量薄弱，市场化服务机构规模较小，科技推广服务功能不强，服务内容集中在产中环节，较为单一，但农村信息化发展较快，农村合作组织发展迅速，农民经纪人异常活跃。

在广大中西部地区，经济发展较为滞后，村级集体经济实力较弱而无力为农户提供社会化服务，主要依托政府涉农部门和供销社等机构开展服务并向村级延伸。河南省充分利用供销社系统遍及城乡的网点优势，成立了 5.8 万个服务网点、601 个物流配送中心和 4.4 万个村级综合服务中心，覆盖了省内 80% 以上的行政村（经纬，2011），初步形成了集农业生产资料供应、日用消费品供应、农产品销售、农业技术指导、技能培训等多项服务于一体的服务网络，在淅川、西峡、林州等地，供销合作社的服务网络尤为完善。同时，河南省还依托供销社系统建立各种类型的农村合作经济组织，其中农民专业合作社有 3798 个，各类协会有 1175 个，农村合作经济组织联合会有 112 个，农产品经纪人协会有 63 个，为农户提供技术、信息、加工、销售等服务，引导农民积极应对市场挑战，有效地解决了小农生产生活中的问题，促进了农民收入的增加（张海涛，2011）。陕西省在农村信息化建设方面表现较为突出，陕西省政府自 2007 年起开始启动信息入村工程，把农村信息化建设作为推进现代农业发展、促进农民增收的重要措施，为农户搭建与外部市场进行沟通交流的桥梁。经过 4 年多的建设发展，2010 年底，陕西省共投资 2.2 亿元建立 27914 个农村信息服务站，覆盖 2.7 万多个行政村。不仅如此，陕西省农业厅和通信公司还联合推出了一站通供求联播"农信通""信息田园""电子农务"等信息服务平台与项目。目前陕西省各类信息服务平台累计发布涉农信息 20 余万条，每年通过信息网络手段销售农产品 20 余亿元（姚志伟和韩涛，2011）。2009 年，青海科技厅与移动、电信等部门合作建立青海省农牧区科技信息综合服务平台，该平台以省级中心为核心，下设 6 个县级分中心、52 个基层服务站和 140 余个个体服务点，形成互联网、视频、语音、手机短信、电视、信息推送、龙芯电脑报务 7 种信息服务模式。截至 2010 年 2 月，青海省各类综合信息服务平台共发布信息2万余条,发送涉农手机短信9000条,推出视频点播教材205部,提供"12396"电话服务1200人次(周东平,2010)。近年来,伴随着城市化进程的加快以及农业产业结构的不断调整,外出务工的农民数量逐渐增长,尤其是农村青壮年劳动力大量外流,导致农业劳动力相对不足。为解决这一问题,甘肃省涌现出"农业家政"这一农民自发形成的服务形式,即部分农民利用农业生产的空隙时间,自发成立各种类型的"农业家政服务队",为农户提供种类繁多的有偿服务。服务内容涉及施肥、除草、种养、套袋、采摘、包装、管理、销售等方面,主要按照钟点工、季节工等形式计酬,既缓解了外出务工家庭劳动力短缺的问题,又为留守农民家庭解决了生产经营中遇到的难题,促进了农村经济的快速发展。重庆市在推进农户市场化生产方面成效显著,成为"重庆模式"中的一个突出特点。重庆市周边较为发达,但"两翼"地区比较落后,在渝东北和渝东南的17个区县,农村人口比重达51%,是重庆市经济发展相对滞后的板块(高原等,2011)。为促进"两翼"地区农民增收,重庆市自2010年初开始推行"两翼"农户万元增收工程,在政府的主导推动下进行招商引资,建立了农业园区,并吸引龙头企业广泛参与,围绕"两翼"地区的主导产业,发展特色农产品如土鸡、土鸡蛋、柑橘等,极大地促进了农民收入水平的提高。

3. 东北地区的农业社会化服务体系建设

东北地区的行政版图包括黑龙江、吉林、辽宁三省,自然资源丰富,农业与工业基础均较为雄厚,是我国重要的粮食主产区和农牧业生产基地。其中,从黑龙江南部起,横跨吉林,延伸到辽宁北部的大片区域,是与同纬度的美国玉米带、乌克兰玉米带相齐名的世界"三大黄金玉米带"之一。2008年东北地区的粮食总产量达到1785亿斤,占全国粮食总产量的17%(刘慧,2009),仅黑龙江农垦区的粮食产量就达到284亿斤,粮食增产的潜力较大。东北地区的农业生产与其他产粮大省有所不同,东北的粮食生产主要不是为了自给,而是针对市场销售,东北的商品粮比例达91.5%,与此相对应,对农业机械化、仓储和运输的要求也逐渐提高。2003年,我国政府出台了振兴东北老工业基地的相关文件,特别强调在东北发展现代农业的重要性。2010年12月，国务院又发布了《关于加快转变东北地区农业发展方式建设现代农业的指导意见》，提出要完善以国有企业为主、以市场化为辅的多元化粮食购销服务网络，建立农业科技支撑体系，提倡科研机构、大学和企业相互配合，整合科技资源，以带动周边农户发展。在这些政策的引导下，东北地区的农业社会化服务体系发展较快，其特点主要有：农业机械化程度不断提高，农村金融服务日益完善，并建立了农业综合信息服务平台，龙头企业的带动作用明显，粮食市场流通体系的建设有所加强。

  为解决农民融资困难的问题，吉林省自2007年初开始对农村金融体制进行改革和创新，在全国成立了第一个农民资金互助合作社——梨树县闫家村百信农村资金互助社。截至2010年，经银行监管机构批准，吉林省已相继建立了4家农村资金互助社，示范效果明显。在其带动下，辽宁和黑龙江两省也相继进行了农村金融改革，并不断探索农业供应链信贷等服务模式，形成了良好的金融生态环境，极大地促进了农村经济的发展和农民生活水平的提高。与此同时，东北地区的农业信息化建设成绩斐然。辽宁省已建立涵盖省、市、县、村、户五级的农业信息服务网络，并在全省设立信息服务机构，其中包括8000余个农村信息站，农村信息员有1万余名，主要以网站、热线和短信的形式为农民提供信息服务（汪伟，2011）。辽宁铁岭市的涉农部门专门开通了专家服务咨询热线，由农业专家对农民的生产疑难问题进行解答。在吉林，农业部门与网通公司联手建立了"12316"农业服务网，聘请省农业委员会、省农业科学院和省农业大学等单位的专家学者组成专家团队，全方位地为农民提供生产疑难问题解答、政策法律咨询、种植养殖技术指导、农产品销售指导、创业指导、职业技能培训等多种服务。黑龙江省在农业机械化生产方面表现突出，自1990年起，省级财政每年投入1000余万元用于农机补贴，以鼓励村集体和农民更新农机设备，将其作为改变农民传统生产方式的重要途径，引导农民进行规模化生产和集约化经营。除此之外，黑龙江政府还出台了一些优惠政策，鼓励农民和社会力量进行联合，对农机大户、农机联合体、农机服务站和农机合作社等服务组织的发展进行扶持。结合当地情况，一些地区还创建了农机 110 和 120 快速流动服务队,以满足农机户的技术维修需要。尖山、嘉荫等农场还开展了农机跨区作业,使黑龙江农垦区的社会化服务体系不断完善。另外,黑龙江农垦区还精心打造了一批在省内甚至全国居领军地位的龙头企业,如完达山乳业、北大荒米业、九三油脂、北大荒丰缘麦业、北大荒麦芽等,采取分红利、最低保护价收购和优质优价的方法与农户进行合作,并为其提供生产建设资金和技术指导,提高了农产品的加工转化能力,带动了农业相关领域科技水平的提高,促进了企业与农户实现双赢。

四 国外发达国家的农业社会化服务体系建设的经验借鉴

健全高效的农业社会化服务体系,是促进一个国家或地区生产力发展的关键因素,更是推动农业现代化的重要力量,不仅能有效满足农业规模化经营的需求,降低生产成本,提高生产效率,而且还能通过现代农业科技,极大地促进农业生产专业化水平的提高,增强农产品的市场竞争力。

(一) 欧美发达国家和地区的农业社会化服务体系

1. 美国以大学为依托的社会化服务体系

总体来说,美国的农业社会化服务体系包括三个部分,即公共农业服务系统、合作社农业服务系统与私营农业服务系统。公共农业服务系统主要由政府部门牵头,负责农业教育、科研与推广,为农业提供最基本的服务。但政府并不直接干预农业生产事务,只是通过教育—技术—推广体系为农业发展提供保障,服务的部门具体包括:农业部农业研究局、林业局、农业科研中心、联邦农技推广局及州、县农技推广机构、各州赠地大学农学院及其附属的农业实验站与合作推广站(樊亢和戎殿新,1994)。合作社农业服务系统由各种合作社组成,为农户提供购买、销售、信贷、技术、灌溉、运输、仓储、电力、电话等各方面的服务。合作社主要有四种类型,即生产合作社(Production Cooperatives)、销售合作社(Marketing Cooperatives)、购买合作社(Purchasing Cooperatives)和服务合作社(Service Cooperatives），同时还普遍存在集多种功能于一体的混合型合作社（Hybrid Cooperatives），这些合作社与赠地大学及农业实验站联系紧密，以从中得到相应的技术支持（Wayne D. Rasmussen，1991）。私营农业服务系统主要由各种从事农业生产、加工及运销的私营企业组成，一般通过与农民签订合同的形式将服务送到农民手中，以从中赚取利润。这三种服务系统相互补充、共同发展，其中以农业科研中心和赠地大学为代表的科研、教育、推广体系最具特色，成为美国农业技术服务的核心力量，非常值得学习与借鉴。

为促进农业技术教育的发展，1862年美国国会颁布了第一个《莫里尔法案》（Morrill Act），规定按照各州国会议员人数，按每人3万英亩的标准向各州赠予土地，并将出售土地所得的收益用于资助各州创办赠地大学，以从事农业与机械技术的相关教育。共建立59个赠地大学，其中3个在加利福尼亚大学名下，6个在美国领土范围内。1890年美国国会又颁布了第二个《莫里尔法案》，规定政府每年为赠地大学提供运行资金，以确保其正常运转和发挥作用。该法案还专门针对美国黑人，在南方各州建立了历史上的黑人技术学院。《莫里尔法案》连同1887年的《哈奇法案》（Hatch Act）和1917年的《史密斯-休士法案》（Smith-Hughes Act），共同确定了赠地大学的三项重要任务——教育、研究与推广，以使大学的研究成果与社会需求紧密联系起来，促进教育推广与技术转化。赠地大学的研究经费约有30%来源于联邦政府的财政拨款，10%来源于美国农业部有关食品与农业系统研究的专项津贴，13%来源于国会的特殊捐赠，44%来源于非农部门的赠予，而其农技推广经费主要来自联邦、州和地方政府以及私人基金（National Research Council，1997）。

各赠地大学农学院都开设了与农业相关的课程与专业，不仅有自然科学专业，如农学、林学、生命科学、土壤学、地理信息系统学、动物科学、植物病理学、园艺学等，也设有社会科学专业，如农业经济学、社区管理学、社会工作学、家庭研究学等。赠地大学拥有实验站、推广部、示范基地等，由专人负责农业科学技术的示范、推广与应用，同时，还为农业与农村社会发展提供相关服务。例如，美国的肯塔基大学农学院对全校开放相关农业课程，农学院还下设推广部，服务的项目有：①农业科学技术推广服务，为肯塔基州农业合作社的发展提供研究、教育与推广服务，旨在促进农村青年头脑（Head）、心胸（Heart）、双手（Hands）、身体（Health）全面发展；②社区与经济发展服务；③家庭与消费服务；④社区内人员培训服务。在其指导与帮助下，众多农业合作社与社区支持农业农场（CSA Farm）建立起来，农民市场（Farm Market）也得到繁荣发展。在专业课程设置上，注重理论联系实际，针对课程内容，教师会主动引导学生进行相关实践，参与具体的项目和服务过程，不仅使学生深入了解实际情况，得到锻炼，同时也促进了农业、农村发展，实现双赢。例如，肯塔基大学农学院下设的农村社会学课程，将学生参与社会调查的表现与实践报告作为衡量课程成绩的重要部分，组织学生深入当地的农民市场对消费者进行调查与访谈，将全部知识与方法贯穿到实地调研中，并以公开会议的方式将学生集体完成的总结性报告反馈给当地农民，现场与农民进行互动与讨论，服务农民的效果明显，教学相长。在这一体系下，农民与大学关系密切，学习与培训不断加强，农民的需求得到有效的满足。

这些赠地大学在促进美国农业发展的过程中发挥了极其重要的作用：一是为农业生产提供知识与技术支撑，推进了美国农业的产业化进程，农业劳动生产率大幅度提高，增加了农产品的科技含量，提升了机械化与管理水平；二是促进了家庭农场向商业化实体转化，经营规模不断扩大；三是实现纵向一体化经营，集生产、加工、销售于一体，农场公司化趋势日益明显；四是不仅满足了农民的生产生活需求，还关注农民的发展问题，通过个性化的教育方式培养农民的市场竞争意识、管理技能和创业能力，拓宽了农民的就业渠道。近些年来，美国赠地大学的服务范围不断向农民生活领域扩展，在提供农业教育和科技服务的基础上，还提供家政、远程教育、信息咨询、社区领导力培养、农村青年发展等服务，免费为农民提供指导与示范，促进了美国农业经济和农村社区的发展以及农民素质的提高。

2. 德国以政府部门为主导的社会化服务体系

德国的国土面积为35.6万平方公里，一半以上的土地用于农业生产。

虽然德国的农业产值在国内生产总值中所占的比重很小，2004年约为1%，但德国的农业非常发达，农业机械化程度很高，农业生产效率也非常高，在欧盟成员国中仅次于法国和意大利，是第三大农产品生产国（魏爱苗和孟翰禹，2011）。这主要得益于德国完善健全的农业社会化服务体系，以及德国政府在政策引导、财政支持、农业用地规划、农民职业培训和农业产业链升级上的长期努力。二战以后，德国农业受创较为严重，粮食短缺不能自给，饥荒问题较为突出，对此德国政府采取了加大农业投资、提高农产品价格、完善农业信贷、发展农业机械化和科研教育等措施，促进了农业生产的发展。20世纪50年代以后，德国开始发展农业现代化，颁布了一系列法律法规，鼓励农地合并经营以扩大生产规模，并广泛应用农业科学技术发展生产，极大地提高了劳动生产率。德国联邦统计局的统计资料显示，截至2004年底，德国的农场数量已达到44.7万家，平均面积为38.2公顷。在农场经营规模扩大的同时，农业从业人员的数量却逐渐减少，机械化程度不断提高，农产品加工业日益发达。20世纪80年代，德国农业部门又战略性地倡导发展绿色生态农业，不仅使生态环境和食品安全得到保障，还促进了农业的可持续发展。

德国政府非常重视农业与农村社会的发展，在各州设置专门的管理部门对农业进行直接干预，从而使德国的农业社会化服务体系形成以农业部门为主导的垂直管理的特点，各社会化服务机构接受政府农业部门的领导与管理，承担农业技术研究、农民职业培训及农业科技推广等功能。德国的农业社会化服务体系主要由农业行政机构领导和管理，在各州设置农林部，并在县一级设置专门的农业办公室。农林部主要由两大类部门构成：一类是包括农、林、渔、土地、规划在内的农业管理部门，其职责主要是提供公共服务，并贯彻落实政府出台的各项农业政策与法规；另一类是包括农业科研、技术咨询与培训在内的服务部门，其职责主要是为农民提供农业技术指导和信息咨询服务，并对基层农技人员、管理人员、农业干部等进行职业培训。

德国较为有效的农业社会化服务组织除政府农业部门以外，还包括农业协会和农业职业联合会。德国的农业协会是独立于农业部门的非政府组织，按照"自我帮助、自我负责、自我管理"的原则建立，维护和代表农民和农业企业的利益，同时接受各级政府的部分资助，主要职责是对农民和企业的生产和销售活动进行协调，深入了解农民需求，将信息反馈给政府并提出各种建议，以促进政策法规的合理制定及实施，为会员提供免费服务，对非会员的咨询提供收费服务。农业职业联合会是按照司法程序建立起来的，虽然不属于政府部门，却与国家机关广泛合作，并承担农业管理方面的一些职能，在生产、销售、交流和考察方面发挥着重要作用。德国农业中央联合会是其最高机构，下设农民联合会、农民合作社和信贷互助联合会、农林场主协会、农业协会四个联合会。另外，德国作为合作组织的发源地，其农业专业合作社的发展态势良好，并形成了独具特色的多层级、网络型、分权式的农村信用合作服务体系，有效地解决了农业生产资金积累不足的问题（胡家浩，2008）。德国的信用合作服务体系主要由三级组织构成：处于最顶层的是德国中央合作银行，下属区域性合作银行和基层合作银行都是其股东；处于中间层的是区域性合作银行和银行业务中心，负责平衡资金流动；处于最底层的是基层合作银行及商品供销合作社，直接面向农民提供服务。与此类似，农民以自愿、民主的方式自下而上地建立了三个层次的合作社，即基层合作社、区域合作社联盟和全国性合作社。基层合作社的专业性很强，旨在为农民的专业化生产提供专项服务，通常情况下，德国农民会同时加入多个合作社，以确保获得多项服务。区域性的合作社联盟则具有综合性，它不开展具体的经营业务，而主要负责协调农民与合作社及合作社之间的关系，为合作社成员提供教育培训、低息贷款担保和市场信息咨询服务。在德国农业社会化服务体系的建设过程中，德国政府通过立法为合作社的发展创造了良好的社会经济环境，同时还出台了一系列优惠政策保障其健康发展。

3. 法国公私合作的社会化服务体系

法国是欧洲的农业大国，二战以前一直维持着以小农经济加手工劳动为主的农业发展方式，土地过度分散曾是阻碍其发展的主要问题，农业生产率也一度落后于其他欧洲国家。二战后，法国政府采取了积极的手段对农业发展进行干预，并相继出台了一系列农业政策与法规，引导土地走向集中，小农场数量迅速减少，农业生产的集中大大加快了法国农业现代化的步伐，目前法国已成为欧盟第一农业强国和在美国之后的第二大农产品出口国，并在世界农业中占有重要地位（宋玉丽和王建民，2010）。法国历史上分散的小农经营方式与中国的农业生产情况有一定的相似之处，但在二战结束后到20世纪80年代短短的几十年间，法国迅速地由传统农业过渡到现代农业，这与法国农业社会化服务体系的建立与完善有很大关系。法国的农业社会化服务高度发达，形成了由政府公共服务机构、集体与合作社和私营企业等组成的公私合作的新型服务体系。

虽然法国农业高度市场化，但这并不代表政府的社会化服务能力不强，相反，法国政府部门对农业的投入与服务力度非常大，尤其是在农业科研、教育与技术推广等工作中扮演了重要角色。法国的政府公共服务机构主要负责农业基础设施建设、农业政策制定、农业服务协调、农业教育、农业基础研究、农技传播与推广、质量监管、森林与海洋水产和农村社会福利等。集体与合作组织主要由农业供销合作社、服务合作社及其联社、农业行会、农业工会和农业合作社组成。目前农业合作社在法国十分普及，而且数量众多，已成为法国农业社会化服务的主体（朱樊生和梁天福，1995）。按照不同的服务功能，大体可分为农资供应合作社、购销合作社、服务合作社、信用合作社和农业保险合作社五类。按照合作社的组建模式，又可将其分为基层合作社和合作社联盟。基层合作社又被称为一级合作社，主要由农民直接组建，以解决生产过程中遇到的问题。合作社联盟又被称为二级合作社，旨在增进基层合作社之间的交流与合作，促进资源集中，延长产业链条，专门从事加工、贮藏和销售等产后服务。法国农业合作社提供的服务主要包括：农资采购与供应，产中技术指导，农产品质量检测，农业机械使用，产后农产品的贮藏、加工、运输和销售，信息传播与咨询和农业科研等。私营工商业是法国农业社会化服务的另一个重要主体，主要是针对农业产、供、销一体化的经营需求发展起来的。根据私营工商业的服务范围，可将其分为一体化农业企业和专项化农业企业两种。一体化农业企业是指把产、供、加、销服务统一纳入企业经营体制的农业生产综合体，服务对象本身被包含在一体化运营之中，从而形成一个有机整体；而专项化农业企业是指仅为生产的某一个或某几个环节提供服务的农业生产单位，它们与服务对象不存在整体性联系，只是通过与家庭农场签订合同，将私营企业和农场主联系起来。专项化农业企业一方面为农民提供诸如农资供应和技术指导等服务，另一方面按照合同中有关服务内容、价格、数量和交货日期的规定，从农民手中收购农畜产品。这种私营工商业通过市场化的手段将个体农户纳入产、供、销纵向联合轨道，从而有效地解决了农资供应和农产品销售困难等问题。法国的私营工商业与合作社在农产品收购、加工和销售等方面实力相当，在其他方面，私营工商业同国有企业平分秋色，尤其是在蔬菜水果、牛奶制品、肉类、葡萄酒、饲料、农用生产资料、农用机械的生产与供应等领域，私营工商业的业务数量均高于合作社。另外，私营工商业凭借规模、管理与服务优势，吸纳了大量的农业劳动力，推进了法国农业现代化的发展进程。以法国的农业科技研究体系为例，公立与私立机构并存。公立性农业科研机构由法国农业部和科技部进行管理，包括法国国家农业科技研究院、水利及林业中心、食品卫生安全署、海洋开发研究中心及大学研究机构等，主要承担公益性服务职能，如农业基础性研究、农业教育与农民职业培训等。而私立性研究机构由农业企业与合作社组成，主要侧重于实用技术研究、农技教育和有偿性农技推广工作。

（二）亚洲邻近国家和地区的农业社会化服务体系

亚洲邻近国家和地区如日本、韩国和台湾的农业发展情况与我国大陆相比，虽然存在较大差异，但也有一些相似之处，如户均经营规模不大和农业劳动力过剩等，因而其农业社会化服务体系的发展环境与中国大陆多少有些相似。分析和借鉴亚洲邻近国家和地区的农业社会化服务体系的发展经验，可以帮助我们从中获得启示，以有效应对加入WTO后国际农业市场的挑战，加快我国农业现代化的进程。

1. 日本以政府和农协为主的社会化服务体系

日本的农业社会化服务体系主要形成于二战后，该体系主要包括两个相互协调、相互补充的部分：一是由政府组建的相关职能部门，包括农业技术推广部门、农业科研教育部门、信息服务部门等；二是由农民自发形成的各级各类农协组织，在政府的鼓励与扶持下，目前其已发展成为农业社会化服务体系的重要载体。日本农协是通过自下而上的方式，按町（村）、都（道、府或县）和中央三个层级逐级建立起来，并在此基础上设立了相应主管部门的机构（王浩，1999）。日本农协作为集多重服务于一体的综合型组织，广泛参与农业与农村发展的各项事务，其在经济、政治和社会各个层面的影响力都非常大。同时，日本农协与政府联系密切，一方面，其为农民提供综合服务；另一方面，其接受政府的监督和指导，并协助实施政府的相关政策。

农协为农户提供的农业社会化服务的范围十分广泛，几乎涵盖产前、产中和产后的各个方面。一是提供产前的农资供应服务。农协代表农户与农资供应商进行价格谈判，并对农资的质量进行检测，不仅可以确保农户以低价买到所需的生产资料，还能保证其质量。二是提供农技指导与推广服务。针对农业生产过程中遇到的品种、栽培和饲养等问题，开展农业技术指导、交流和培训。三是提供加工、销售与流通服务。农协可以有效地集中分散的农产品，有计划地成批上市，解决分散小农因生产规模小和产品数量不多而导致的销售困难问题，提高农户在农产品市场竞争中的地位，保护农户免受中间渠道的利益盘剥。四是提供农村金融与农村保险服务。农协内设有金融部门，用于吸收民间资金，方便农户借贷，还为农户办理农业保险事务。

2. 韩国以政府扶持型农协为核心的社会化服务体系

韩国农协与日本农协虽然都是全国性综合服务组织，但在组建方式上有所不同，韩国农协是在政府主导经济发展的条件下，以自上而下的强制性方式推行的。政府在财政上对农协给予强有力的资金支持，并借助农协组织来推行政府的各项政策与计划。韩国农协在成立之初，主要有村级农协、市郡农协和中央农协三级，随着城市化与工业化的不断发展，为适应环境变化的需要，其组织结构逐渐由三级转变为基层农协和中央农协二级，促进了规模的扩大且便于集中管理。截至2006年，韩国的各类合作社已达到1223个，社员数量达240万人（池成泰，2009）。目前农协在整个经济结构中的地位十分重要,已成为韩国农业社会化服务体系的主要载体,在服务农户过程中发挥着重要的作用。

韩国农协的服务范围十分广泛,在农业生产资料供销、金融、保险以及农产品加工、流通和销售等领域均有涉足,具体服务内容主要包括以下4个方面。一是提供农业生产资料供销服务。农协及时为社员提供良种、饲料、农药、肥料等生产资料,出售价格一般低于正常价格,保证了农民的生产低成本,同时,帮助农民收购与销售农产品。二是提供农村金融及农业保险服务。为解决农户生产过程中的资金短缺及经营风险等问题,韩国农协为农户提供信贷服务,如针对生产资料生产与经营及农机器具的购买,农协为农户提供长期低息贷款。同时,农协还积极推行针对种植业与养殖业的农业保险。三是提供市场信息服务。在政府的高度重视下,韩国农协通过电话、互联网、电视等手段积极向农户提供有关农业政策、农产品价格、流通情况、销售情况、生产技术及天气等信息。四是提供技术培训与教育服务。韩国农协经常邀请专家对农民生产进行技术指导与培训,还开展多方面的教育以提升农村人力资本的素质和能力。

3. 台湾以农会为基础的社会化服务体系

台湾地区的农业社会化服务体系的主体就是农会,农会经历了从"官治"到"绅治"再到"农民自组织"的发展,已有100余年的历史(于建嵘,2006)。农会在不断发展完善的过程中,政府的官办色彩不断淡化,最终真正形成了以农民为主体进行自我管理的组织。目前台湾农会功能齐全、分布广泛,已遍及台湾各地。其组织结构也比较完善,主要分为三级,各级分别由同级相应政府职能部门进行管理,上级农会指导下级农会的工作,同时,各级农会拥有一定的自主权,可以独立地开展活动。农会内部设有各个职能部门,如农业信贷部、农产品销售部、农业技术推广部、加工部、福利部等。

台湾农会的服务职责主要涉及农业技术推广与咨询、农资供应与销售、金融、保险等方面。具体主要包括以下4个方面。一是提供政策信息传递服务。农会在接受同级政府职能部门及上级农会的指导后,及时有效地对各种有关农业和农村的政策及法律法规进行传播与实施。二是提供农资供销与产品加工服务。在乡镇一级农会设有农产品超市和农产品加工厂，专门为农户的农资购买和加工提供服务，农会还会为农产品寻找销路。三是提供农业技术推广和咨询服务。通过技术推广、培训及教育等手段，促进农业生产能力的提高。四是提供金融信用服务。为解决农户农业生产资金缺乏的问题，台湾农会专门为农户提供各种信用贷款。

（三）中、美农业社会化服务体系比较

到目前为止，我国已初步实现了多元化的农业服务供给格局，社会化的目标已经达到，但在服务质量与层次上还比较欠缺，经营性有偿服务较多，公益性无偿服务较少。与美国农业社会化服务体系的实施情况相对照，我国农业社会化服务体系建设还存在诸多不足，亟待对其进行调整。

1. 从角色功能上看

美国农业社会化服务体系的发展历程表明，以科研教育机构为依托的科技服务模式在推动现代农业发展方面扮演着重要角色，促进了生产力的迅速发展。美国国会通过立法对赠地大学的职责与功能进行了明确的定位，规定其职能是"教育、技术与推广"，并通过相关政策对其具体运行与发展进行扶持与规划，公益性较强。各赠地大学注重将科学理论直接应用于农业生产与生活，教授、专家们不仅教授农业课程，而且也研究实际的农业问题，理论与实践的关联性较强，在将科技服务送到农村的同时，也吸引了大批的学生前来就学，提高了入学率。中国的农业社会化服务体系较为复杂，从整体上看，服务供给主体包括政府经济技术部门、村级集体组织、科研教育机构、龙头企业、个体形式的服务主体、农民专业合作组织或技术协会等。其中，政府部门占主导地位，市场化主体通过与政府部门相联系，成为次级优势服务主体，其他服务主体则不具备明显竞争优势。科研教育单位在农业服务中角色模糊，功能定位不清，侧重于教育、科研与招生，而忽略了服务农户的功能。究其原因，主要是政府对大学农业带动农业服务的功能认识不足、重视不够，政策引导与激励机制不完善，投资也较少，反将大部分资金与精力倾注于发展龙头企业、合作组织及强化政府涉农部门等，使科研教育单位的科技成果与农民的现实需求相脱节，技术转化率比较低，难以有效发挥其应有的作用。

2. 从资金投入来看

在赠地大学组建、发展与运行过程中，美国政府给予了大量的财政支持，赠地大学可以从各联邦、州、郡等政府部门与美国农业部那里得到年度拨款与相关捐赠，确保科研推广经费来源充足，在此基础上建立高效的科研—教育—推广服务体系，开展相关项目，对农民进行培训与服务，以充分满足农民的需求。而在中国国内，一方面，大学与科研机构开展农业科技服务主要依赖于国家的单方拨款，还没有形成自身积累财源的机制，自我发展意识与实践能力不强；另一方面，虽然近年来国家政府加大了财政支农的力度，但国家对大学用于发展农业服务的专项投资非常少，政策支持力度也不够，导致大学带动农业服务发展的动力不足，效果不明显。这表明，中、美在大学服务运行体制上有较大的差别，美国大学的服务经费来源除了联邦政府、农业部和个人捐赠外，还会通过有偿性技术咨询、培训、成果转让等方式实现资金的转化，应用性非常强，而且效率较高。而目前中国国内的大学与科研机构还没有形成有偿性技术服务等机制，在理论层面上研究较多，但科技成果的应用性不强，与农民需求还有较大差距，在实践层面难以得到有效的转化，尚未形成有效的资金积累机制，自身发展动力不足。

3. 从农技推广来看

美国在赠地大学的基础上，形成了一个以大学为中心的高效农业科技推广系统，农业科技成果的推广率已达80%，农业科技对农业总产值的贡献率则达到75%，而我国农业科技对农业总产值的贡献率仅为35%左右，原因主要在于推广体系的差异。美国实行的是合作型农业科技推广体制，集农业科研、教育与技术推广于一体，三者紧密结合。在组织管理上，各级政府、赠地院校和私营企业共同合作，各负其责，实现功能互补。州、县级农技推广人员的素质较高，一般都具有硕士以上学位，熟悉农业事务。在向农民推广农业新技术并对其进行培训的同时，农技推广人员还会积极向推广处反映农民遇到的实际问题与意见，从而提高服务的质量。而中国的农业科研教育单位则处于条块分割的状态，分属于不同的部门，相互之间缺乏有效的沟通与合作，严重影响了农技推广的效果与效率。目前，中国的农业科研一般由科研机构与大学承担，农业教育则一般由各地区的农业院校来承担，而农业技术推广则主要由国家、省、市、县级的政府经济技术部门承担，科研、教育与推广没有形成一个完整的体系，相互脱节的现象十分突出。与此同时，目前中国的农业技术推广人员的数量有下降趋势，缺乏有效的激励机制，导致其待遇不佳，工作热情不高。另外，现有推广人员的文化程度相对较低，还不能有效满足农业服务内容扩大与服务水平提高的要求。

4. 从服务内容与方式来看

美国农业服务的内容比较多样，根据农业、农村与农民发展的实际需求而不断变化，由农业生产领域向农民日常生活领域扩展，从市场营销、植物保护、土壤保护、科技指导，逐渐扩展到资源与环境保护、审计咨询、农场管理、紧急救助、家政、公共卫生与健康、心理辅导、社区人才培训、文化建设等方面，提高了农民的生活水平，促进了社区建设。同时，美国农业服务的方式也非常灵活多样，定期下乡向农民传授实用技术，对新技术和新产品开展示范推广和宣传活动等。科研教育单位与农民之间的关系密切，沟通交流较多，促进了技术成果的转化，服务农民的效果明显。而在中国现有的条块分割的农业服务体制下，科研、教育与推广单位各司其职，缺乏有效合作，导致科研成果与农民实际需求存在一定的差距，应用性不强。同时，服务内容也大多局限于农业生产的产前与产中环节，产后流通环节的服务不多，涉及农民生活领域的服务也较少，无法有效满足农民的多种需求。另外，综合配套性的一体化全程服务较少，仍需农民自发组织或通过互助完成相应环节。在服务方式与手段上，仍主要采用上传下达的传统方法，行政色彩较浓，手段单一、不灵活。服务人员也比较缺乏服务农户的意识，与农户关系不密切，导致服务功能不强。

5. 从农业教育来看

在农业教育方面，美国的教育资源丰富，教育机会较多。赠地大学一般都开设了与农业生产生活相关的专业，提供职业教育、成人教育及各种短期培训。同时，地方政府与各赠地大学还会为那些居住在偏远地区的农民提供远程教育,并下乡向其传播和普及各种农业科学知识与信息,使农业教育渗透到农业生产与生活的方方面面。美国的农业教育还具有实用性强的特点,能广泛落实到农业生产的各个环节,使科学技术迅速转化为生产力,从而促进农业的现代化发展。美国农业教育的发展,也极大地提高了美国农民的科学文化素质,在增强其合作能力与现代观念方面发挥了重要作用,促进了科学技术在农业生产中的推广与转化,适应了现代化农业发展的要求。而目前中国的农业教育结构比较单一,还停留在普及基础文化教育的阶段,在职业技术教育与成人教育方面还比较薄弱。在教育内容上存在"离农"趋向,与农业生产、农村建设相脱节,偏重理论化教学,缺乏社会实践,有针对性、实用性的农民培训较少。农业教育的发展对我国意义重大,肩负着培育现代农民和改造传统农业的历史使命,因此,农业教育要以农民需求为根本出发点,增强实际应用性,增加生产实践机会,使农业教育的内容和形式与农业、农村的生产和生活实际相适应。

(四) 国外经验启示与突破

我国的农业社会化服务体系是基于中国人多地少、经济发展水平不均衡的现实国情发展起来的,与中国由传统农业社会向现代工业社会转型的现实情况相适应,这决定了我国各类社会化服务组织的发展道路与实际运行机制与发达国家的情况具有很大的差异。发达国家的农业社会化服务体系的建设起步较早,已经历了上百年的努力,即便是发展较快的东亚地区,也花费了几十年的时间。像我国这样一个人口众多、区域经济发展不平衡的农业国家,社会化服务体系的发展也需要经历一个从无到有、由不完善到完善的漫长发展过程,而且这个过程是渐进式的,不可能一蹴而就。因此,在借鉴国外发达国家与地区发展农业社会化服务体系的经验时,要立足中国的特殊国情,考虑到国内不同地区在自然条件、经济基础及社会文化等方面的差异,不能完全照搬照抄发达国家和地区的模式,要全面分析和把握中外农业社会化服务体系的共性与差异,力求在借鉴的基础上有所突破。

1. 以农民需求为服务的根本出发点

当前我国农业社会化服务体系在发展过程中遇到的问题之一,就是服务供给与农民需求之间存在错位现象，不能有效满足农民的需求。我国的科研、教育与推广分属于不同的机构与部门，存在相互隔离、缺乏沟通的情况，导致科学研究成果不能有效适应地区差异和满足农民需求，或由于缺乏实用性而仅局限于研究领域，不能有效地实现技术转化，严重制约了服务功能的发挥。借鉴国外发达国家农业社会化服务的发展经验，应加强科研教育机构和农民之间的沟通与交流，建立信息流通与反馈机制，深入了解农民的现实需求，从而增强科研、教育与推广的针对性与实用性，并以此作为开展各项服务工作的根本出发点。真正发挥科研教育单位的科技服务功能，提高农民的科学文化素质，改善农民的生活面貌，提高农业生产水平。

2. 重视开发科研教育单位的服务功能

科研教育单位作为农业社会化服务的供给主体之一，在从事农业教育、科技研发与创新、农业技术推广与应用等方面扮演着关键角色，在农业社会化服务体系中的地位尤为重要。中国政府应高度重视开发科研教育单位在农业科技研发、教育与推广过程中的作用和功能。对此，要加大对科研机构和农业院校的财政投入力度，并制定相关政策保障其良性运行，通过立法明确科研教育单位在农业社会化服务中的职责，发挥其应有的科技带动作用；对现有的科研教育体制进行改革与调整，将农业教育、科研和推广紧密联系在一起，改变条块分割、相互脱节的现状；努力提高科研教育机构自身发展与资金积累的能力，可适度发展一些有偿性技术服务以增加经费来源，还可以通过与社会的广泛合作以获得相关支持。另外，要切实提高农技推广人员的工资待遇，建立有效的工作激励机制，提高服务的效率，促进农业科技的传播与推广。

3. 大力发展综合性农业服务

借鉴国外农业社会化服务体系建设的成功经验，再结合我国本土乡村建设的实际情况，发展综合性农业社会化服务是提高农业生产率、促进产业化经营和增加农民收入的有效途径。小规模家庭经营是当前中国农业发展的基本国情，日益"原子化"的小农很难以一种统一的观念组织起来，但在与外部市场连接方面又存在较多的服务需求，通过发展综合性农业配套服务，可以充分满足农民的需求,降低个体小农的市场交易成本,实现规模经济。针对当前社会转型期经济、社会、自然发展不平衡的问题,借鉴国外的发展经验,首先,应在现有农业社会化服务组织的基础上,不断扩大服务的范围与内容,发展集金融合作、购销合作和专业合作于一体的综合性农村合作组织,同时通过立法对其发展给予一些政策优惠,保障小农获得可持续发展的机会;其次,应延长现有的农产品产业链,向深加工与流通等领域扩展,在农资供应、技术指导、产品加工、销售与流通等各个方面为农户提供服务,以增强农户抵御市场风险的能力,提高农业生产效率;最后,应大力开展提高农民素质与方便农民生活的服务,如生活品供应、青少年教育、社区建设、环境保护,以及有关家政、心理健康、领导力及职业发展等方面的培训等,以充分发挥服务的社会功能,提高农民的素质,转变小农观念,增进农民自主合作,促进社区发展。

4. 鼓励发展农民自办合作组织

建立健全中国农业社会化服务体系,迫切需要建立真正属于农民自己和代表农民说话的组织,只有这样才能真正做到以农民为主体、遵从农民的意愿和维护农民的利益。一家一户的分散小农在面对外部环境时是处于弱势地位的,只有通过组织化的手段联合起来,才能够壮大自己的力量和提高自己的地位,成为真正的行为主体与服务的受益者。因此,政府应依托社区扩大小农经济的外部规模,大力促进各类农业合作经济组织的发展,完善有关法律法规,为农村合作组织的健康发展提供法律保障,同时,对农业合作经济组织的发展给予财政补贴和税收减免、金融信贷等方面的政策支持。另外,由于中国的农民专业合作组织发展还处于初级阶段,需要政府对农民专业合作组织的运行进行引导、监督和管理,以确保其行为的规范,还要不断建立健全有关合作经济组织的法律法规,明确合作组织的地位、权利与责任,以确保其发展方向的正确。

5. 全面提升农村人力资本

国外发达国家和地区在发展完善农业社会化服务的过程中,都非常重视农民的教育培训工作,并对农村人资本进行了大量投资,这是非常值得中国借鉴与学习的。伴随着城市化与工业化进程的加快,我国农村劳动力逐渐由农村向城市转移，大量农村精英脱离农业而转向其他行业，"离农"现象突出，导致目前农村的人力资本存量下降。大量农村青壮年劳动力外流，一方面增加了对农业社会化服务的需求，另一方面又严重影响了农业科技水平的提高，不利于农业经济的发展与农村社会的治理。因此，全面提升农村人力资本是推进农业社会化服务体系建设的重要基础。政府和科研教育机构应大力开展农业教育、职业教育和各种类型的技术技能培训，全国提升农村的人力资本，以适应新时期农业结构调整与农村社会转型的需要。

6. 加强政府与各供给主体之间的协作

国外发达国家和地区的农业社会化服务体系都是在政府的支持下建立起来的，并由政府对整个服务体系的运行进行指导与管理，如日本政府的相关农业政策都是通过综合农协下达与落实的，韩国政府对农协给予了大量的财政支持与政策补助，台湾地区政府对农协的技术支持也比较多。一般来看，在公益性比较强、投资大而回报低、外部效益较大的服务领域，如农业基础性研究、农业教育、职业教育与培训、科技推广、信息咨询、金融贷款等方面，迫切需要政府服务机构的积极参与，以确保服务的推行；而在应用性较强、直接面对个体农户的经营性服务领域，如农资供应、实用技术推广、农产品流通与销售等方面，则需要充分发挥龙头企业、农民专业合作组织、个体经销商、农民经纪人等市场化和民间性供给主体各自具有的优势，完善社会化服务的内容，提高服务的水平与质量。针对目前我国服务供给主体多元的状况，应建立相应的组织管理机制，加强政府与各供给主体之间的协作与配合，实现政府公共机构与其他供给主体的功能互补，以此推动我国农业社会化服务体系网络的健全与完善。

第三章　现代农业社会化服务体系设计及发展路径

一　"三农问题"演变对社会化服务体系建设的新要求

30余年前，安徽省凤阳县小岗村的村民为了解决自身生存问题，率先对家庭联产承包责任制进行了实践，取得了极大的成功。在其影响下，家庭联产承包责任制开始在全国范围内推行，极大地调动了广大农民的生产积极性，促进了农业生产力的发展和农民生活水平的提高。但在20世纪80年代中期以后，家庭联产承包责任制促进农业增产、农民增收和农村发展的动力逐渐减弱，城乡二元经济结构造成的矛盾逐渐暴露，农业基础设施落后、农业生产效益低、农业社会化服务体系不健全、农业生产经营组织化程度低、农村社会保障体系不完善、城乡居民收入差距扩大、农民增收困难等问题不断出现，直接影响社会的发展。2000年，身为湖北省基层干部的李昌平上书给时任总理朱镕基，发出"农民真苦、农村真穷、农业真危险"的感叹，详述了自己在基层工作中对"三农"问题的认识与思考，从而促使长期隐藏的"三农"问题浮出水面，成为社会各界关注的焦点。经过长时间的发展演变，"三农"问题已不仅仅是一个经济问题，更是政治问题和社会问题，是伴随中国现代化进程出现的，国内外学者对此进行了大量的研究。在温铁军（1992）看来，中国的"三农"问题是"一个人口膨胀而资源短缺的农民国家追求工业化的发展问题"，由此可以衍生出两个基本的国情矛盾：一是人地关系高度紧张的国情制约着农村土地制度的变迁；二是城乡对立的二元结构制约着农业剩余分配制度。发展的出路在于通过城镇化改变农业的外部条件，并加强农村社区的内部化制度建设。徐勇（2005）认为"三农"问题发端于现代化进程，是由工业化、市场化、城市化以及价值观念变化引发的，因此需要在市场化、城市化和民主化的过程中进行总体性解决。陆学艺将"三农"问题归结为结构性问题，即社会结构滞后于经济发展的问题，解决办法在于对现有的户籍制度、城乡体制、社会保障制度、就业制度和人事制度进行调整与变革，实现城乡一体化。随着时间的推移，"三农"问题逐渐随着外部环境的变迁而发生改变。2008年，党的十七届三中全会通过了《中共中央关于推进农村改革发展若干重大问题的决定》，明确指出我国的改革发展已经进入一个关键时期，主要包括三个方面：一是以工促农、以城带乡；二是改造传统农业，走中国特色农业现代化道路；三是破除城乡二元结构，实现城乡经济社会发展一体化（新华社，2008）。在这一新时期，"三农"问题不断发生演变，涌现出一系列新问题，如由农村劳动力向非农领域转移引发的农地流转与规模经营、农业生产的专业化和标准化、农民就业以及农村社区建设等问题，对我国现行农业社会化服务体系提出了新的挑战。

经过几十年的发展，我国农业社会化服务体系已经粗具规模，并具有一定的基础，服务的范围和内容不断扩展，服务的水平也日益提高。然而，我国现行的农业社会化服务体系还不健全，在管理、功能定位、关系协调等方面存在诸多不足，尚不能快速适应新时期"三农"领域的发展变化，在满足农民需求和推动农业现代化方面的功能还没有充分发挥。因此，为适应社会环境的发展变化，必须适时地对现行的农业社会化服务体系做出战略性调整，这对于解决"三农"问题具有重大的理论意义和实践意义。新时期"三农"问题的演变对我国农业社会化服务体系的建设提出了新的要求，主要表现在如下几个方面。

（一）农业生产发展要求科技进步与生产手段创新

我国经济的快速发展和人民生活水平的提高促进了农产品需求结构的变化，从"以粮为纲"转变为粮食、蔬菜、肉鱼并重，但是随着人口的持续增长，我国总体粮食需求仍将保持刚性增长的态势（黄宗智和彭玉生，2007）。相关数据显示，近10年来，我国人民的粮食消费量增加了约1000亿斤，蛋类、肉类和水产品的消费量增加了40%以上，奶类消费量翻了两番（国家发展改革委农村经济司，2011）。同时，随着工业化和城镇化进程的推进，我国有限的耕地资源和水资源将会日趋紧张，而目前我国传统的小农生产经营方式投入高、效率低，还不能有效抵御市场风险和应对加入WTO后带来的挑战。在这种情况下，必须依靠科技进步和生产手段的创新来提高粮食单产水平，以保证我国粮食的稳定供给，这将是解决我国资源紧张问题、保障国家粮食安全和提高集约化水平的根本出路。科学技术是第一生产力，是发展现代农业的重要手段，但是当前我国农业科技的整体水平还比较低，与发达国家相比差距较大。相关资料表明，目前我国的农业科技进步贡献率为52%，而发达国家的农业科技进步贡献率则为70%~80%；我国农业灌溉用水的有效利用率仅维持在30%~40%，比发达国家至少低30个百分点（方鸿，2011）。究其原因，主要在于农业社会化服务体系发展不完善，在农业科技投入、体制创新及农技推广等方面还存在诸多问题。科研人员较少深入基层了解农民需求，导致农业科研与生产相脱节，许多科研成果只能束之高阁，带动生产发展的动力明显不足；再加上基层农技推广机构在财政、人才队伍建设、人员考核与激励机制等方面发展不健全，严重地制约了我国农业生产水平的提高。因此，我国农业社会化服务体系建设必须适时做出调整，鼓励农业科研院所、企业和农户之间开展广泛合作，完善农业推广机构的体制机制，融入现代要素，促进小农家庭经营向依靠科技成果和采用先进生产手段的方向转变，以提高我国农业生产的整体水平。

（二）农村产业结构调整要求农村服务业发展

自2001年加入WTO以来，我国农业不断经受来自国际市场的冲击与挑战，比较利益较低的农产品如大豆、玉米、小麦、棉花、油及糖等受到的冲击最为明显，进口的增加给我国种植业造成了直接的压力，农产品卖难、农产品价格下降、农民收入增长缓慢等新情况不断出现。重要原因在于我国农村产业结构不合理,主要表现为:农业产业结构中第一产业所占的比重较大,尤其是种植业仍占主导地位;第二、第三产业相对不发达,导致农产品加工转化增值的效率较低,农村服务业发展滞后。根据当前世界农业市场竞争的态势,由于小规模分散经营成本高、技术含量低,我国农产品不具备价格竞争优势,许多农产品的价格已经大大高于国际市场价格,通过提高价格来提高农民收入的空间已越来越小。同时,我国农产品在质量与安全方面也不具备竞争力,不能有效满足人们日益增长的消费需求。竞争比较优势不足造成大量农产品积压,农产品卖难,价格下降。为解决这一问题,一方面,要在稳定和提高种植业产量的基础上,推广经济作物种植,并结合当地资源,积极发展具有生态保护、休闲观光和文化传承功能的循环农业、生态农业和乡村旅游业,发挥农业的多种功能,形成特色产业,以提高农业的整体效益和市场竞争力;另一方面,要重视发展农村的第二、第三产业,支持农村金融、会计、信息、法律、咨询、旅游等服务业的发展,尤其是农村社会化服务业的发展,以提高服务的质量和水平。单纯依靠政府涉农部门、村集体和科研教育单位提供农业服务,已远不能满足农业多样化发展的需求,吸引社会资本进入,建立多元化的农业社会化服务体系,不仅可以壮大农村的第三产业,优化农村的服务业结构,促进服务质量与水平的提高,而且可以为农村第一产业与第二产业的发展提供必要的保障,最终实现农业的可持续发展。

(三) 农村劳动力转移要求综合性农业服务的跟进

自 2004 年农业税全面取消以后,政府通过政策补贴等手段减轻了农民的负担,但种子、化肥、农药和农业机械等方面的支出却不断增长,导致农民种粮的收益依然非常有限。同时,随着市场化和城市化进程的加速,农民在日常生活方面的消费水平也在不断攀升,10 余年间农村青壮年劳动力向城市流动的数量基本上有增无减。就目前的发展情况来看,农业从业人员数量不断减少,所占比重不断下降,农村的劳动力结构发生了明显的变化,我国进入农村劳动力总量过剩和结构性短缺并存的时期。一方面,由于农村人口基数大，劳动力总量依然过剩；另一方面，农村青壮年劳动力短缺、区域性短缺和季节性短缺的问题开始出现。2009 年底，我国农村第一产业的就业人员数量为 29708 万人，比上一年减少了 946 万人，第一产业就业人员数在全社会就业人员总数中所占的比重为 38.1%，比 2008 年下降了 1.5 个百分点（中国社会科学院农村发展研究所，2011）。目前从事农业生产的人员主要由老年人和妇女构成，整体素质下降，由于城乡经济发展不平衡等原因，这一农村劳动力结构在短时间内难以改变，劳动力短缺造成一些地区的农业生产后劲不足。同时，随着农村经济的发展和市场化程度的加深，农业生产专业化、标准化的水平不断提高，农户对农业社会化服务的需求日渐增长，迫切需要社会化的服务组织为其提供农资供应、病虫害防治、植保、机耕、机插、机收、烘干、信息、技术、加工、贮藏、运输、销售等方面的系列化服务。发展综合性农业服务已成为改善农业生产条件和促进农民增收的着力点，成为推进农业现代化发展的重要支撑。

（四）农户经营水平提高需要多元化服务组织的发育

受资源禀赋的限制，长期以来我国农户经营具有高度分散、规模较小、经营粗放、组织化程度低和依赖物质投入的特点。我国农业户均经营规模仅为 0.47 公顷，而美国户均经营规模则为 195.2 公顷，西欧各国户均经营规模为 42 公顷左右，相差巨大（俞可平，2004）。伴随工业化、城镇化、市场化和国际化浪潮的推进，这种经营方式的低效性已日益凸显——主要在于农业生产成本高、农产品标准化程度低、技术含量不高和市场竞争力不强等。由于种粮收益远低于从事第二、第三产业所能获得的收入，农民不愿种粮，造成部分地区出现土地撂荒、粮食增产缓慢甚至滑坡等严峻局面。在这种情况下，一方面，要在依法、自愿、有偿的基础上不断促进土地承包经营权的有序流转，实现土地的适度集中，以发展多种形式的规模经营；另一方面，要通过培育多元化的农业社会化服务组织对农业经营制度进行创新，深化农村制度改革，完善利益联结机制，鼓励市场和社会力量广泛参与，实现小生产与大市场的有效对接，提升农户的生产经营水平。对此，要按照党中央在中共十七届三中全会上提出的要求，加快建立由公共服务机构、龙头企业、合作组织和其他社会力量组成的多元社会化服务体系，促进公益性服务和经营性服务、专项服务和综合服务共同协调发展。各级政府要重视运用市场和社会力量发展农业合作组织，加强对农村合作组织的引导和政策扶持，带动主导产业发展，促进农民走向联合与合作，以有效承接科学技术的推广，规避市场和自然风险，提高市场竞争力。同时，鼓励各类龙头企业与农户达成合作关系，将市场信息、实用技术和管理经验等传送到农民手中，实现产、加、销一体化经营，从而改变传统上农户只参与初级产品生产的经营方式，提高农业的生产效益及农民的收入。

（五）农业基本经营制度的稳定要求社会化服务体系的完善

以家庭联产承包经营责任制为基础、统分结合的双层经营体制是我国农业的基本经济制度，是农村各项社会制度和政治制度运行的基石，也是农村社会稳定和农业可持续发展的基础，其稳定与否关系到中国这个农业大国的前途和命运。30余年的实践证明，这种经营制度符合我国农村生产力发展的要求，符合广大农民的心愿，使我国农业走出了农产品长期严重短缺的低谷，带领我国从温饱进入小康，并为工业发展和城市化建设提供了坚实的物质基础，促进了人民生活水平的提高。但是伴随工业化和城镇化进程的加快，农村劳动力大量外移，农业用地被占用，农业副业化、农民老龄化、农村"空心化"、村庄"黑灰化"的问题日益突出。同时，一些地区的双层经营在实践层面上变成单一的家庭经营，严重影响农业基本经营制度的稳定。对此，有一部分人认为我国应借鉴西方发达国家的发展经验，通过市场机制对资源进行优化配置，实现土地私有化，促进土地的集中，使部分农民实现规模经营，提高生产效率。但国外大量实践证明，小农家庭经营是农业生产发展的必由阶段，近年来日本、韩国以及一些发展中国家农村改革的做法均取得了显著成效。黄宗智（2006）认为，城镇化促进了农民的非农就业，为小规模农业的发展提供了一个历史性的契机。同时作者运用国家统计局的数据证明小规模农场在某种程度上具有经济上的优越性，比机械化大农场更适合中国的国情。他提倡土地承包权流转，促进土地适度集中，以发展具有中国特色的小规模劳动密集型农场。建立健全农业社会化服务体系，是稳定家庭联产承包经营责任制的重要手段与方法，通过社会化的服务手段为农民提供各项生产服务，促进农业综合生产能力的提高。

二 发展现代农业社会化服务体系的基本构想

2007年中央一号文件明确提出要大力发展现代农业，并将其作为社会主义新农村建设的重要任务，以及促进农民增收和农业综合生产能力提高。发展现代农业的过程，实际上就是对传统农业进行改造以进一步提高生产力的过程。在任何一个国家和地区，农业都不是孤立存在的，农业的发展不只是政府和农业科研教育部门的事，更需要社会上其他部门的参与和配合，欧美发达国家和地区就是通过高度发达的社会分工集成资金、信息和技术，形成产业优势，从而为农业生产提供各种服务的。但是半个多世纪以来，我国农业一直是为工业和城市发展服务的，不是社会服务农业，而是农业服务社会，这一发展模式正是"三农"问题产生的主要原因。虽然从2004年起我国已全面取消农业税，但城乡社会经济发展差距依然存在，城乡生活环境、工作环境不同以及同工不同酬的现实，使大量人才和资金从农村流往城市，制约了农业发展、农村进步和农民生活水平的提高。60余年的农村发展史，实质上也是中国农民为摆脱落后而艰苦的劳动环境而不断奋斗的历史。发展现代农业是转变农业增长方式、提高农业生产率和顺应我国经济发展的必然要求，符合世界农业发展的一般规律。发展现代农业，必须建立与之相适应的保障机制，而建立健全现代农业社会化服务体系则是确保其顺利发展的最主要措施，具有极为重要的战略意义。建立现代农业社会化服务体系，可将各个领域和各个环节的组织机构协调统一起来，把千家万户的小农纳入社会化大生产，减少其生产经营的盲目性和市场风险，从而推动现代农业的发展。

（一）指导思想

现代农业社会化服务体系建设必须坚持走中国特色的社会主义发展路线，贯彻落实科学发展观，以邓小平理论、"三个代表"重要思想以及党的十七大和中共十七届三中全会的精神为指导，把握国内外形势的新变化，顺应发展现代农业、改善农村经济和提高农民收入的需要，按照"以公共服务机构为依托、合作经济组织为基础、龙头企业为骨干、其他社会力量为补充，公益性服务和经营性服务相结合、专项服务和综合服务相协调"的体系建设要求，着力构建现代农业社会化服务体系。以科学发展为主题，以转变农业经营方式为主线，深化政府涉农机构改革，广泛动员社会各方面的力量，整合社会资源，打造公益性服务、市场化服务、互助性服务和科技服务相结合的服务平台，保障和改善农业生产条件，以为统筹城乡发展、建设社会主义新农村、构建和谐社会和实现全面小康打下坚实基础。

（二）体系建设要注意的问题

1. 政府主导服务的合理性

随着社会主义市场经济体制的不断发展和完善，我国农业将逐步进入新的发展阶段——由传统农业过渡到现代农业。在这一进程中，有效整合农业的分散资源从而形成高效有序的运行机制，是实现农业现代化的基本前提。党的十七届三中全会提出要建立新型农业社会化服务体系，并明确指出体系建设要以公共服务机构为依托。2012年中央一号文件聚焦农业科技创新，明确指出农业科技具有公共性、基础性、社会性的特点，并强调要大力提高农业社会化服务水平，强化基层公益性农技推广服务。与此类似，农业社会化服务体系建设也是一项具有公益性、社会性和保障性的事业，具有显著的经济效益与社会效益，对于缩小城乡差距、促进社会公平具有重要作用。受全球经济的影响，国际农产品的市场竞争日趋激烈，我国小规模的农业生产经营方式不断遭遇挑战，在与市场对接过程中也出现了诸多问题，根据西方发达国家的发展经验，完全依靠市场机制并不能有效解决问题与矛盾，也不能有效集中足够的社会资源。因此，如果政府不介入农业社会化服务体系建设，上述问题就无法解决，我国农产品的有效供给就无法保障，国家和人民的利益就会受到损害。由于市场机制追求利益最大化，在公益性事业方面表现出"失灵"，因而由政府主导发展农业社会化服务便具有天然的合理性。政府主导在体系建设与发展过程中的作用表现在多个方面：一是政府可以利用其权威进行资源动员，从而为农业社会化服务体系建设提供财政、宣传等方面的保障措施；二是政府能够充分运用自身完善的组织系统，迅速便捷地开展与实施大规模、综合性的服务计划与项目；三是政府可以制定长期的发展规划，并将农业社会化服务体系纳入经济社会发展大局，使体系发展具有战略性与可持续性。这几个方面都需要充分发挥政府的主导作用，没有政府的主导，其他社会与市场力量都无法承担与完成。

2. 引入社区理念

现代农业社会化服务体系建设涉及面较广，涵盖的内容较多，学术界对其发展出路尚未形成统一的认识，或倡导政府部门改革，或支持龙头企业发展，或鼓励发展农村合作组织，或号召开展农民教育和培训等，对社区层面的关注较为缺乏，而构建现代农业社会化服务体系需要具有社区理念。

社区的概念原本就发源于乡村，最早是由德国社会学家滕尼斯于1887年在《共同体与社会》一书中提出的，认为社区是建立在所谓"本质的意志"基础上的一种"自然社会"，实际上就是一种包含地缘、精神与血缘在内的生活共同体，传统的农村社区正是这一生活共同体的典型代表。据费孝通回忆，1933年他和燕京大学的几个同学在翻译美国芝加哥学派创始人帕克的社会学思想时，首次将英文的"community"一词译为"社区"，由此"社区"便成了日后的社会学术语（王珏，2007）。徐勇（2006）指出，社区是在满足成员公共需求的基础上建立起来的具有共同的认同感与归属感的生活共同体，并主要依靠共同体自身的力量形成整合机制。在传统中国，"官治"与"民治"二元并存，由于"皇权不下县"，国家并不会直接干预农村的各项服务事业，所以乡村内部主要依靠民间社会资源进行自我整合。近代以来，伴随着国家权力的集中与统一，我国逐渐形成了自上而下的单一行政管理体制，弱化了民间社会组织力量的发展，强化了个体小农对国家力量的依附，村庄内部的自我整合机制开始不断衰落，导致社区意识与理念一直未能深入中国农村。对当前农业社会化服务体系建设中存在的难点与问题，社区意识与理念具有重要的启发与实践意义。

从现实情形来看，近年来中国已初步建立农业社会化服务体系，并形成了多主体共同参与的格局，但主要由政府与市场化力量掌控。因为长期以来，我国社会化服务体系的发展是在二元化体制背景和格局下进行的，表现出明显的政府主导和控制的特点。同时，随着市场资本向农村地区的不断渗透，该体系在很大程度上也依靠市场化服务主体的支持与补充，从而形成了政府与市场化主体二重交叉的情形。有学者认为，市场化主体按照市场规律运行，以追求经济效益为中心，以龙头企业或个体为形式，可为农户提供服务，而市场不能提供的服务则可由公益性服务机构提供（孔祥智和徐珍源，2009）。到目前为止，理论界与政策研究部门对如何运用这两种力量服务小农经济进行了大量的研究论证与试验，成果较多。在一定程度上可以说，这种互为补充的服务体系建设模式并不十分理想，相应的组织格局虽然已经完全确立，但服务农户的效果远没有达到。依靠政府和市场两种力量，通过政策与投资来拉动农村经济增长，其实是一种不经济、不均衡以及不可持续的发展模式。在新的历史时期，仅凭外生力量无法根本解决服务农户的问题。我们必须树立社区意识，转换思维，进入村庄内部寻找转变途径，发展内生力量，走自主服务之路。无论是政府部门、科研教育单位还是龙头企业，对于农民来说都属于外生性的组织，虽然体系已发展得较为健全，但制度成本较高，管理效率低下，服务功能比较弱，农民的主动性不强，获益也较少。而在社区层面存在丰富的文化与社会资源有待开发，村级集体的组织与管理功能、农村精英的带动作用、农民的互助合作功能等，都没有得到充分的发挥。据此，在构建现代农业社会化服务体系的过程中，要具有社区意识，积极探索内生力量，发展村域经济与促进农民合作。

(三) 发展目标

围绕实现国民经济和社会发展第十二个五年规划的目标要求，以及党中央在十七届三中全会上审议通过的《中共中央关于推进农村改革发展若干重大问题的决定》中所提出的体系发展战略，借鉴发达国家的成功经验，综合考虑我国农村人地关系紧张、城乡差异较大、区域生产力发展不平衡的基本国情以及今后的发展趋势和条件，设立以下主要目标：以服务农户为宗旨，坚持政府主导、企业带动、民间协同、科教示范、社区参与，多个服务主体相配合，逐步建立与经济发展水平相适应、功能完善、多元化、多层次、多形式的农业现代化服务体系，促进农业生产力的发展和农业现代化的实现。所谓多元化，是指在横向上坚持以政府为主导，允许和支持市场化经济组织和民间半公益性质的农村合作组织的发展，充分利用其特有优势，弥补政府公共机构服务的空白与不足，并形成利益联动机制，协调发展。所谓多层次，是指在纵向上建立省、市、县、乡、村五级服务网络，明确各自的角色与职责，确保服务落实到位。所谓多形式，是指结合各地区的自然资源、经济水平、文化传统、主导产业等实际情况，因地制宜地采用相应的服务手段与形式进行服务。

具体目标包括以下几个方面。一是公益性服务不断加强，即通过政府机构改革和职能转换，逐步形成涵盖省、市、县、乡、村五级的服务网。二是市场化服务趋于完善。通过多方参与，形成多元化的服务网络；通过建立完善的利益联结机制，使各种类型的企业和专业服务公司服务农户的作用明显增强。三是社区集体服务功能强化。集体经济发展壮大，服务实力不断增强，建立多种社区服务中心，服务质量得到提高。四是各类农村合作组织蓬勃发展。农民专业合作社、专业技术协会、资金互助社等服务组织发展完善，围绕生产为农户提供多种形式的公益性服务和经营性服务。五是农业科研教育功能充分发挥。农业科技推广体系不断完善，农业科技应用转化率不断提高，多种类型的农民教育与培训深入开展。

(四) 基本原则

服务的内容、水平和组织形式，一般要受到一个国家或地区经济、政治、文化和社会等因素的影响。现代农业社会化服务体系建设，必须立足于我国的基本国情，对各地区的经济社会发展情况进行综合考虑，协调处理多方关系，促进其向多元化、多层次、多形式的方向发展。同时也要认识到现代农业社会化服务体系建设将是一个长期的过程，不可能一蹴而就，需要在循序渐进的发展中逐步健全和完善。因此，必须坚持从实际出发，坚持因地制宜、政府主导、多方参与、分工协作、服务农户、便捷高效等原则。

1. 基于农业的多功能性，拓展服务内容

党中央、国务院把"三农"工作提到"重中之重"的地位，主要是因为多数人对农业的认识还停留在传统阶段，将农业当成"吃饭产业"，而忽视了农业在经济、政治、文化、社会等方面的多重功能。农业不仅具有保障粮食供给、为人民生活提供多种农副产品和促进农民就业等经济功能，而且具有巨大的社会功能，在缓解能源危机、保护生态环境、促进工业化发展、加强历史文化传承、保障社会稳定等方面发挥着重要作用，尤其是随着市场经济的发展和科技的进步，农业的经济功能得到强化，其他方面的新功能得到不断的开发和利用，导致农业的多功能特征日益突出。在此基础上，要建立相应的现代农业社会化服务体系，服务范围应逐渐从种植、养殖领域向生态农业、循环农业、民俗旅游等方面拓展，服务内容也要逐渐由专项服务向综合性服务推进。

2. 坚持政府主导、多方参与，形成多元化的服务体系

根据党中央在十七届三中全会上提出的构建新型农业社会化服务体系的目标，坚持公益性服务和经营性服务相结合是一个具体要求。政府涉农部门作为公益性服务的主导供给方和投资者，肩负着为农民提供公益性社会化服务的责任；作为现代农业社会化服务体系建设的主要推动者，需要整合社会力量，规划、安排和控制体系建设的步伐和方向；作为现代农业社会化服务体系的管理者与裁判员，要协调处理多方利益关系，维持体系的稳定发展。另外，政府公共服务机构在强化公益性服务的同时，还需要不断创新服务提供方式，引入竞争机制，放宽服务组织准入的领域，通过财政、税收等手段吸收多元社会资金，形成多元化的服务体系。

3. 合理分工协作，逐步实行市场化运作

建立现代农业社会化服务体系，要改变政府单向供给、全面包办和垄断性操作的局面，变"行政下达"逻辑为"服务"逻辑，转变政府职能，扭转单向服务供给的传统格局，协调政府部门服务供给与农户实际需求之间的矛盾。充分运用市场化手段，扩大社会分工，吸收社会与市场化资本广泛参与现代农业社会化服务体系建设，通过市场化运作促进劳动生产率和服务水平的提高。明确各服务主体的角色和功能定位，合理进行分工协作，达到资源要素优化配置的目的，并在地方政府的指导下，充分发挥农民专业合作组织和龙头企业的社会化服务功能，逐步将政府部门不擅长的服务领域交由农民专业合作组织或龙头企业进行运作，不断增强科研教育单位在技术创新与推广等方面的服务功能，变分散化、部门化的服务为综合性、一体化服务。

4. 根据区域特点，因地制宜、分类指导

人类的一切活动都是在一定的环境中进行的，必然受到自然环境与社会环境的影响和制约，现代农业社会化服务体系的发展与建设也不例外，要受到自然资源条件、经济发展水平和生产专业化程度的制约。我国幅员辽阔，各地区的自然禀赋、经济基础、市场发育、社会结构、历史传统与文化等都存在较大差异，这就决定了现代农业社会化服务体系的内容、规模、服务重点与实践模式也不相同。因此，在现代农业社会化服务体系建设的实践中，要深入挖掘各地区可资利用的资源要素，结合区域特点，因地制宜、分类指导，形成具有地区特色的服务网络。工业化、城镇化程度较高的地区适于发展都市农业，应鼓励市场化服务组织的发展与壮大，同时还要强化社区服务功能，发展综合性、系列化服务；对于产业化经营发展较快以及特色农业发展较好的地区，要积极促进农村专业合作组织与农业企业的发展；而对于经济较为落后的大宗农产品主产区，则应充分发挥公益性服务组织的作用，着重发展专项服务，在此基础上逐步向多项服务和综合性服务领域拓展。

5. 以满足农民需求为体系建设的根本出发点

建立现代农业社会化服务体系旨在满足农民的生产需求，解决家庭小

生产与大市场之间的矛盾。满足农民生产需求是体系建设的根本出发点和落脚点，围绕这一原则，各服务供给主体要提高服务意识，逐渐形成"服务自觉"。服务的内容和项目要与农户需求相吻合，改变"行政下达"型的服务方式，不能仅凭上级官员的想象去操作，要在深入了解农民需求的基础上开展服务。同时，要不断完善农户的需求表达机制，使社会各界能够了解农民在生产过程中的实际需求，从而使社会化服务能真正落实到农户的生产生活中去，避免演变为地方政府的"政绩工程"。另外，还要在农户与服务供给主体之间形成良性的互动关系，在此基础上开展合作，确保农户能够从体系建设中受益。

三 现代农业社会化服务体系框架设计

现代农业社会化服务体系建设是一项庞大的系统工程，需要投入和动用大量的资源，协调处理组织结构与功能之间的关系，以实现资源的合理配置。那么影响现代农业社会化服务体系的资源要素有哪些？该体系主要由哪些主体构成？各个主体分别承担哪些功能，以及主体之间的关系如何？这都是本节要探讨的问题。参照由詹成付和王景新（2008）编著的《中国农村社区服务体系建设研究》中的相关内容，对现代农业社会化服务体系的框架设计如下。

（一）外部资源要素

影响现代农业社会化服务体系的外部资源因素主要有政策支持、财政投入、管理制度、人才队伍建设、社会支持和市场流通体制六个方面。

1. 政策支持体系

我国政府自20世纪80年代起陆续出台了一系列有关农业社会化服务体系建设的政策文件，事实证明这些政策文件在引导农业社会化服务体系建设方面发挥了极其重要的作用。因此，政府重视和政策支持是发展现代农业社会化服务体系的重要保障。在这一层面，要求政府加强领导，协调各服务部门，加强对现代农业社会化服务体系建设的引导和规划，完善政策支持体系。一是要完善财税政策，保障财政上有维持体系运转的专项资金。对除政府公共服务机构以外的服务供给主体提供税负减免等政策优惠，对重大服务项目和经济落后地区的农业服务提供适当补助；加强政府与银行部门的合作，支持银行为农业社会化服务主体提供融资担保，以解决体系建设资金不足的问题。二是健全扶持激励政策。支持农业技术和服务机制的创新，促进科技研发和科技成果转化；加大对民间互助性社会服务组织的政策扶持力度，提高农民的组织化程度；完善服务考核评价体系，对农业服务工作表现突出的单位和个人给予适当奖励，调动其工作积极性。

2. 财政投入机制

财政投入机制主要是指国家财政预算对农业社会化服务体系建设投资的制度化安排。政府的财政投入，是现代农业社会化服务体系建设最重要的财力保障。对现代农业社会化服务体系建设进行财政投入，具有很强的生产性功能，不仅能够促进农业综合生产能力的提高、农村经济的繁荣以及农民收入的增长，而且能够促进农业产业结构的优化和农村社区发展，缩小城乡差别，推进农业现代化进程，具有重要的现实作用和长远的战略意义。但是，目前我国政府对农业社会化服务体系建设的财政投入仍然相对不足，而且结构不合理、利用率低。以农技推广的财政投入为例，1999年以前，我国农技推广的财政投资强度一直低于国际上低收入国家；自2000年起，我国农技推广的经费才开始大幅度增加，近年来农技推广的财政投资强度上升到0.8%，但仍然低于20世纪80年代初的国际平均水平0.96%（张利库和纪海燕，2007）。对此，要对现有的财政投入机制进行改进，加大农业社会化服务体系建设的政府财政支持力度，以稳定的经费来源确保现代农业社会化服务体系建设的顺利进行。

3. 制度保障机制

制度机制是农业社会化体系正常运转的重要保障，为发展现代农业社会化服务体系，需要对制度进行不断的拓展和完善。一是要完善农业社会化服务的管理体制和运行机制。对政府公共服务机构进行改革，提高服务的能力和效率；理顺服务供给主体与农民需求之间的关系，并协调处理各供给主体之间的关系，明确各供给主体的功能和职责，加强沟通与协作，满足农民的生产生活需求。二是要健全人才管理制度。科学合理地确定农业社会化服务人员的编制，并通过公开招聘的方式，吸收高层次人才充实服务队伍；通过有效的激励机制，提高服务工作的活力。三是要推进服务体制创新。借鉴学习国内外先进服务模式，积极探索适合不同地区生产力发展水平的服务形式，大力推广科技示范、技术培训、科技入户、专家大院等服务模式。四是建立健全有关农业社会化体系的法律法规体系。进一步明确各类服务供给主体的产权利益保障制度，加大对农业科技等知识产权的保护力度，规范供给主体的行为；加大执法检查力度，加强对市场的监管，规范市场竞争秩序，为现代农业社会化服务体系建设创造良好的制度环境。

4. 人力资源要素

现代农业社会化服务体系建设需要投入大量的人力资源，这是体系良性运行的必要条件。大力加强基层农技队伍建设和农村人力资源开发，是提高农民素质、推动农业科技进步和促进社会主义新农村建设的重要手段，也是实现农业现代化的有效途径。随着农业社会化服务体系的进一步完善与发展，对各类专业技术人员和服务人员的需求将增加。然而，目前我国农业社会化服务的人才队伍还不稳定，存在队伍总量偏小、综合素质不高、专业结构不合理、高技能人才流失、知识断层与老化等问题，严重制约着农业社会化服务网络功能的充分发挥。同时，管理和激励机制的不完善造成服务管理不规范，工资待遇不高，绩酬难以挂钩，工作活力不足，从而影响农业服务水平与质量的提升。发展现代农业社会化服务体系，一是要围绕农业生产力发展的需求，加强农业社会化服务的人才队伍建设，加大对农村人力资源的培养力度，采取多种形式拓宽人才培养的领域和渠道，提高农技推广队伍的素质和专业化水平；二是要建立健全农业社会化服务人才队伍建设的管理机制、投入机制、培养机制、评价机制和激励机制；三是要把社会组织尤其是民间互助性服务组织人员的社会保障和技术职称纳入全国统一的制度体系，对其进行教育和培训，从而留住人才，提高其工作积极性。

5. 社会资源要素

对于现代农业社会化服务体系建设来说，非政府性的社会资源也是重要的服务力量。从国际经验看，民间非营利组织、科研院所以及市场化农业企业在农业社会化服务体系中发挥了相当重要的作用，不仅有效弥补了政府服务的不足，扩大了服务的范围，而且拓展了服务的种类和内容，提高了服务的水平和效率。同时，非政府性的社会资源投入还具有重要的社会价值，能起到动员社会力量广泛参与、团结一致、凝聚人心的作用。因此，要积极引入市场机制，通过传统媒体、互联网、新闻发布会、产品推介会、农业科技博览会等途径扩大宣传，营造支持农业社会化服务体系建设的良好舆论氛围。动员社会和市场力量广泛参与农业社会化服务体系建设，在坚持强化政府公益性服务的同时，鼓励经营性服务和互助性服务的发展，实现多方共同受益。各级政府要加大扶持民间社会服务组织发展的力度，加强对民间社会服务组织人员的教育与培训，提高其服务能力。通过体制改革推动科研教育单位与市场化龙头企业等机构参与提供农业社会化服务，培育服务文化，通过发展非营利的有偿服务来实现自我维持和发展。

6. 市场流通体系

市场流通体系作为农业产业链条的末梢，是连接小农生产与城市居民消费的关键环节，也是实现农产品价值、提高农民收入的重要手段。农产品流通体系作为农业社会化服务体系发展的外部市场环境，其完善程度会影响农业社会化服务体系建设的重点领域与服务内容。目前我国农产品流通体制建设走的是市场化的路线，政府的干预和调控较少，导致我国农产品流通的市场化程度较高，农产品卖难、农产品价格不稳定等现象时有发生，不利于农民收入的增长和生活水平的提高。目前我国的农产品流通主要是借助初级市场进行现货交易，初级市场发育不健全，基础设施较为落后，农产品流通成本较高。要解决这一问题，政府要在政策上保障市场流通体系的建设，在物流、水电、税收等方面为其发展提供相应的政策优惠，减少现有流通体系发展中的障碍。同时，还要鼓励产业化龙头企业的发展，通过产业化的方式带动农民增收，提高组织化程度，应对市场风险。在新时期的新背景下，要加快建立新型农产品流通体系，为现代农业社会化服务体系建设提供良好的市场环境。

(二) 组织结构

现代农业社会化服务体系是指为适应现代农业的发展和满足农民的生产经营需求，由政府、市场和社会三方相互联系而构成的服务网络与组织系统。它能充分调动社会各方面的力量，通过现代化手段克服小农生产自身的弊端，获得规模生产效益。但是要注意到，现代农业社会化服务体系并不是一个由服务组织叠加而形成的简单机械性系统，而是一个由多种服务组织构成的形式多样、分工明确、功能健全的有机系统。目前国内学术界对农业社会化服务体系的研究还不是很成熟，对于其结构组成还未形成统一意见。正如在前文的文献综述部分所提到的，理论界从不同的角度对农业社会化服务体系进行了定义，各持有不同的观点，因此，对农业社会化服务体系结构也就存在不同的观点。比如，以产业类型为划分标准，可将农业社会化服务体系分为种植业服务与养殖业服务；以服务在产业链条中的位置为划分标准，可分为产前服务、产中服务、产后服务三类；以具体服务内容为划分标准，可分为采购服务、生产服务、技术服务、信息服务、加工服务、销售服务、信贷服务、生活服务等；按照供给主体的层次，可划分为县级服务、乡镇级服务和村级服务；按照服务模式又可划分为农、工、商一体化服务和产、供、销一条龙服务，以及某一特定服务主体加农户等类型的服务。农业生产过程的复杂性决定了农业社会化服务内容的多样化，需要专业化的服务供给主体在生产服务中扮演相应的角色并发挥各自的作用，据此，从服务供给主体的角度对农业社会化服务体系进行深入剖析，是较为明晰且实际可行的方法（李俏和张波，2011a）。在此基础上，本书认为现代农业社会化服务体系主要由四个部分构成，即政府公共服务机构、市场化龙头企业、农民专业合作组织和其他社会服务组织、科研教育单位（见图 3-1）。

1. 居主导地位的政府公共服务机构

政府公共服务机构是提供农业社会化服务的主体，是指由国家各级职能部门和村集体兴办的服务组织，其运行主要依靠国家财政拨款，服务具有较强的公共性和福利性，主要包括政府涉农行政部门、各级基层政府、

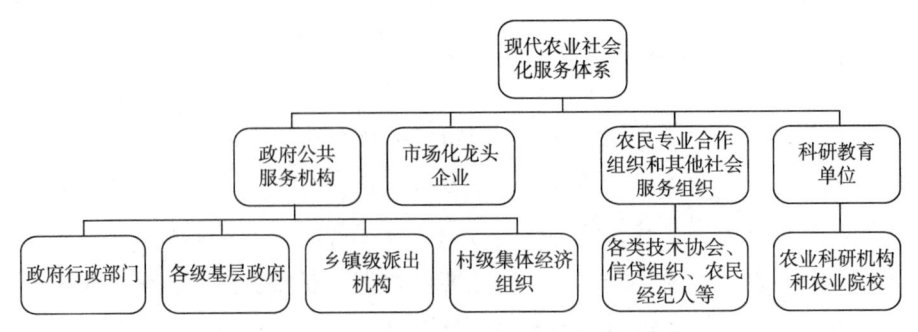

```
                          现代农业社会
                          化服务体系
        ┌──────────┬──────────┴──┬──────────┐
   政府公共        市场化龙头      农民专业合作      科研教育
   服务机构         企业          组织和其他社会    单位
                                 服务组织
  ┌────┬────┬────┬────┐           │              │
政府行政  各级基层  乡镇级派出  村级集体经济    各类技术协会、   农业科研机构
部门     政府     机构       组织          信贷组织、农民   和农业院校
                                         经纪人等
```

图 3-1　现代农业社会化服务供给主体分类

乡镇级派出机构、官办合作经济组织和村级集体经济组织。政府涉农行政部门包括农业局、林业局、科技局、畜牧局等；各级基层政府作为农业社会化服务的管理者和投资方，主要负责筹划、组织、领导、宣传、监督和考核等工作，为农业社会化服务的实施提供政策支持；乡镇级派出机构就是指所谓的"七站八所"，包括农机站、水利站、农技站、城建站、计生站、林业站、经管站、土管所、财政所、供电所、工商所等，为农民的生产和生活提供各种服务；官办合作经济组织主要指供销社和信用社；村级集体经济组织则主要在农资购买、耕种、病虫害防治、栽培管理技术等方面提供"几统一"服务。政府公共服务机构本身不以营利为目的，服务多数应是无偿或低偿的（龚道广，2000）。所以，政府公共服务机构是公益性服务的主要供给者，在现代农业社会化服务体系中处于主导地位。

2. 起带动作用的市场化龙头企业

市场化龙头企业是指在市场经济条件下发展起来的，以农产品生产、加工、销售一体化经营为主，在规模和经营指标上达到相应标准并经政府有关部门认定的企业。龙头企业作为农业产业化经营的开拓者与组织者，主要按照市场规律运行，通过一定的利益联结机制与农户达成合作并为其提供商业性服务，辐射带动农户发展，服务主要以营利为目的，遵循等价交换的原则。中国人民大学课题组在山东、山西和陕西的实地调研结果显示，龙头企业的经营范围广泛涉及产前、产中和产后各个环节，为农户提供服务的内容主要集中在信息服务、技术服务和资金服务方面，并通过与合作社和政府公共服务机构合作构建多种服务模式（谭智心，2009）。龙头企业是经营性服务的主要供给者,是现代农业社会化服务体系的中坚力量。

3. 发挥骨干效能的农民专业合作组织和其他社会服务组织

农民专业合作组织是指农民在民主自愿的基础上,按照"民办、民管、民受益"的原则,为解决农业生产问题而建立的非营利性合作组织。由于贴近农民生活,了解农民需求,其提供的服务相对较为灵活。服务内容涉及农资供应、人才培训、资金信贷、经验传播、劳动服务、技术指导、生产运输、产品贮藏和加工销售等多方面,在延长农业产业链条、提高农产品的市场竞争力和降低交易成本等方面发挥了重要作用,能够较好地解决农民在产前、产中和产后遇到的各种问题,因此得到了农民的广泛认同。农民专业合作组织属于非营利性组织,主要以服务农户为宗旨,所提供的服务具有互助性和半公益性,以提供生产经营性服务为主,是现代农业社会化服务体系的骨干力量。

4. 发挥支持作用的科研教育单位

科研教育单位以农业科研机构和农业院校为主,从事技术研究、技术咨询与指导、农技推广、人才培养与教育、人员培训等,是农业科学研究、教育与推广的重要推动者,是现代农业社会化服务体系的重点与核心力量。近年来,围绕科教兴农战略的实施,科研教育单位充分利用技术和人才优势,不断加强农业科技创新,根据社会需求调整农技推广方式,为个体农户、农民专业合作组织、农业企业等提供相关技术服务,各类实用适用技术和农技服务形式不断涌现,促进了农业科技成果的转化,其科技服务能力也得到显著提升,为我国农业社会化服务体系的发展提供了科技支撑,并发挥了积极的引领作用。

(三)功能定位

各类农业社会化服务供给主体在历史起源、所有制结构、运行机制、分配方式、利益目标与收入来源等方面均不同,利益多元化的趋势导致各类供给主体的功能定位也不同。从宏观上看,构成现代农业社会化服务体系的各类主体在性质上存在差异:政府公共服务机构属于国家行政组织,龙头企业属于市场经济组织，农民专业合作组织和其他社会服务组织属于非营利性社会组织，科研教育单位属于事业性单位，分别代表政府、市场、民间和事业单位四方利益。这四类供给主体对应现代农业社会化服务体系的四大基本功能要求：龙头企业承担市场化或经营性服务功能，农民专业合作组织和其他社会服务组织承担互助性服务功能，科研教育单位承担科技研究、教育与推广的服务功能，而政府公共服务机构承担对各供给主体进行调控、监管和提供公益性服务的功能。现代农业社会化服务体系建设需要各类供给主体的共同参与和配合，通过功能整合形成密切联系、相互协调的有机整体。

1. 公益性服务供给功能

政府公共服务机构作为公益性服务资源的投入主体，在现代农业社会化服务体系运行过程中扮演着领导、监管、规划和统筹协调的角色。但近些年来，随着政府机构与财政改革的推进，地方政府的财源减少，许多地方的农村集体服务由于缺乏运转资金已经名存实亡，出现"线断、网破、人散"的局面。政府公共服务机构在经历机构改革之后，为了追求效益，将部分公益性服务转变为有偿性服务，并提高了收费标准，而服务内容与服务质量没有跟上，导致服务功能的异化。政府公共服务机构不能强制性提供服务，更不能包办一切服务，其主要功能在于：充分投入和合理配置服务资源，改革与完善社会管理体制，提供公益性服务，积极动员市场和社会力量提供服务，并对其服务情况进行监督和管理，最大限度地满足农民的服务需求。政府公共服务机构在整个体系中的角色是筹资、规划、管理、协调。

2. 市场化服务供给功能

龙头企业是发展现代农业社会化服务体系的重要力量，在带动农业增效、促进农民增收方面发挥了重要作用。当前我国农业社会化服务体系的发展面临一系列挑战，其中如何有效提升农业社会化服务的水平和质量是比较突出的问题，为实现这一目标，仅凭政府公共服务机构的改革与完善是不够的，还必须充分发挥市场机制在配置资源和优化结构方面的作用，尤其是在政府无法有效组织农产品进入市场的领域，龙头企业能够有效地促进农业生产要素的优化配置。龙头企业的主要功能在于：通过多种方式与农户结成风险共担和利益共享的利益共同体，从而将分散小农与市场连接起来，为农户提供产前、产中和产后一体化服务，具体服务内容包括农资供应、病虫害防治、农技指导、信息收集与发布、融资服务、农产品销售等；通过延长农业产业链条，使农民分享到除生产以外的加工、流通环节的利益，提高农业的集约化水平，增加农民收入。龙头企业在整个体系中的角色是通过一体化服务带动农户发展。

3. 互助性服务供给功能

改革开放以前，我国的农业社会化服务体系具有"强政府、弱市场、弱社会"的特点，改革开放以后，随着市场经济的快速发展，逐渐呈现"强政府、强市场、弱社会"的局面。凭借权威与资本，政府公共服务机构和龙头企业成为体系中发展较为成熟的供给主体，而以农民专业合作组织和其他社会服务组织为代表的互助性社会组织则发展相对滞后。发展现代农业社会化服务体系，需要对原有体系框架进行合理调整，鼓励农民专业合作组织与其他社会服务组织发展壮大，平衡体系内各供给主体的力量，充分发挥社会服务组织的作用，促进体系协调发展。从当前的实际出发，要积极培育各类农村合作组织，加强对其运行情况的管理与监督，完善农业社会服务网络。农民专业合作组织与其他社会服务组织的主要功能在于：促进农民互相帮助、共担风险，逐步走向联合与合作，并为农民的生产与生活提供互助服务。农民专业合作组织及其他社会服务组织的基本服务职能是示范、组织和互助。

4. 科技服务供给功能

科研机构和农业院校属于国家事业单位，其运行主要依靠政府财政拨款，但在组织形式与运行机制上处于政府机制和市场机制之间，因此，承担着一部分公益性服务和一部分经营性服务供给功能。在西方发达国家，公益性服务一般由非营利性社会组织承担，但在中国，许多公益性服务职能是由事业单位来承担的。发展现代农业社会化服务体系，科研教育单位要适应农业生产的发展水平和农民的生产生活需求，建立科学合理和精简高效的组织体系，探索适应不同地区的农业、农村发展的服务形式，为农业现代化提供科技支持。科研教育单位的主要功能在于：围绕农业生产发展进行科技创新，促进农村科技成果的转化应用；培养高水平的涉农产业人才；培育新型农民；加强科技示范引导，提高基层科技工作水平和服务能力，促进农业实现现代化。科研教育单位在整个体系中的作用是科研、教育和推广。

（四）供给主体之间的功能关系

从目前我国农业社会化服务体系的实际运行情况来看，各服务供给主体的功能定位尚不明确，功能交叉和重叠的现象较为严重，相互之间缺乏交流与合作。主要表现在：对于利润较高的经营性服务项目，各主体争相提供，导致主体竞争激烈，互相排斥；对于利润较低的公益性服务项目，各主体互相推诿，服务水平和服务效率低下，部分服务功能尚缺乏相应的主体来承担，迫切需要国家对此做出调整和改革。建立功能完善的现代农业社会化服务体系，是时代和社会发展的应有之义。为此，需要进一步明确各类服务供给主体之间的功能关系，以促进体系的协调、健康发展。

结构功能主义理论对于本部分的讨论具有重要指导意义，下文将运用美国社会学家帕森斯的 AGIL 分析框架对现代农业社会化服务体系的结构与功能关系做进一步探讨。在帕森斯看来，系统指的就是关系网络，而社会系统则是由在一定情景下互动的个体所构成的系统，具有自我调节功能，从而实现社会秩序的自我维持和均衡。他认为社会系统的结构是适应功能需要而产生的，并将社会系统划分为经济、政治、社会和社区四个子系统，分别对应四种功能，即适应功能、目标获取功能、模式维持功能和整合功能，各子系统之间相互依存、相互影响，共同维持系统的运行（候钧生，2001）。随着社会的变迁，各子系统会逐渐发生功能分化，适应力不断提高，包容性增长，促进价值普遍化，从而维持社会的稳定与和谐。根据这一理论观点，我们可将现代农业社会化服务体系看成社会系统中承担发展生产力这一功能的子系统，其发展受到外部各种资源要素的影响。同时，这一子系统自成体系，又可以进一步细分为龙头企业、政府公共服务机构、农民专业合作组织和其他社会服务组织以及科研教育单位四个子系统，这一结构的出现是适应农业社会化服务体系发展与功能分化要求的结果。在现代农业社会化服务体系内部，各子系统之间相互联系、相互依存，依靠其自身所具备的资源优势而分别承担不同的功能。

政府公共服务机构在整个现代农业社会化服务体系中处于主导地位，既承担着公益性服务供给功能，参与提供无偿性或低偿性服务，又凭借其权力与权威优势成为服务体系的规划者、引导者与管理者，承担目标达成功能。政府公共服务机构会对体系发展做出规划，设立明确的发展目标，引导并调动其他服务主体联合发挥整体功能，促进资金、技术、信息等资源要素的合理配置，实现体系功能的优化。龙头企业属于市场经营主体的范畴，在资本积累、运行效率和交易成本方面具有政府公共服务机构所不具备的天然优势。由于其与市场的联系最为紧密，在适应外部市场与社会环境变化方面反应最为迅速，也是最先做出调整和发生变化的部分，因而在体系中发挥着适应功能，通过市场经济活动为农户提供经营性服务。农民专业合作组织和其他社会服务组织都属于民间性社会组织，在农村社会具有一定的影响力，在体系中承担整合功能。由于贴近农民的生产与生活，最了解农民的实际需求与意愿，因而能够以灵活多样的服务形式有效填补政府与市场服务无法达到的"真空"地带，提高互助性服务水平。同时，还能够将农户组织起来，在某种程度上实现团结与合作。科研教育机构属于事业单位，是介于政府和市场之间的一种组织形态，具有一定的公共责任，承担一部分公益性服务供给功能，并通过科学技术研究、教育与推广发挥维持体系正常运转的作用，使体系不受供给主体更替的影响（见图 3-2）。

由此可见，构成现代农业社会化服务体系的各服务供给主体，由于功能不同而相互依存、相互联系。政府公共服务机构在整个体系中处于主导地位，发挥着带头、推动的作用，并对其他供给主体及其服务工作进行指导、调控和监管，协调各供给主体之间的关系，而其他各服务供给主体之间则是合作与配合的关系。从功能上看，各服务供给主体是互补性的关系。龙头企业具有市场行为高效与交易成本低的优势；政府公共服务机构掌握权力与资源，在提供公益性服务方面具有其他服务主体无法比拟的优势；农民专业合作组织和其他社会服务组织由于贴近农民的生产生活，具有广泛的社会基础，易于获得农民的信任与支持；而科研教育单位具有相

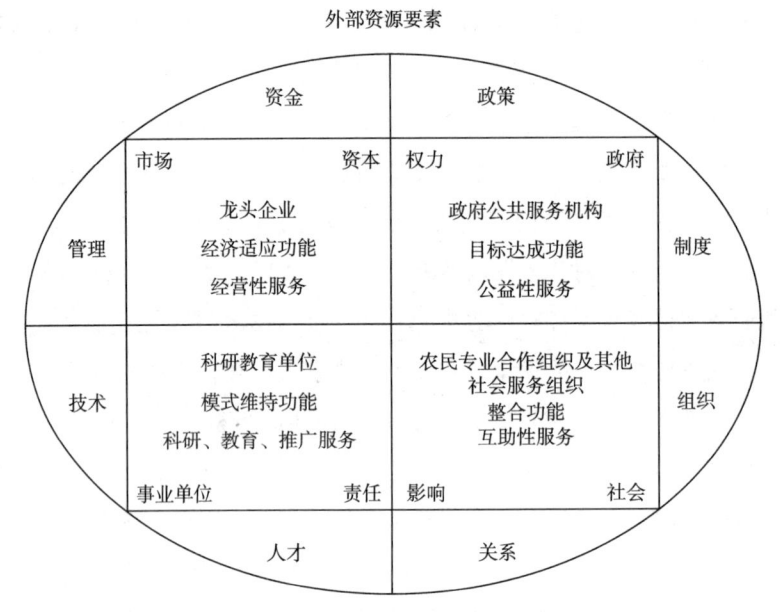

```
                           外部资源要素
                    资金              政策
              市场        资本    权力        政府
          ┌─────────────────┬─────────────────┐
          │     龙头企业     │  政府公共服务机构 │
     管理 │    经济适应功能   │    目标达成功能   │ 制度
          │     经营性服务   │      公益性服务   │
          ├─────────────────┼─────────────────┤
          │   科研教育单位   │ 农民专业合作组织及其他│
     技术 │    模式维持功能   │    社会服务组织   │ 组织
          │  科研、教育、推广服务│  整合功能        │
          │                  │    互助性服务     │
          └─────────────────┴─────────────────┘
              事业单位    责任    影响      社会
                    人才              关系
```

图 3-2　现代农业社会化服务体系的结构功能关系

对专业和系统的科技队伍，在科研、教育、推广方面实力较强。因此，这些服务供给主体在客观上形成了相互促进、相互补充的关系（见图 3-3）。

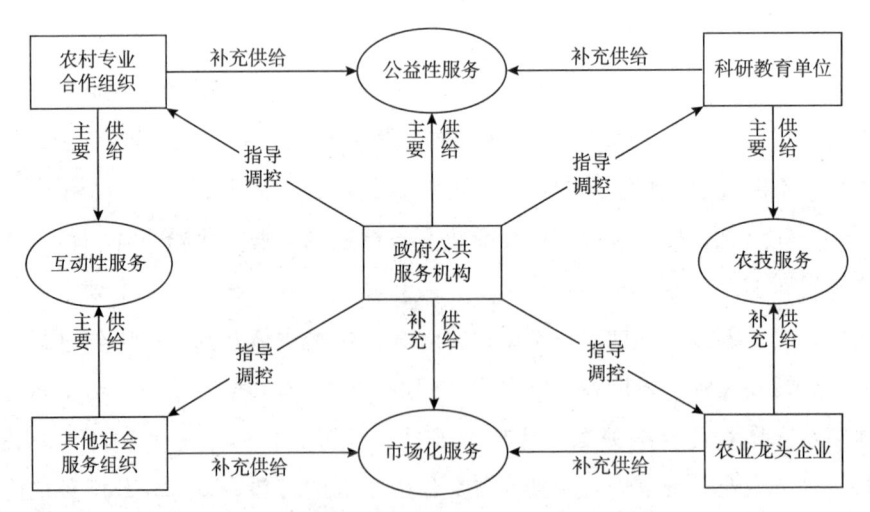

图 3-3　现代农业社会化服务体系内部结构关系

资料来源：此图主要借鉴自詹成付和王景新所著《中国农村社区服务体系建设研究》一书中的相关内容，具体详见詹成付、王景新《中国农村社区服务体系建设研究》，中国社会科学出版社，2008，第 95 页。

四 现代农业社会化服务体系的发展思路

当前中国正处于一个多主体共同发展的时期，形成了一个"多中心"的发展模式，这与中国的固有国情及当前的经济社会环境有极大关系，中国农民数量巨大，单一力量无法承担综合服务的功能，同时，市场经济的快速发展和社会变革的加剧，也需要多重供给力量联合起来以适应农业经济发展与农户生产生活的需要。目前我国政府较为重视政府涉农机构改革和龙头企业发展问题，在政策与方针上都对其有所倾斜，这无疑是政府在解决"三农"问题过程中的有益探索。但是，这些努力还都属于宏观性的改革方案，侧重发展的是外生性力量，主要依靠的是国家和企业的外部性调整，在不断强化国家权力与企业资本下乡的同时，淡化与削弱了农村内部农民之间的联系，使农民对国家政策与企业资本高度依附，抑制了农村内部因农民需求而成立起来的农民专业合作组织的发展与壮大，导致农村社区民间组织服务功能的缺失。一旦国家或企业社会化服务供给体制发生变化，农村内部就会出现"服务真空"，缺乏相应的组织来承接农业社会化服务。面对来自国际农产品市场的价格竞争与挑战，以及国内农业、农村经济中存在的问题，改革旧体系和建立新体系比任何时候都显得更迫切。发展现代农业社会化服务体系，既要坚持外生性力量的支持，又要重视内生力量的培育与发展。在宏观上，要推进政府公共服务机构和科研教育单位转型，回归公益性，鼓励社会力量参与提供服务；在微观上，要支持社区成为我国现代农业社会化服务体系建设的重要载体。

（一）宏观改革思路

我国现行的农业社会化服务体系发展尚不健全，在职能划分与规范管理等方面还存在许多问题，比如，政府公共服务部门行政色彩过浓，各服务供给主体之间权力交叉、部门重叠、竞争不规范、分工协作缺乏等，从而严重影响服务效率与水平，无法有效为农业生产经营提供服务。对此，在宏观上要加大对外生性力量的支持，在坚持政府公共服务机构在社会化服务体系中居主导地位的前提下，对市场和民间社会服务组织进行有效整合，使其成为提供社会化服务的重要力量，具体可从如下四个方面入手。

1. 对政府公共服务机构进行改革重构

在我国现行的农业社会化服务体系中，政府公共服务机构是公益性服务的主要供给者，属于公益性服务主体。此类主体应首先明确自身在服务农户中的角色与责任，必须坚持以提供公益性服务为主，而不能盲目走市场化路线，不能为追求利益而大力发展经营性服务。当前在许多服务领域，公益性服务供给主体缺位或者角色不清，导致公益性服务缺失或质量不高，甚至超出农户的经济承受能力，从而直接对农户的生产水平与市场收益造成不良影响。对此，我国政府应通过出台政策法规等方式，对公益性服务供给主体的服务领域及责任进行明确界定，以保证农户能获得最基本的公益性服务。与此同时，要转变政府职能，强化政府在发展公益事业和提高服务质量方面的引导作用；发展壮大农村集体经济，充分发挥村集体行政组织的优势，在基层组织农民进行农产品生产与销售。

2. 对市场化龙头企业进行规范引导

在市场化经营服务领域，我国政府应对龙头企业进行合理监管和规范引导，同时行政干预的范围与力度一定要得当与适度。政府与企业的组织目标与运行机制都有所不同，政府可对龙头企业的发展给予相应的政策扶持，但不能替代龙头企业进行决策与管理，避免干预过度。对于龙头企业与农户利益联结的问题，政府应在完善现行法律法规体系的基础上，对龙头企业的市场行为进行有效的约束和监督，避免发生龙头企业侵害农民合法权益以及垄断市场的不法现象。众多事实表明，由龙头企业直接与农户对接并不是最佳的合作方式，存在较大的风险，对此，可通过发展农村经济合作组织的形式连接企业与农户，形成"公司+合作社（协会）+农户"的组织模式，从而增强农民的话语权，增强其谈判地位和经营管理能力，协调处理企业与农户之间的关系，实现平等合约关系。

3. 对农民专业合作组织和其他社会服务组织给予政策扶持

现行的农业社会化服务体系尚无法有效满足农民的综合性服务需求，根本出路在于实现服务供给主体与需求主体的有效对接与组合，这也是现代农业社会化服务体系的发展潜力所在。对此，要充分挖掘农村社区内部的文化与社会资源，逐步建立贴近农民生产生活的综合性服务组织，以有效满足当前农户分化而产生的多种服务需求，从而有效填补公益性服务和市场化服务的"真空"地带，降低农民的市场交易成本，增强农村社区内部的凝聚力，共同抵御外部危机。这类综合性服务组织主要包括生产合作社、农资购买合作社、专业技术协会、供销合作社、信用合作社、保险合作社等。政府应加大财政扶持力度，安排一定比例的资金支持农民专业合作组织，同时对其实行优惠的税收政策。农村信用社要对农民专业合作组织及其成员给予积极的信贷支持。还要鼓励基层政府公共服务机构和其他社会服务组织参与提供科研、教育与推广服务，建立地区性的研究基金和地方性的科研教育机构，全方位进行科技攻关和示范推广，从而为体系建设提供强有力的科技支撑和智力支持。

4. 对科研教育单位进行功能提升

目前我国的农业科研教育单位还没有充分发挥其服务农业、农村和农民的功能，亟须优化结构，对人才和技术进行融合。在农业科研领域，由于对发展目标缺乏结构性安排，研究资源过多地集中在高、精、尖领域，而对应用研究的投入与激励不足，导致技术研发与农业生产实际相脱节，农民需要的实用技术供给不足。许多科研教育单位的人员则把发表论文及申请项目作为晋升与获利的主要手段，从而严重影响教育与推广工作的开展。对此，要改革现有的农业科技政策，加强对科研教育单位的引导与支持，积极探索农户参与式的科研、教育、推广模式，逐步建立以效率、效益和服务为主要指标的农业科研教育管理体系（李小云，2011）。

（二）微观开发思路

在完善农业社会化服务体系的过程中，我国政府进行了不断的探索与努力，从最初的村级集体化到目前的强化政府经济技术部门的服务职能、扶持龙头企业与发展农民专业合作组织，对解决市场经济条件下分散小农的服务供给问题发挥了积极的作用。但是，依靠外生力量推动发展总是不充分的，因为农民的主体地位始终难以得到真正实现，他们的发展需要与利益诉求很难与外生力量实现有效连接，自主性与能动性不能得到充分发挥。本研究认为，宏观性的改革手段只是促进农业社会化服务体系持续规范发展的外生力量，要真正解决为农户提供服务的问题，需要培育内生动力，对现有资源进行开发整合，以实现优化配置。应该看到，中国农村社区具有丰富的可资利用的资源，如人情关系、伦理道德和风俗民情等，利用这些资源可以在有限的范围内尽可能地促进农民组织化，以达到规模化农业生产，通过规模效应提高农民的社会影响力和市场谈判能力，切实增加农民的经济收入。一直以来，我国走的是农村支持城市的路线，重视开发城市资源，进行城市建设，在注重城市发展的同时忽视了对农村社区资源的开发，而实际上中国的农村社区蕴藏着丰富的可利用的资源，尤其是针对当前农民收入低、资金匮乏、经营能力不强的情况，一个可行的微观开发思路就是以村庄社区为本位，凭借社区内部的资源提高农民的组织化水平。一方面，通过社区内部联合，实现人头上的规模经营，弥补个体农户经营能力弱、市场交易成本高的问题；另一方面，通过社区内部组织力量的自发育，有效承接来自外部的各种政策优惠和资金项目，充分发挥集体行为的优势。

1. 整合组织资源实现联合

一提到农村社区层面的资源动员问题，多数人都会联想到政治建设（村民自治的问题）、经济建设（集体化的问题）和组织建设（合作化的问题），这的确是三个非常重要的方面，但本文所要提出的还包括社会建设与文化建设等方面的问题。根据马克斯·韦伯提出的社会经济分析思想，需要多角度地对经济现象进行分析，尤其是要加强社会与文化层面的分析，在资源动员方面寻找发展空间，探索具有中国本土特色的农业社会化服务的改革与发展方向。在具体开发层面上，应对现有的各种组织资源、文化资源与社会资源进行整合，将"集体化"与"合作化"结合在一起，即在农村社区集体所有制下促进农民合作，这种集体化合作应该是农民的自愿参与和联合，如以土地入股的形式组建合作社，为农户提供社会化服务，以突破小农经营的局限，实现规模效应。另外，还要促进社区内组织与政府涉农部门、科研教育单位、龙头企业进行广泛的交流与合作，从而促进资源的优化配置,实现服务功能互补。

2. 开发文化资源增进合作

促进农村社区范围内的互助合作是实现农业社会化服务的较好途径,因为其具有贴近农民生产生活、了解农民需求的特点,这种作用是政府和企业等供给主体所不能替代的。因此,要推进农民合作与完善农业服务,就要重视建立稳固的合作基础,充分重视对社区传统文化资源的开发利用,形成合作的道德与文化,增强集体行动的凝聚力。费孝通曾在《乡土中国》一书中指出传统的农村社会是一个熟人社会,主要涉及三个要素:伦理道德、人情面子和关系运作。三者叠加起来会形成权威性的社会控制与管理手段。因此,可从文化合作入手,逐渐向农民的心理与行为渗透,通过价值观重塑增强农民的心理认同感,培育合作意识,形成合作文化。农村社区是培育合作文化的一个重要载体,通过培育特色乡土文化,如成立老年人协会、乡村文艺中心,开展扭秧歌、打腰鼓等文艺活动,丰富农民的业余文化生活,在满足农民的精神文化需求的同时,加强村民间的沟通与联系,从而形成良好的舆论氛围,改善社区互助合作的基础。与单纯以经济利益为基础的合作相比,从文化资源入手建立农民互助合作显得更加重要,它不仅可以为农民提供文化依托和精神支撑,还可以增强集体凝聚力,促进社会团结,从而提高服务的水平与质量。

3. 运用社会关系扩大参与

农村社会以血缘、地缘、亲缘、宗缘和人缘等社会关系为基础,讲究人情与面子,虽然从表面上看结构较为松散,但实际上各种人际关系紧密交织在一起,因此,非正式规则在处理农村事务中的作用较大。相关研究表明,目前在中国农村组织农民开展合作服务困难很大,主要原因是随着市场化和城市化进程的加快,宗族、家族势力不断弱化,农民之间的沟通与社会交往越来越少,熟人社会逐渐向陌生人社会转化,农民对所属社区及群体的认同感与归属感不断弱化甚至消失,农民逐渐"原子化"。与此相对应的是,农民的个人理性不断强化,小家庭成为农民行动的基本单位,乡村情感淡化,村民间的信任度降低,为防止其他人的"搭便车"行为,农民选择不参与集体合作,从而导致互助合作困难,这无疑增加了个体农户的市场交易成本与外在风险。据此,要形成内生性的服务动力,就必须在农村社区范围内进行资源整合,在开展文化娱乐活动的基础上建立村民社交网络,增进村民之间的来往交流,通过建立相互信任的情感联系,提高农民的社会参与度,形成内生秩序,提高合作可能性,从而更好地为农户提供服务。

4. 通过社区建设带动服务

在农村税费改革之后,村级财力不断弱化,村民自治的发展遇到现实困境(陶传进,2007),同时,随着城乡经济发展差距的日益拉大,大批农村青壮年劳动力向城市流动,使农村生活失去了昔日"田园牧歌"般的风采与活力。对此,为适应时代要求,促进农村发展,2006年10月,国务院在《中共中央关于构建社会主义和谐社会若干重大问题的决定》中提出,要以建立"管理有序、服务完善、文明祥和的社会生活共同体"为目标,积极推进农村社区建设(李增元,2010)。党的十七届三中全会进一步提出,要城乡统筹发展,推进农村改革。在现阶段,推进农村社区建设具有重要意义,既可以改变农村面貌,推动农村生产与生活发展,激发农村活力,又可以带动农业社会化服务向基层延伸,有效满足农民的需求,使农民不出社区就能享受到优质的服务。需要指出的是,推进农村社区建设与完善农业社会化服务体系二者间是互相促进的关系,加强农村社区建设可以促进农业社会化服务体系的健全与发展,反过来,通过完善的社会化服务又可以改善农村社会环境,增强社区凝聚力与认同感,从而促进人才与资本的内部循环,达到构建新型社会生活共同体的目的。

5. 发展多面合作增进沟通

自20世纪70年代起,为了确保食品安全,瑞士和日本的消费者就开始尝试与农民合作,通过签订订购合同,建立与农民共同承担生产耕作风险的机制,这一模式被称为"社区支持农业(Community Support Agriculture,简称 CSA)模式",并在世界范围内广泛传播。CSA 模式的好处在于:一是为农民建立稳定的客源,解决了生产资金不足以及销售困难等问题;二是使消费者成为农场的合作"股东",通过直接与农民进行沟通,对农业生产进行监管,从而获得健康干净的有机食品;三是可以减少中间环节，实现产销直接对接。这一发展模式突出了文化连接与精神支持的重要性，有效地加强了农民与消费者之间的利益联结，增进了相互之间的沟通与支持，有利于为当地的食品经济体系创造一个良好的环境，以实现经济、社会与自然的可持续发展。这为完善我国的农业社会化服务体系提供了一条很好的发展思路，即在目前四大服务供给主体之外，让消费者也有效地参与到农业生产与经营中来，加强对农业的了解，增进与农民的沟通，以减少中间商对农业的操纵与盘剥，维护农民与消费者的利益。通过发展多方面合作，推动城乡互动与农业的可持续发展，以实现农民、消费者、生态环境、经济、社会、文化等方面的"多赢"。

第四章 政府职能在农业社会化服务体系中的主导地位

党的十六大明确提出要建立健全农业社会化服务体系，并将政府职能定位在经济调节、市场监管、社会管理和公共服务四个方面，党的十七届三中全会倡导构建新型农业社会化服务体系要以公共服务机构为依托，这两个文件都突出强调了政府在农业社会化服务体系建设中的重要作用。结合第三章的分析，本文认为政府公共服务机构在现代农业社会化服务体系中具有主导地位，扮演着"掌舵者"、"服务者"和"监管者"的角色，其基本职能应该是目标达成、公益性服务供给和监管调控。那么，长期以来政府公共服务机构究竟扮演了何种角色？发挥了什么作用？在服务中存在什么问题？如何对其进行改进？这将是本章要进一步解决的问题。

一 政府公共服务机构在农业社会化服务体系中的角色地位

（一）政府公共服务机构的地位和作用

政府公共服务机构是我国农业社会化服务体系的重要主体，在体系发展过程中一直扮演着关键角色，尤其是家庭联产承包经营责任制在我国农村全面推行以来，农户成为具有独立经营权和经济利益的生产经营单位，其服务需求要比过去集体化时期复杂得多，不仅需要产前和产中服务，更需要产后与流通服务。面对数量庞大而又高度分散的农户家庭，政府公共服务机构一直是最强有力的服务单位，不仅承担着为农户提供公益性服务的功能，而且对其他服务供给主体的行为与功能进行管理与调控，在体系中处于主导地位。政府公共服务机构包括政府涉农行政部门、各级基层政府、乡镇级派出机构、官办合作经济组织和村级集体组织，主要集中在县、乡镇和村三级，提供的服务包括生产资料供应、信息咨询、农业技术推广、金融信贷以及农产品加工、运输和销售等。政府公共服务机构在农业社会化服务体系中的主导地位及其在公益性服务供给和管理与协调方面的功能，决定了其在促进农业生产发展和推动农业社会化服务体系建设方面发挥着极为重要的作用，主要表现在以下三个方面。一是目标导向作用。政府公共服务机构作为我国农业社会化服务体系的管理者和指导者，掌握着信息传播、科技推广等多方面的资源与权力，在发展目标制定、政策引导、布局规划、战略研究等方面承担着重要职能，引导着农业社会化服务体系的发展方向和服务开展的重点领域。二是管理协调作用。政府公共机构通过提供服务，对农村经济发展进行指导和管理。同时，凭借其权力与权威，对体系内部的各个社会化服务供给主体及其行为进行管理控制和组织协调，在配置资源、优化结构和维持体系正常运转方面发挥了重要作用。三是带头推动作用。政府公共服务机构作为农业社会化服务体系中组织制度较为健全和权威性较高的服务主体，在整合资源和开展服务方面具有很多优势，在公益性服务项目中发挥着带头推动作用。农业社会化服务活动的开展离不开政府公共服务机构的指导与调控，它对农业生产进行指导与调整，同时对农户的生产经营进行资助和扶持。因此，政府公共服务机构在公益性服务供给、宏观调控、管理协调等方面不可或缺，其主导地位不可动摇，仍然具有较大的改进潜力和发展前景。

（二）政府公共服务机构的服务层次与内容

在服务范围上，政府公共服务机构提供的农业社会化服务最全面，服务覆盖的范围也最广泛；在服务层次上，大体形成了以县、乡两级专业经济技术部门为依托，以村集体为基础的服务结构。

1. 县级服务

县级服务在政府公共服务中具有非常重要的地位。因为县一级作为一个比较完整的经济社会单元，是农村与城市的结合点，在执行国家政策上发挥着枢纽作用，同时在组织管理上又具有自主决策作用。一方面，通过贯彻落实国家的宏观计划为农户提供相应的生产服务；另一方面，独立组织、管理、协调涉农服务机构，根据县域经济的特点决定农业服务的重点与目标。县级农业服务主要包括：农业技术部门组织的农技推广服务、农业机械服务、良种繁育服务；林果部门提供的林果生产服务；畜牧部门提供的畜牧生产防疫服务；其他涉农部门提供的金融信贷服务、信息咨询服务、水利管理服务、气象服务、人才培训服务和法律公证服务等。从县级提供农业社会化服务的现状来看，由于经费不足、体制不顺、人才断层等问题，农业科技研发推广与农民实际需求之间缺乏有机联系，县级农技推广服务无法有效抵达农户。

2. 乡镇服务

乡镇作为农村区域内的政治、经济、文化和教育中心，是连接县城与农村的关键层次，是农业社会化服务体系中承上启下的关键环节，国家及县级以上的各种农业服务要通过乡镇服务机构才能传递到农户那里。乡镇行政职能部门依靠自身所具备的资源与实力，向农户提供农用机械购买或租赁、技术指导、疫病防治、生产资料供给、农业经营管理、产品销售、植物保护、基础设施建设等各项服务。乡镇级社会化服务单位主要有：农业经营管理站、农业技术推广站、农机站、畜牧兽医站、物资供应站、植保站、水利站和乡镇信用合作社等。随着市场化改革的深入，各类经济技术部门的利益日趋多元化。一方面，其承担着为农户服务的行政职能，具有一定的行政权力与手段，能够获得国家财政或银行信贷的支持；另一方面，面对激烈的市场竞争，为赢得生存空间，乡镇级经济技术部门也逐渐实现市场化转型，经营性服务增多。

3. 村级服务

村级集体组织位于农业社会化服务体系的最底层。一方面，其直接与农户发生联系；另一方面，其与各级政府部门及社会服务组织有往来，发挥着基础性作用。村级集体组织虽然不属于政府行政序列，但实际上一直充当着协调、管理农村社会的角色，尤其是在承接农业社会化服务方面十分重要。现有村级服务组织大多是在计划经济时期原有生产队的基础上建立的,以物资供应组、农机组、植保组、农技组及村级服务站等为主要形式,内容主要集中在"几个统一"项目上,如统一采购、统一机耕、统一播种、统一收割、统一脱粒和统一灌溉等。相关研究表明,目前村级集体组织为农户提供的农业社会化服务项目主要包括综合性农业服务和单项农业服务两类(涂圣伟,2009)。综合性农业服务是指在农户生产经营各个环节都需要的服务,包括资金融通、技术指导、信息咨询、技术培训等,而单项农业服务则只针对农业生产经营中的某一环节提供服务,包括农资购买、机耕、机播、植保、收割、贮藏、加工、运输、销售等方面。

(三)政府公共服务机构的发展历程

到目前为止,中国政府公共服务机构的发展历程主要可分为3个阶段,分别是1949~1978年的组织构建期,1978年至20世纪90年代的组织形成期,以及20世纪90年代至今的改革推进期,各个阶段的政府公共服务机构表现出不同的历史特征。

1. 组织构建期(1949~1978年)

新中国成立以后,在计划经济的背景下,我国初步建立以垂直科层制管理为主要特征的服务网络,包括生产型、流通型、金融型服务组织,涵盖农技、农机、水利、气象、畜牧等国家经济技术部门,以及在20世纪50年代初成立的中华全国合作社联合总社(全国供销合作社前身)和农村信用合作社等服务组织。供销合作社在这一时期发展迅速,并在全国范围内形成了一个上下连接、纵横交错的流通网络,不仅有效地满足了农民的生产生活需要,促进了农村商品的流通,而且成为连接政府与农民的桥梁和纽带。但这一时期建立的服务网络主要由政府主导与控制,由国家统一经营、统一分配,自上而下的行政管理手段应用普遍,政令下达与服从较多,服务意识缺乏。在人民公社时期这一特征更加明显,农资配送、农业生产、科技服务及流通销售等环节都由社队把持,服务的内容和形式较为单一,服务组织也具有政府延伸机构的性质,村级集体服务主要依托社队经济开展,走的是"一大二公"的道路。由于强调资源高度集中,服务形式比较单一,而且具有明显的地域性、行政性和集体性,所以服务手段与内容都缺乏灵活性，村级集体服务的活力不足。所以有学者总结这一时期农业社会化服务体系的特点是部门所有与科层制管理（郁大海，2001）。

2. 组织形成期（1978年到20世纪90年代）

党的十一届三中全会以后，农村开始实行以家庭联产承包经营责任制为基础、统分结合的双层经营体制，将农民从原有僵化的体制中解放出来，解放和发展了农村生产力，极大地促进了农业生产效率的提高，使粮食产量迅速从长期短缺的状况扭转为总量基本平衡（见图4-1），提高了人民的生活水平。为完善以家庭联产承包经营责任制为基础、统分结合的双层经营体制，国家逐渐将"统"层面的功能下放到村一级，社队组织形式也转变为村级集体组织，原计划经济时期的集体服务转为由村级集体组织提供。随着市场经济向纵深方向发展，我国农业开始参与国际市场竞争，家庭联产承包经营责任制遇到了发展瓶颈，制度性局限逐渐突出。在这种体制下，土地的所有权虽然仍属于集体，农民只有使用权，但农民与集体之间缺乏利益联结，农村集体所有权处于虚置状态，导致农村重新陷入历史上无法克服的小农困局，农业生产效率提高的空间变得越来越狭窄，分散小农与千变万化的大市场之间的矛盾越来越突出，农业生产的比较利益下降，农民成为市场竞争中的弱势群体。为满足农户在产前、产中、产后环节的服务需要，政府开始将"农业社会化服务"提上议事日

图4-1 粮食总产量（1949~2011年）

资料来源：根据历年统计年鉴整理所得。

程，国务院在1984年发布的《农村工作的通知》中提出，要加强社会服务，推动农村商品生产发展。在1986年的国家一号文件中再次强调要实现"生产服务社会化"。在政策的号召下，一些国家经济技术部门如农业局、林业局、科技局等逐步向基层延伸，在乡镇建立农技站、农机站、水管站、林业站、畜牧兽医站、经营管理站等，在村级设立农民技术员和科技示范户，不断完善职能，为农户生产服务，建立纵向延伸的涉农服务部门。

3. 改革推进期（20世纪90年代至今）

1990年12月，国务院在《关于一九九一年农业和农村工作的通知》中，着重强调要大力发展农业社会化服务体系，并明确指出农业社会化服务体系的范畴，包括合作经济组织内部的服务以及国家经济技术部门和其他各种服务性经济实体为农业提供的服务。在随后的一些政策性文件中，中共中央不断提出要完善农业社会化服务的功能，促进服务组织多样化发展，倡导建设由国家经济技术部门、集体经济组织和各种专业技术协会等农民组织交叉构成的服务网络，鼓励多种合作与联合。但随着市场经济体制的发展与政治改革的推进，到20世纪90年代中期，农村各类经济技术服务组织如供销社、农资站、农机站、农技站、水利站等都经历了机构精简与体制转换，逐渐走向衰落，呈现"网破、线断、人散"的局面。到目前为止，这些基层服务站所要么倒闭，要么已经基本实现了企业化、社会化和市场化，我国各级农业经济技术机构和人员的数量呈下降趋势，尤其是在乡镇一级，农业技术人员的数量下降最快（张茜，2009）。1994年分税制实行之后，受财政预算的限制，地方政府开始鼓励相关涉农部门从事商业化农业服务行业。之后，中央政府在2001年4月发布的《农业科技发展纲要（2001～2010）》中提出，要积极调动农民、企业等社会力量参与农技推广体系改革，逐步形成国家扶持和市场引导相结合、有偿服务与无偿服务相结合的新型农技推广体系。自2006年以来，中央政策又开始强调政府经济技术部门的"公益性服务"性质。2008年10月，中共十七届三中全会明确指出，构建新型农业社会化服务体系要以公共服务机构为依托，坚持公益性服务和经营性服务相结合，专项服务和综合服务相协调，倡导将政府经济技术部门提供的公益性服务与市场力量提供的经营性服务相结合，以应对农业生产发展面临的各种问题，完善政府经济技术部门的服务功能。

（四）政府公共服务机构的社会化服务现状

从农村经营体制来看，我国实行的是以农户家庭经营为基础、统分结合的双层经营体制，但实际上，"分"的功能不断加强，"统"的功能并没有真正实现。国家一度希望通过发展壮大村集体经济来完成"统"的任务，但是改革开放30多年来的实践表明，村集体组织的服务功能尚没有得到充分发挥。虽然国内存在一些成功案例如华西村等，但这只属于个别现象，具有环境与条件上的特殊性，其发展模式不可能复制到其他地区，因为村级组织之所以能在像华西村这样的地方扮演着重要角色，主要是因为该村拥有农村工业的支撑，拥有把资源资本化的能力。在取消农业税以前，村级集体还具有一定的财力为农户提供诸如灌溉、机耕、机播、统一植保、水利、教育等服务，但在取消农业税以后，随着国家权力的不断退出，作为村级财政来源的"三提五统"也被取消，再加上乡村体制改革极大地约束和弱化了农村基层的权力，直接导致乡镇一级财源的枯竭，村集体组织的运转也自此变得日益困难，难以保障基本的开支，村级债务逐渐增多。在这种情况下，村级集体根本无力为农户提供相应的服务，"统"的功能大打折扣，导致上级政府下达的各项政策难以落实，实际工作目标难以真正实现。一些村干部为了规避风险，开始采用消极、不作为的工作态度与方法，服务农户的意识不强，将服务功能让位于市场，导致国家与农户之间出现"真空"，提高了市场交易成本，增加了农户的市场风险。到目前为止，大部分村级集体服务都已日渐衰微，有其名而无其实。政府经济技术部门则延续了计划经济时的管理体制，各部门之间分工不明，同一服务往往由几个部门共同负责，而且各部门之间缺乏合作，各自为政，严重影响服务的水平和效率，已不能适应市场经济的发展需求，亟待转变政府职能，由"管理"变为"服务"。分散的小农在激烈的市场竞争面前，不具备进行谈判与竞争的能力，处于不利的弱势地位。在从事农业生产的比较利益下降的情况下，大量农村青壮年劳动力向城市转移，使农村人才不断流失，留守的只剩下老人、妇女与儿童。农村由过去的熟人社会转变为陌生人社会，个体化、"原子化"现象突出，货币化的计算方式导致农户只关注各自的家庭利益。村集体服务功能的衰微，不仅导致农业生产效率难以提高，也使农村生活日益凋敝，更在一定程度上加剧了农户自发合作的困境。对此，中央政府在1991年下发的《关于加强农业社会化服务体系建设的通知》中指出，村级集体经济组织是发展完善农业社会化服务体系的重要基础（涂圣伟，2009）。中共十七大报告也倡导要发展多种形式的集体经济，探索集体经济的有效实现形式。在这一历史背景下，明确政府公共服务机构的改革方向和集体服务的实现形式，是推进农业现代化进程的关键所在，也是完善农业社会化服务体系的重要途径，具有重大的现实意义。

二 政府公共服务机构在社会化服务体系中的问题

（一）政府经济技术部门面临的困境分析

1. 政府主导与农民本位

新中国成立以后，中国经历了由计划经济体制向市场经济体制过渡的过程，政府在其中扮演了非常重要的角色。在计划经济条件下，政府推动经济的运行与发展；改革开放以后发展市场经济，政府也是经济建设的主要推手，但需要逐渐改变这种主导角色，让位于其他社会力量。在农村实行家庭联产承包经营责任制以后，一家一户的分散小农在生产生活中不断呈现"原子化"状态，而"统"的经营功能没有得到充分发挥，导致农户与外部市场进行连接的过程中困难较多，如交易成本过高、信息沟通不畅、组织化程度低、谈判能力缺乏等，亟须通过政府经济技术部门将其连接起来，在服务中实现对农户的引导和管理。同时，农业社会化服务作为一项投资较大、周期较长的事业，具有部分公益性质，并不适合完全交由市场来经营管理。因此，在向市场经济过渡的早期，由政府的经济技术部门发挥主导作用，建立农业社会化服务体系是必要的，但是在这一体系初步建立之后，政府的经济技术部门就应该避免过度干预与管理，而只应当发挥宏观经济调控与市场监督的作用，保持中立。现实的情况是，在家庭联产承包经营责任制实行之初，国家曾希望通过壮大村级集体经济来发挥"统"的功能，以为分散小农提供农业服务，但是由于集体经济组织在人民公社解体之后退化为纯粹的集体土地发包方，没有了固定资产，也就丧失了提供服务的经济实力（仝志辉和温铁军，2010）。随后在20世纪80年代中期，国家提出要发展农业社会化服务，但主要得到发展的是政府经济技术部门与涉农企业。政府经济技术部门既搭台又唱戏，对农业服务过度参与，直接参与经济，使区分政府经济技术部门和企业的角色十分困难，公益性服务不多，营利性服务随处可见。农户本是农业生产与生活的主体，国家和社会提供的各种社会化服务都需要以农户需求为中心和出发点，但农户尚未自发建立代表自己的组织，无法有效与外部市场或组织力量进行谈判与沟通，导致自身的发展诉求与服务需求无法得到有效的表达。从这个意义上来看，分散小农仍然需要政府进行管理与服务，而政府经济技术部门与市场化企业一样追求市场利益，不能与农民需求进行有效对接，无法结成利益共同体。现有管理体制上的不顺，使支农资金被条块分割，投资效率低下，公益性服务欠缺，更加重了政府主导与农民本位之间的矛盾。

2. 政府失灵与市场失灵

在中国农业社会化服务的发展过程中，政府积极参与，不仅成为经济的主角，而且成为市场规则的制定者与裁判员，由于缺乏对竞争的监督，政府经济技术部门在实际管理过程中存在体制不顺、条块分割等一系列矛盾与问题，投资较大却缺乏效率。其中，最典型的就是政府涉农服务组织的"部门化"问题（王玉西，1996；仝志辉，2007）。计划经济时期形成的管理机构为加强本部门的职能，纷纷增设了多个经济实体和服务站，将机构延伸至乡镇成立"七站八所"，形成纵向的科层制管理结构，具有较强的行政管理色彩。这种"部门化"的弊端包括：加剧了各部门、各层级间的不规范竞争，导致其服务效率低下，监管和规范困难；各种服务之间不能有效衔接，增加了农户获得服务的成本；造成公益性服务短缺和以权谋利的现象等。20世纪90年代以后，随着农产品供给状况的改善，我国农产品由总量不足变为结构性供给不足，卖方市场形成，要求对农产品进行结构调整。国家适时提出发展农业产业化，扶持各种农业加工和经营企业发展，鼓励个体形式服务主体的发展，将其作为发展社会化服务体系的方法。但这种市场化途径并没有使农户的生产与生活得到改善，因为市场化主体主要追求的是自我盈利，其提供的只是经营性服务，并不会主动帮助农户增加经济利益；政府出资扶持农业企业也只是加强了企业与农户的市场交易关系，并没有对小农的发展起到直接作用。盈利与发展是企业的首要目标，不可能让位于促进农民发展，而且市场化服务主体往往会竞相投资利益较多的服务领域，对于自身利益较少、外部性效益较多的领域，一般不会涉足或会较少参与，导致弱势小农在面对高昂的服务费用时望而却步，亟须社会化服务却又无法有效地得到服务。从这个层面来说，尽管农业服务体系已经实现了"社会化"，但实质上并没有"服务"的真谛，无论是政府还是市场都是低效率的。

通过对政府经济技术部门服务情况的分析可以看出，虽然近年来国家高度重视"三农问题"并不断加大支农投资力度，但在政府经济技术部门管理体制不顺和农民缺乏组织化的条件下，我国农业社会化服务体系的建设与实施面临"双重两难"困境，既存在政府主导与农民本位之间的矛盾，也存在政府与市场的双重失灵。基于粮食安全以及中国农业可持续发展方面的考虑，农业社会化服务的建设与管理需要政府参与并发挥主要的引导作用，市场化并不是唯一有效的方法。政府经济技术部门依靠其行政权威与力量，可以有效调动、利用和整合已有的社会资源，对其他社会服务主体进行政策引导和组织协调，促进资金、技术、市场等要素的合理流动与配置。但政府经济技术部门应逐渐由"主导与指挥"向"引导与服务"转化，否则农业社会化服务中的公益性服务问题就难以得到有效的解决。

（二）乡镇涉农机构的问题

乡镇一级的服务机构作为政府涉农服务机构中的基础层次，在整个农业社会化服务体系中的作用十分重要。但税费改革以来,"乡财县管乡用"的财政体制普遍实行,导致乡镇级服务机构的财政支持减少,而要履行的各种任务却没有减少,财权与事权不匹配,已经成为开展基层农业社会化服务的最大瓶颈,使社会化服务功能无法得到充分发挥。乡镇涉农机构的服务机制与服务能力难以适应现代农业社会化服务体系的发展要求,在服务中存在的问题主要包括以下几个方面。

1. 乡镇涉农机构的服务职能模糊

农业税的取消使那些以农业为主的乡镇的财力大大减弱,在机构改革和人员精简的同时,削弱了乡镇涉农机构提供农业社会化服务的能力,致使乡镇涉农机构关系不顺,权责不清,无心履行公益性服务供给功能,而将工作重点放到完成上级政府交付的任务或单位创收上。现行乡镇涉农机构"条块分割"的管理体制存在机构职能交叉、隶属关系混乱的现象,乡镇涉农机构的责、权、利严重脱节,实际运行得不到有效的管理和约束。资金不足严重束缚了乡镇涉农机构服务功能的发挥,部分地区的技术服务设施陈旧,服务项目难以开展,工作缺乏主动性,对地方农业发展的影响较大。目前乡镇级政府还没有实现由管理角色向服务角色的成功转变,对乡镇级农业社会化服务机构的支持力度不够,重视不足,服务意识不强。随着农业产业化的发展,农民对技术、资金、信息和销售等方面的服务需求日益增长,如何理顺各种关系,完善管理职能和服务职能,发挥示范带动效应,引导农民发展生产经营,参与市场竞争,增加农业收入,是一个亟待解决的问题。

2. 乡镇涉农机构资金投入不足

农业税的取消在给农民带来实际利益的同时,使乡镇涉农机构可支配收入大为减少。乡镇涉农机构的运作经费主要来源于上级政府的财政转移支付,各项支农资金以专项资金的形式下达,但转移的额度极为有限,仅够乡镇涉农机构维持日常运转。上级政府公共服务机构对乡镇级农业社会化服务供给的重视不足,资金分配随意性较大,权力寻租的问题时有发生(郁大海,2007)。随着农业市场化、专业化程度的不断提高,农民对农业社会化服务的需求日益增长,并对服务内容提出了一些新要求,如急需农资供应、市场信息咨询、种养技术指导、产品销售等方面的服务，但是目前乡镇涉农机构的财政投入不足，严重影响了服务人员的工作积极性，服务水平与效率无法得到应有的提高，从而导致农业社会化服务需求增长与供应严重不足之间的矛盾不断深化。一些地方的乡镇级政府为了减少财政压力，对服务性机构和人员进行精简，进一步弱化了乡镇涉农机构提供农业社会化服务的能力，加剧了乡镇涉农机构在农业社会化服务方面所呈现的"缺席"状态。事实上，这些与农民生产经营直接相关的服务并不是市场和农民个体就能够完全解决的，还需要地方性政府公共服务机构的支持与帮助，各方共同承担解决。

3. 乡镇涉农机构的人力资源流失严重

到目前为止，我国已初步形成了较为完善的农业社会化服务体系，这为我国农业和农村经济的发展创造了一个良好的外部环境，发挥了举足轻重的作用。但随着城市化进程的加快和市场经济的发展，城市对农村社会的吸引力日益增大，面对税费改革后乡镇涉农机构缺乏财力支撑的困境，许多专业技术人员想方设法地调入上一级政府公共服务机构或流向城市发展，导致农技人才大量流失。郁大海2007年对苏北地区乡镇涉农机构的调查结果显示，各乡镇服务站的正规专业技术人员流失严重，在编人员大都无法拿到足额工资，乡镇级政府也不要求他们正常上班（郁大海，2007）。究其原因，除乡镇财力下降和机构改革等原因导致工资待遇不高外，还在于乡镇涉农机构的绩效考核标准不健全。目前的绩效考核标准主要是完成上级交付的任务的情况，仍然是"行政指标"式的。对服务人员的考核与职称及科研论文的发表情况密切相关，论资排辈现象突出，而对服务人员的日常工作态度、效率和效果则没有进行具体考察和关注，导致出现"干与不干一个样，干多干少一个样"的现象（蒋忱忱，2009），严重影响服务人员的工作积极性和主动性，导致人员大量流失，乡镇涉农机构的服务功能大打折扣。

4. 乡镇涉农机构市场化现象突出

近年来，随着市场经济的发展，效率优先的资源配置方式成为乡镇涉农机构改革的主要手段和方法，为减少责任与负担，一些地方将有利可图的乡镇涉农机构列归上级部门垂直管理，由上级政府提供财政支持，而将那些利润少或无利润的农技、信息、资金、畜牧、培训、防疫等与"三农"问题密切相关的服务机构推向市场，从中撤出资金，任由其自行运作，从而导致这些乡镇涉农机构为创收而主要从事经营性服务，农业生产发展所需的公益性服务项目日益减少，乡镇涉农机构的服务功能弱化，服务体系出现"断层"。将公益性服务机构推向市场，虽然能够在一定程度上缓解乡镇级政府的财政压力，却会增加农民的生产经营成本，影响农民对政府的评价，不利于在国家与农民之间形成良好的社会关系。乡镇涉农机构作为公益性服务的主要提供者，应当承担起相应的职能，以追求社会效益最大化而不是经济效益最大化为目标，不能简单地将乡镇涉农机构推向市场，而应加大财政的支持力度，将精简机构与统一效能结合起来，并努力提高农业社会化的服务水平，增强服务效果，满足农民的生产经营需求。

（三）村级集体组织的问题

就目前村级集体服务的实施情况来看，村级财力不足导致其服务功能弱化，社会化服务缺失，服务水平较低，地区发展差异明显。存在的问题主要有以下几方面。

1. 财力薄弱导致服务难以开展

在农村实行家庭联产承包经营责任制以后，农业、农村经济得到了突飞猛进的发展，但农村集体经济发展缓慢，尤其是在取消农业税和乡村治理体制改革以后，农民的负担得到了减轻，收入得到了增加，但基层的财力不断削弱。各级政府对村级集体经济的财政转移支付减少，使收入渠道单一的集体经济遇到了前所未有的挑战，组织运转困难，村级财力下降，村级负债现象严重，相当一部分地区的农村基层组织由于缺乏财政支持而仅处于维持状态，难以承担为农户提供农业社会化服务的重任。村级集体组织本来具有突出优势，由于其处于基层，最贴近农民，最了解农民的需求与意见，因此最有条件通过服务把农民组织起来，承担沟通市场与农户的角色，为农户排忧解难。但现实情况是，由于村级集体经济财力薄弱，维持基层组织的正常运转尚且困难，更谈不上满足农民的服务需要、改善农村基础设施和开展相关服务事业等，上级政府下达的各项政策与组织工作目标难以落实和实现。村级集体经济实力的弱化，还导致基层工作岗位丧失吸引力，农村精英大量外流，行政管理队伍极度不稳定，虽然一些村干部认识到发展村级服务方便农民生产生活的重要性，但由于缺乏运行资金，各项计划都难以有效展开。总之，村级财力薄弱已成为阻碍农村基层工作运行的一个重要问题，发展壮大农村集体经济，增强其服务实力，是完善农业社会化服务的重要基础，具有重要的意义。

2. 政府扶持缺位导致发展动力不足

从1991年中央政府下发的《关于加强农业社会化服务体系建设的通知》到近年来国家连续发布的几个一号文件，都一再强调要发展村级集体经济组织，将其作为完善农业社会化服务的重要基础与手段。但是在实际操作层面上，各级政府对发展村级集体服务重视不够，支持政策较少，缺乏促进村级集体服务发展的专项投资，导致集体服务发展乏力，服务效率低下。目前国家与社会各界对政府经济技术部门、龙头企业和农村专业合作组织等较为关注，政策扶持力度也较大，而对于村级集体组织的关注则较少，并且主要集中在村庄治理、村民自治、政治民主化、公民参与等方面，对村级集体服务农户的功能关注较少，忽略了其在资源动员方面的优势。国家对发展村级集体服务重视不足，缺乏总体规划，在各项政策的制定上也少有具体涉及，规范性指导与政策性支持较少。当前，贷款审批权上移等问题导致村级贷款困难、资金短缺，同时，土地使用等方面的限制也使村级集体服务的发展壮大面临困境，难以有效履行为农民生产生活服务的功能，亟须政府给予必要的关注与支持。为促进村级集体组织更好地为农户服务，各级政府应提高认识与重视程度，为其发展创造一个良好的政策环境与舆论氛围，强化村级集体服务的优越性，加强引导与支持，使其走上可持续发展的道路。

3. 集体观念缺乏导致合作陷入困境

20世纪80年代，"分田到户"打破了人民公社时期高度僵硬的农业生产体制和不自由的集体化生活局面，农民获得了土地使用权和经营自主权,生产力得到了解放,农民的生活水平也得到了提高。当许多人还对这一集体经济发展历史记忆犹新时,重提发展村级集体服务可能会让很多人产生怀疑。但是我们应该看到,一家一户的小农分散经营根本无法有效应对变幻莫测的市场风险,无法承担建设现代化农业的重任,而村级集体服务是发挥"统"的功能的重要基础,具有极大的优越性。在村域范围内,农民之间相互了解、熟悉,信任度较高,同时,村级集体组织由于处于基层,贴近农民,更能了解农民的需求与意愿,因此也更便于为农户提供农业社会化服务。但是,受几千年来小农经济的影响,农民"私"的观念比较重,再加上市场经济的影响,农民逐渐"原子化",个体理性加强,形成了货币化思维,集体主义观念受到削弱。事实上,农民的个体理性并不会必然形成集体理性,因为当一个农民为追求个人利益最大化而去种植某一作物的时候,其他人也会遵循这一思维种植同一作物,结果是产品供大于求,价格下降,最终影响了农民的收益。同时,个人理性思维无法抑制"搭便车"行为的发生(Partrick H. Mooney, 1995)。在传统宗族、道德、文化等力量约束弱化、乡村社会关联度大幅度下降的情况下,农民在行动时增加了对他人是否会"搭便车"的考虑,从而导致合作陷入困境。

4. 人员素质不高导致服务意识薄弱

目前,村级集体组织管理队伍的素质普遍不高,能力不强,缺少专业的管理技能与责任心,成为制约农业社会化服务在农村基层全面推行的重要因素。税费改革之后,随着村级财力的下降,基层组织负债严重,维持正常运转十分困难,从而影响了村干部的工作积极性,一些村干部认为发展村级集体服务是费力不讨好的事情,因而在工作上消极不作为,缺乏应有的服务农户的意识。同时,随着城市化的发展,众多农村人才与资本纷纷流向城市。另外,由于对计划经济时期高度集中的集体经济存在负面记忆与理解,一些村干部对发展村级集体服务认识不足,缺乏信心与热情。村干部作为村里的带头人与榜样,理应起到模范带头的作用,然而目前他们的工作状态存在问题,并影响了农民群众的认识与理解。村庄内部缺乏集体观念与公共意识就无法形成合作,不能内生出强有力的凝聚力量,也就无法促进农业、农村经济的发展与农民收入的提高。村干部应该高瞻远瞩，具备相应的管理技能与文化素质，切实为农民的利益着想，促成农民合作。面对目前村级集体服务短缺的困境，村干部应发挥应有的带头与示范作用，为发展、完善农业社会化服务提供良好的环境。

三 发展村级集体服务的可能与创新

（一）发展村级集体服务的可能性分析

至今可能仍有许多人对计划经济时期实行的集体主义的社队经济体制记忆犹新，因而对发展村级集体服务持怀疑态度。但在当前政府力量与市场资本都无法有效满足农户服务需求的现实情况下，发展村级集体服务是具有可能性的，主要表现在如下几个方面。

1. 具有发展所需的组织基础

在人民公社时期社队经济体制的基础上，逐渐发展出村级集体经济组织，如村委会、村党支部、民兵、妇联等，这构成了村级集体服务的组织基础。村委会与村党支部在农村社会中具有一定的权威与号召力，并发挥着服务农户的功能，如对集体土地进行管理，为农户提供产前、产中、产后的一些服务，落实国家政策、法律法规，传递市场信息，普及科技知识，对外联系就业，组织农村建设等，成为发展村级集体服务的重要组织载体。同时，作为联结国家与农民的纽带，村委会和村党支部发挥着缓解各种社会矛盾、协调社会关系的作用，其与农民的联系较为紧密，能及时了解农民的各种需求与想法。当前分散小农虽然日益显现出个体化和"原子化"的特点，但是在社会分工扩大与市场竞争加剧的情况下，他们对服务的需求不断增多，迫切需要社区性服务组织为其提供集体服务。依托村委会与村党支部发展村级集体服务是比较切实可行的，可以减少组织成本，充分运用村两委的权威与动员能力开展服务工作，促进农业生产与农民生活水平的全面提高。

2. 具有发展所需的人力资源

在村域范围内，不仅村两委具有固定的干部队伍，专门从事村内事务的管理与运营，同时，农村改革与城市化发展还造就了大量有文化、有技能、懂经营、会管理的农村人才。改革开放30余年来,虽然农村人地关系紧张以及市场竞争加剧等原因导致大量农村劳动力流入城市,但经过这一过程,农民的视野得到了开阔,思想观念得到了转变,其在市场经济的锤炼下逐渐形成了商品经济意识,提高了市场竞争能力。在这种情况下,广大农民对学习与拥有一技之长的渴望不断增强,随着各种类型教育和培训机会的增多,农民的素质与技能水平都得到了不同程度的提高。另外,在国家相关政策的引导下,教育、培训与技术推广的力度不断加大,农村行政管理人才的队伍建设也得到了不断的加强。同时,国家通过科技特派员和专家入村以及选派大学生"村官"等手段,为推动村域经济发展和增加农民收入提供了智力支持,也为发展村级集体服务积累了丰富的人力资源。

3. 具有乡村社会资本与文化资源

乡村社会蕴含丰富的社会资源,社会资本与乡土文化在组织构建与管理过程中发挥了重要作用。以血缘和地缘关系为纽带,农户在长期的生产劳动与日常生活中相互结成了相对稳定的社会关系网络,在网络范围内人们之间相互信任、互帮互助,在一定程度上促进了资源的分配与调节。例如,乡规民约、庙会、祭祖、社戏等文化,对于促进社会团结具有重要影响,增强了农民的社会认同感,同时也有利于乡村社会的治理。同时,还可利用宗族在乡土社会的权威,借助道德规范来调节乡村社会矛盾,协调各种社会关系。乡村是农户生产与生活的主要活动场所,在此空间范围内的乡村社会资本与文化资源,具有资源整合与能量转化的积极功能。发展村级集体服务,要充分开发与利用这些社会资源,形成良好的社会基础,提高组织管理与运行效率,更好地为农户服务。

4. 农户对服务有需求

当前一家一户的分散小农难以与外部市场有效对接,受国际农业市场竞争的影响,农业生产的比较利益下降,农户收入过少,他们虽然对服务的需求较大,但主要是对公益性质的无偿农业服务的需求量较大,他们仅能支付得起某些服务,对于许多收费较高的经营性服务只能望而却步。中国有9亿农业人口,完全由国家财政出钱为小农提供全面的农业服务是不可持续的,这样只会加重国家的经济负担和增加制度成本。只有像日本和韩国那种土地与人口都相对较少的国家，才适合由政府承担农业服务，以保证制度运行的效率。立足于当前中国的现实国情，通过壮大集体经济与发展村域经济来为农户提供农业社会化服务是比较可行且相对有效率的，有利于减少制度运行成本，节约社会资源。

（二）发展村级集体服务的必要性分析

1. 推进农村社区建设的重要途径

农村社区是农民进行生产、生活与文化娱乐的主要活动场所，截至2008年底，我国有7.2亿名农村居民居住在农村社区，占我国人口总数的54.3%。农村社区作为农民赖以生存的重要活动空间，其基础设施和服务状况极大地影响着农村居民的生活质量和综合素质。改革开放以来，农业、农村经济发展迅速，农民生产与生活水平也大幅度提高，但仍然存在农村社区基础设施和服务不健全的状况，给农民的生产生活带来诸多不便，严重制约了农村社会的全面发展。目前广大农民对推进农村社区建设的呼声很高，热切希望能有效改善农村社区的条件，缩小农村与城市社区的发展差距。发展村级集体服务，不仅可以减少农村资金外流，促进资本的内部循环，从而获得外部效益，改善农村的社区环境，同时还可吸引外部资金、科技、人才、信息等资源进入农村社区，为农户的生产与生活提供全面服务，促进社区经济良性发展，提高农民的生活水平。发展村级集体服务还可以增强农民的集体行动意识和能力，促进农民实现组织化，降低农村治理成本，加快农村的民主化进程，实现农村善治。另外，还可以有效利用农村"熟人社会"的特点，通过伦理道德力量对个体行动进行限制，克服"搭便车"行为，抑制农民的"原子化"倾向，增强社区凝聚力与认同感，营造良好的社会环境与文化氛围，促进社区团结。

2. 完善农业社会化服务体系的关键手段

在计划经济时期，政府经济技术部门通过人民公社体制提供全面的农业服务，但农业生产成本过高而收益未有明显增加，导致集体经济在20世纪70年代严重亏损，负债严重。由于政府全面提供农业服务不经济且缺乏效率，人民公社解体以后，农村地区实行家庭联产承包经营责任制，政府公共服务机构开始从农业服务中退出,"七站八所"只设立到乡一级,服务无法落实,村级集体组织作为内联农户外联政府与市场的组织力量,在当时的历史条件下发挥了重要作用。但随后因为财力不足难以承担为农户生产与生活提供服务的功能,村级集体组织也逐渐退出了农业服务领域,导致农业社会化服务的"断层"。面对复杂多变的市场需求,分散小农根本无法进行自发调整,在生产上具有很大的盲目性;在农产品流通与销售方面,小农户缺乏谈判与决策能力,难以抵御市场风险。尽管像龙头企业这样的市场资本进入农村后开始将小农与市场联系到一起,但这种外生性的力量是不可持续的,同时在利益联结机制上也存在诸多问题,小农终难维护自身利益和控制生产过程。而发展村级集体服务,是完善农业社会化服务体系的重要手段,可以迅速为农民提供服务,有效满足农民的需求。

3. 推进农民合作的迫切需要

为与国际市场接轨,农业产业化与社会化已成为当前的发展趋势,分散的小农生产经营方式已越来越不适应发展的需要。同时,传统乡土社会以血缘关系建立起来的非正式组织也失去了昔日的影响力。再加上市场经济的发展与社会流动速度的加快,农民之间的社会联系不断趋向理性化、货币化,农民的个体化、"原子化"现象突出,农民的合作能力也在下降。如果农民不合作,就无法有效解决市场交易成本过高的问题。促进农民合作,实现农民自组织,可以整合生产要素,提高农业效率,实现农业生产的集约化和规模化,从而与农业产业化和社会化的要求相对接。发展村级集体服务,不仅可以使农民的服务需求得到满足,还可以使农民在参与服务的过程中获得收益,学习相关市场知识与管理经验,促进合作能力的提高。

4. 实现农业现代化的应有之义

当前,我国已进入改造传统农业和调整农业产业结构的关键时期,农业、农村正经历着广泛而深刻的变革,实现农业现代化是与国际社会接轨的必由之路。农业现代化是指由传统农业向现代农业的转型过程,即运用科学技术和先进管理方法改造传统农业。2007年中央一号文件明确提出要发展现代农业,将其作为建设社会主义新农村的基础、促进农民增加收入的手段和提高农业生产率的途径。实现农业现代化的前提条件就是建立完善的农业社会化服务体系，而村级集体服务作为服务向下延伸到基层的最后一个环节，内联农户外联政府与市场，扮演着服务中介的角色，可以有效解决分散小农因为规模小、力量弱所无法解决的信息短缺、资金不足等问题，尤其是科技和信息这些具有公益性质的服务，迫切需要由村级集体组织提供。发展村级集体服务是实现农业现代化的应有之义，不仅可以促进规模化、集约化和标准化生产，有效降低生产成本，提高农业生产效率，还可以将农民组织起来，使农民的主体地位得到加强，促进农民文化素质、市场谈判与竞争能力的提高，增加农民收入。

(三) 村级服务发展中的创新模式

当前部分地区在发展村级集体服务方面进行了大胆的探索与创新，创造出适合地区生产力发展水平的村级服务新形式，给农业、农村经济发展注入了活力。

1. 村级综合服务站

为适应激烈的市场竞争，增强村集体组织"统"的功能，各地探索出以创办村级综合服务站来服务农户的思路，提高了农民的收入与社会化水平，促进了农业社会化服务体系的发展与完善。一般采取多元化的资金筹集机制创建村级综合服务站，包括供销社出资、私营企业出资、各级政府出资、村委会出资及农民出资等，形成农资配送的专业化渠道和服务网络。例如，浙江省嵊州市以供销社为主要载体创办了村级综合服务站，建立了全市范围内的农资配送网络，还通过服务站开展农技推广活动，帮助农民种植、养殖适销对路的产品，有效降低了生产成本，促进了商品流通和农业技术信息的传播，提高了农民的收益（陈伟，2002）。多数村级综合服务站都是在供销社体制改革的基础上建成的，服务项目随着农民的需求不断扩展，服务内容日益多样化。村级服务站的建立，是对完善农业社会化服务体系的有益探索，不仅改善了农村的消费环境，方便了农户的生产与生活，还加强了农村市场与流通体系的建设，将小农户与大市场联系在一起，推动农业的产业化与现代化进程。

2. 村集体 + 中介组织 + 农户

近年来，各地纷纷把发展村级中介组织作为服务农户的重要手段和推进农业、农村经济发展的重要载体，充分结合村域资源条件与经济基础，发展具有优势的服务中介组织，形成了"村集体 + 中介组织 + 农户"的服务形式。目前，村级中介组织的类型主要包括：农村经纪人、专业合作社、专业技术协会、龙头企业、县乡涉农部门等。同时，农村能人带动服务农户的作用也十分明显。例如，安徽省涡阳县陈大镇的养猪能手宋孝礼，扶持了1080户热心养殖、家庭困难和诚信度高的农户，为其提供相关服务，帮助80%以上的农户脱贫致富，30余户发展到年出栏量300头以上的规模（国家统计局安徽调查总队，2007）。另外，结合本研究于2010年7~10月对陕西16个典型示范村经济发展情况的调研可发现①，各村委会依靠优势产业，纷纷创建了农民专业合作社或技术协会，对这些合作组织进行管理与引导，通过合作组织将农户结合起来，并为其提供农资供销、技术指导、产品销售与流通等农业服务，有效降低了生产成本，提高了产品的质量，实现了标准化、集约化生产。一些合作社还注册了自己的品牌，通过了绿色食品认证。

3. 村级便民服务中心

2006年10月中央发布的《关于构建社会主义和谐社会若干重大问题的决定》中指出，要推进农村社区建设，健全社区管理与服务体制。在对此思想的实践中，村级便民服务中心不断在全国各地涌现，成为乡村的新型服务形式。村级便民服务中心主要以服务农户为宗旨，在县、乡（镇）、村三级形成便民服务网络，为农户代办、帮办各项事务。村级便民服务中心主要是由村民委员会设立并受其管理的，同时也接受上一级乡镇便民服务中心的指导，成员主要由村委会成员、大学生"村官"及热心村民组成，针对农户的生产与生活需求提供丰富多样的服务。服务内容主要包括民政服务、计划生育服务、劳动保障服务、住房和城乡建设服务和农林服务等。农业生产方面的服务主要有：农资供销、农产品市场信息的发布、

---

① 具体细节详见第六章的相关论述。

相关支农惠农政策的传达、植物保护、农业技术推广、动植物防疫、机耕机播、教育培训等。村级便民服务中心的建立，给农民的生产与生活带来了极大的方便，使农民不出门就能在村内享受到相关服务。目前，村级便民服务中心的服务范围仍在不断扩大，几乎涵盖了生产和生活的各个领域，服务内容丰富，在村一级集聚了各种社会资源，形成了服务农户的合力。农民在服务中心即可购买到各类物资，价格公道，质量有保障，同时农民还能及时了解有关种植、养殖、加工等方面的市场信息与技术信息。服务往来有利于缓解干群矛盾，提高基层组织的影响力与号召力，维护社区的团结与农村社会的稳定。

四 政府公共机构社会化服务的改进思路

（一）政府角色转型与职能转变途径

改革开放以来，随着经济社会环境的变化，中国政府机构面临转型的压力。为提高工作效率和加强社会参与，中国政府已在政治改革方面进行了诸多努力，20世纪90年代对政府经济技术部门进行的市场化改革取得了明显成效，促进了服务市场化与私有化的进程，这也是中国政府对角色转型与职能转变进行的初步尝试。由政府提供公共服务虽好，但势必增加政府的财政负担，同时，管理系统的"部门化"及官僚作风问题导致服务功能单一、缺乏活力等，不利于化解服务链条上的各种矛盾，影响服务农户的实际效果。国际经验已表明，"去中心化"与"私有化"已成为当代政府部门改革与发展的主题。通过政府与私营公司签订合同的方式将服务外包，并对接受服务者收取一定的经营费用，在世界各国已是较为普遍的现象（Mildred，2003）。由市场化主体提供服务有其好处，为提高市场竞争力，市场化服务主体会通过提高服务效率与质量来吸引农户，其一般具有较强的服务意识，而且具有专业化技术与管理能力，易形成规模经济，减少交易成本。从目前中国农业社会化服务体系的发展与运行情况来看，农户也越来越倾向于通过市场化主体而不是政府经济技术部门来获得相关的服务。在这个意义上，政府经济技术部门与作为市场化服务主体的龙头企业和私营经销商之间存在明显的竞争关系。这种竞争关系导致农业社会化服务市场出现无序与不规范竞争状态，比如，一些地方政府的经济技术服务部门利用国家的农机补贴政策，强制农户到其指定的部门购买所需生产资料，而作为竞争对手的市场化服务主体为吸引更多农户前来购买竞相压价，压价的手段是掺入一些假冒伪劣产品以降低成本，这些不当竞争最终只会导致农户利益受损。因此，政府经济技术部门在新的历史时期迫切需要进行改革和组织制度创新。在具体的改革导向上，政府经济技术部门的制度创新应该是建立在合作基础之上，而不应该是建立在竞争基础之上的。应该看到，市场化主体与民间主体在提供服务方面都具有较大的发展潜力。政府部门应逐渐从传统意义上的服务提供主导者、竞争规则制定者和强制推行者的角色向服务参与者、服务网络构建者和合作促进者的角色转变，加强政府与私营企业及民间社会团体的合作与交流，积极构建多方社会主体共同参与的合作型社会化服务网络。同时还要重新进行功能定位，由管理功能向服务功能过渡，以"放权、转移与参与"为改革方向，不断创新管理机制以平衡社会化服务体系中各供给主体之间的关系，制定公平的规则，确保广泛的社会参与。"放权、转移与参与"的具体含义包括以下几个方面。

1. 适度放权，由"全能政府"向"有限政府"转变

在当代中国社会结构不断变化的形势下，所谓适度放权就是政府公共服务机构不断"去中心化"的过程，逐步减少对市场经济领域的过度控制和干预，主动"减负"并向社会进行适度分权，以增进农业社会化服务发展的活力。政府公共服务机构的存在不是为了控制与管理，而是为了服务社会、服务农户。管理只是手段，服务才是真正的目的，不能反客为主、本末倒置。由于历史的原因，我国农村社区服务功能以及民间服务功能仍未得到深度发展，国家与社会的良性关系还没有形成。外部经济社会环境的加速变化加大了政府单方面提供服务的难度，"全能政府"包办垄断的局面已经难以有效地满足农民日益增长的服务需求。从这个意义上讲，经济社会结构的发展变化要求政府职能的转变，需要以理性设计来推动政府行为的重新构建，实现政府由社会控制向社会服务的方向转变。对此，政

府部门需要不断下放其财政与管理权力，为地方政府根据区域特点充分调动地方资源服务。这并不代表政府部门丧失了在社会化服务体系中的主导地位，只是在一定程度上削弱了政府部门的控制能力，以促进其他供给主体的参与，培育社会的服务能力和参与能力，从而妥善处理好国家与社会、政府与农民的关系，真正把推进现代农业社会化服务体系建设作为服务型政府的主要职能。

2. 合理转移，由"直接管理"向"间接管理"转变

所谓合理转移是指政府公共服务机构需要从一些不擅长的专业化服务领域中撤出来，放手交由市场化或民间化的供给主体去做，以充分发挥其他社会供给主体在提高服务水平、规范市场行为和反映社会诉求方面的重要作用。要实现政府职能的转变，关键是要改变政府服务的理念，从"直接管理"向"间接管理"转变，实现"强政府、大社会"的格局。改革开放以来，民间性社会服务组织正在逐渐成为推动农业社会化服务向前发展的动力，各类农民专业合作组织、行业协会、服务联合体和社区服务组织的建立与完善，不仅提高和增强了农业社会化服务的水平与农民的自组织能力，而且在政府供给与农民需求之间架了一座沟通的桥梁。对此，政府要充分利用市场化与民间性供给主体在组织、技术与管理上的优势，扩展服务领域与服务内容，提高服务质量与服务效率，以充分发挥各供给主体的功能，实现主体之间的功能互补，增强农业社会化服务体系的活力。同时，还要大力支持市场化企业和民间性社会服务组织的发展，在政府与农村社会之间形成一条"缓冲带"，以承接从政府职能中分离出来的技术性和供销性服务，避免政府公共服务机构对微观服务领域的直接干预，扩大民间服务的自主活动与发展空间，以政府购买服务的方式来实现公共利益最大化。

3. 科学参与，由"管制型政府"向"服务型政府"转变

所谓科学参与是指政府公共服务机构作为现代农业社会化服务体系的引导者与监管者，其主导角色不能丧失，但要在做好本职工作的基础上，对体系发展进行全面指导，协调处理好各服务供给主体之间的关系，提高社会力量的参与度。针对当前农业社会化服务体系建设财政投资不足的问

题，要加大财政体制和投资体制的改革力度，逐步建立财政预算的硬约束机制，强化政府公共服务机构的公益性服务供给功能，确保体系建设有专项的财政资金。政府必须主动从竞争性服务领域中退出，因为建立在竞争基础上的服务网络，只会导致市场秩序的混乱和供给主体之间关系紧张，强化农民的弱势地位，要把有限的财政资源用于公益性领域，以充分发挥国家公益性投资的实际效用。政府公共服务机构要加强领导，推进管理体制和服务机制的改革与创新，促进部门关系的协调。要在学习和借鉴国内外农业社会化服务先进经验的基础上，提高人员素质，增强服务意识，推广成熟的服务模式，促进农业生产效率的提高。另外，还要鼓励其他服务供给主体广泛参与，逐步形成多元化、网络化的现代农业社会化服务体系，为推进农业现代化和社会主义新农村建设奠定坚实的基础。

（二）乡镇涉农机构职能优化路径

"后农业税"时代的特征要求乡镇涉农机构转变职能，建立健全公益性服务体系，以适应不断变化的农村实际，对此，可采取如下几种转变思路。

1. 理顺管理体制

现有的乡镇涉农部门大多是20世纪80年代为完善家庭联产承包经营责任制而组建的，其管理体制仍然是为行政工作服务的，工作重心也是围绕上级部门的要求设定的，各项工作基本上是靠行政压力来完成的，实际上没有发挥应有的服务作用，反而导致机构人员膨胀。针对当前乡镇机构管理混乱的问题，要理顺现有的管理体制，根据乡镇机构的设置情况合理地进行精简，对功能重复、交叉的部门进行整合与归并，科学地对其应承担的职责进行定位，对乡镇服务机构的人员、编制、资产等实行统一管理，使服务机构的职责和分工更加明确，为现代农业社会服务体系建设营造良好的外部环境。在乡镇涉农机构改革中，要坚持人权、事权和财权相匹配的原则，在财力上保障服务的正常开展，并赋予其相应的事务权限，减少上级政府对服务机构的过多干预。同时，要加强乡镇服务机构的自身建设，转变服务观念，不断改进和创新工作方法与服务方式，提高服务质量，强化服务职能。

2. 改革财政体制

针对乡镇涉农机构经费不足的问题，一是要改革目前的财政拨款制度，完善转移支付体制。按照公开、公正、透明的原则，发布项目、标准和金额，尽可能地减少中间环节，确保专项服务资金的全面下达。二是要加大对乡镇涉农机构的财政支持力度，增强乡镇的财政支配能力，确保乡镇涉农机构的财政供给，以全面提高农业社会化服务的能力与水平。三是要做到财权与事权相统一，对县、乡级财政收支结构进行合作调整和优化，理顺县、乡级财政分配关系，解决乡镇级财政紧张问题，推动各级财政向乡镇涉农服务机构倾斜。四是要创新思路，整合各种市场和社会资源，建立广泛参与的工作机制，积极开拓融资渠道，招揽财源，以解决乡镇涉农机构经费紧张的问题。事实上，仅依靠财政体制改革来破解这一难题比较困难，而通过与各种社会力量的合作，可以有效激发服务发展的潜能，缓解财政紧张的局面。可通过开发、出让、招商引资等市场化方式引导农民进行产业结构调整，发展主导产业。整合农村社会资源，加强乡镇涉农机构与民间社会性服务组织的合作，同时鼓励农技服务人员与农民开展多种形式的合作，如通过带薪从事产业的开发、与农民合建农业基地等形式，为农民的生产、生活提供政策、技术、信息等方面的服务，增强农民的集体行动能力。

3. 完善人员激励机制

针对乡镇涉农机构服务人员大量外流、结构及激励机制不合理的问题，要转变观念，优化人员配置，建立科学的人员考评机制。一是要加强宣传教育，加强对发展农业社会化服务体系重要性的认识，实现由管理意识向服务意识的转变，提高工作的主动性。二是要对乡镇涉农机构的服务人员进行优化组合，坚持因事设岗、因岗定人的原则，建立"竞争上岗、双向选择"的机制，实现人员与资源的优化配置。三是要根据农民的服务需求，同时结合各机构的实际情况，科学地设定服务的内容，使服务人员明确服务的方向与要求，从而广泛提供技术、法律、资金、信息等方面的服务。四是要建立科学的人员考评体系和激励机制，对现有的人员选拔任用制度进行改革。要广泛听取农民群众对服务人员的看法与评价，将此作为选拔任用的一个标准，并将服务人员的实际工作情况作为一个考核评价指标来衡量，增强人员选拔任用的科学合理性，以充分调动其工作积极性。五是要加强对乡镇涉农机构服务人员的技能培训，地方政府要划出专项资金用于鼓励和支持服务人员的教育与培训，提高其科学文化素质和技能水平，以更好地服务于农业生产发展。

4. 强化公益性服务职能

乡镇涉农机构的设立，主要是为了完善家庭联产承包经营责任制，以及解决农户小生产与大市场之间的矛盾，其一度在促进农业生产发展中发挥了重要作用，其服务状况对地方农业、农村经济的发展影响重大。乡镇涉农机构作为国家事业单位，其运行主要依靠国家财政支持，无论是由县级政府还是乡镇级政府管理，都应该明确其职能主要是提供公益性服务而不是经营性服务，不能完全按照市场机制，以追逐利益为工作出发点。对此，一是要对乡镇涉农机构进行改革，合理划分服务范围，明确各自的服务职能，公益性部门要以提供公益性服务为主，经营性服务则应交由市场化服务组织去做。二是要加强对乡镇涉农机构的市场监管，减少因提供同类服务而产生的不当竞争，规范其服务行为。三是政府要为乡镇涉农机构的改革和发展提供各项政策支持，为其创造良好的社会环境，保障其公益性服务功能的发挥。四是要完善有关的法律法规体系，促进农村法制建设，规范乡镇涉农机构的经济行为，保障农民的合法权益。五是要加大对乡镇涉农机构服务人员的教育培训力度，增强其服务意识，提高其服务能力。

（三）村级集体服务的发展方向

早在20世纪90年代，邓小平同志就高瞻远瞩地提出了"两个飞跃"的思想。他认为中国农业的发展要经历两个历史性飞跃。第一个飞跃是废除计划经济时期的人民公社制度，实行分散农户家庭经营的承包责任制；第二个飞跃是适应社会分工与科技发展的需要，发展适度规模经营和集体经济。要实现农业的集约化、现代化与规模经营，就必须发展村级集体服务，以解决一家一户分散经营所无法解决的问题。从目前的实践情况来看，把农业社会化服务完全交给政府或市场力量来完成，要么是低效与行政管理式的，无法与农民的需求对接；要么是营利性与市场竞争式的，无法维护农民的利益。完全依靠外生力量是无法解决服务问题的，应该根据生产发展本身提出的要求实施行动。在这个意义上，发展村级集体服务是满足农民服务需求与发展生产力的重要手段与途径。

与其他服务供给主体相比，村级集体组织在发展完善农业社会化服务体系方面具有明显的优越性，主要体现在以下几方面。第一，组织建设与运行成本相对较低。在现有村委会与村党支部的基础上，充分整合家族、宗族与社会团体等非正式组织进行组织建设。第二，可有效地调用与整合村落范围内的各种资源，包括乡规民约、传统风俗习惯、传统文化等。第三，能促进农民广泛参与，促进农民主体地位的实现。在提供村级集体服务的过程中，必须增加农民的社会参与，促进农户与农户、农户与村集体之间的往来与沟通，促进农户需求与村级服务对接。第四，可促进村落内部的农民广泛合作。目前农民合作大多集中在专业性领域，合作范围不广，而由村级集体组织带动发展集体服务，可满足农户生产与生活多方面的需求，还能在服务的过程中培育农民的合作意识，促进农民合作。村级集体组织作为农业社会化服务的一个关键供给主体，其重要性不可忽视。在今后的发展方向上，村级集体组织应在加强自身建设的基础上，走服务农户之路，通过服务将日益分散的小农户重新联系起来，从而有效满足农民的需求，增强农户对集体的认同与支持。要实现这一目标，就需要加大政府对村级集体组织的政策支持力度，发展壮大村级集体组织的经济实力，充分开发利用村庄内部资源发展农业社会化服务。

第五章　市场经济条件下龙头企业社会化服务的带动作用

从20世纪90年代中后期开始，中国的"三农"问题逐渐浮出水面，主要表现为小农生产与市场需求脱节，从事农业生产的比较利益下降，农民"增产不增收"，农产品销售困难以及农民在现实生活中遭受各种物质和精神压力等，逐渐引起社会各界的广泛关注和回应。为全面促进农业增产、农民增收、产业化发展和农业综合生产能力的提高，从20世纪80年代起我国政府就在对农村工作的部署中提出，要实现农业生产服务的社会化（国土资源部，2009）。2008年9月，我国政府在中共十七届三中全会上明确指出，要以龙头企业为骨干创建新型农业社会化服务体系。2010年国家一号文件再次提出，要大力支持龙头企业的发展，提高其辐射带动能力，并要求增加农业产业化的专项资金，建设标准化生产基地，形成农业产业化示范区（新华社，2009）。到目前为止，各级地方政府已纷纷出台了相应的优惠政策支持龙头企业的发展，并在基地建设、原料采购、生产设备引进和产品出口等方面对龙头企业给予必要的帮助和支持，学术界赞同龙头企业发展模式的呼声更是一浪高过一浪。在此影响下，龙头企业已成为新时期推进农业产业化与现代化的核心动力与关键要素。在西方发达国家全面农业现代化的发展过程中，龙头企业扮演了非常重要的角色，并取得了较好的规模效应，这一农业服务模式日益被视为发展农业现代化的经典模式，并在世界范围内得到推崇与发展。十分有必要结合中国的现实国情，对西方发达国家龙头企业发展的动因与效果进行全面考察与反思，以更好地促进我国农业社会化服务体系的发展与完善。

一 龙头企业带动模式的发展情况

（一）龙头企业的内涵

龙头企业（Dragon Head Enterprise）只是中国的特殊称谓，在国外文献中一般称为农业企业（Agribusiness）。龙头企业是在20世纪90年代伴随着农业产业化的发展在山东最先出现的，而后逐渐得到国家政府的重视与支持。龙头企业这一名称主要来源于人们对其带动农业产业化发展的形象比喻，是指以农产品生产、加工、流通一体化经营为主，以多种方式辐射带动农户，并与农户结成一定的利益联结机制，其规模与经营指标达到国家认定标准的企业。我国农业龙头企业主要包括国家级、省级、地市级三级，分别按照各级政府机关制定的标准进行申报审批，并由各级财政给予政策和资金扶持。相关资料显示，国家级农业龙头企业须在以下几个方面达到相应的标准。第一，在企业组织形式上，必须是依法设立且具有独立的法人资格。第二，农产品加工、流通的增加值在总增加值中的比重要达到70%。第三，在企业规模上，按东部、中部和西部划分，不同地区的标准有所不同。对于总资产规模，东部、中部、西部的标准分别为1亿元、7000万元和4000万元；对于固定资产规模，东部、中部、西部的标准分别为5000万元、3000万元和2000万元；对于年销售收入，东部、中部、西部的标准分别为1.5亿元、1亿元和5000万元。第四，在交易规模上，东部、中部、西部的标准也有所不同，分别为10亿元、8亿元和6亿元。第五，在企业效益方面，与同期银行贷款利率相比，企业的总资产报酬率要相对较高。第六，企业资产负债率不能高于60%，银行信用等级要在A级及以上。第七，对于企业带动农户的数量要求也有所差异，中、东部地区要达到3000户，西部地区要达到1000户。第八，要求企业在科研开发、品质提升、市场竞争能力方面达到领先水平，经营的产品要符合国家的各项政策和质量管理标准体系，产销率要达到93%（湖南省民革，2008）。龙头企业与一般农产品加工与销售企业的根本区别在于，它与农户间具有利益共享和风险共担的利益联结机制，是以服务来带动农户走向市场。

伴随着新的生产方式的兴起与新兴资本的不断进入，目前中国农业已进入了一个全新的转型时期，传统上以家庭为主的生产经营方式受到了市场化商业经营方式的极大挑战，学者张谦（Qian Forrest Zhang，2008）称这一现象为"农业资本主义的兴起"。中国农业家庭经营"散、小、弱"的特点制约着中国农业生产率的提高。一方面，现代农业技术难以得到普遍应用，从而无法实现规模经济并导致生产的无效率；另一方面，未组织化的小农贸易受到市场风险和国际商品化农业的冲击。个体小农获取市场信息、技术、设备与销售农产品的成本与风险非常大，致使他们将"生存理性"放在首位，虽然他们会进行一些有市场风险的投资，如搞设施农业、种植经济作物等，但他们不愿意采用新技术、新品种或去尝试新的市场机会，更不会轻易参与合作，从而形成了小农"特有的正义观"与"道义经济学"（贺雪峰，2004；Scott，1976）。龙头企业一般具有较为健全的营销网络和配送系统，可通过建立生产基地的形式与农户对接，并为其提供技术与技能培训，引导其按照市场需求变化来进行生产，以减少和避免生产的盲目性，提高农民的市场适应能力和组织化程度。近年来随着市场经济的日益深入，农业产业化龙头企业发展迅速，并日益在以政府公共机构为主导，科研教育单位、农民专业合作组织和其他社会服务组织等多元主体共同参与的农业社会化服务体系中发挥带动作用。一方面，龙头企业通过生产、加工、销售农产品和生产资料等方式赚取利润；另一方面，龙头企业直接或间接地为农户提供各种技术、信息与资金等服务，促进了农业科技成果在农村的传播与应用，提高了农民的生产科学化水平，带动了农民增收。

（二）龙头企业的发展现状

20个世纪90年代邓小平提出的"二个飞跃"的思想，对于解决当前的"三农问题"仍然具有重要的指导作用。废除人民公社，实行家庭联产承包经营责任制，这是中国农业改革与发展的第一个历史性飞跃，目前已全面实现；面对生产技术的不断更新与提高以及生产社会化的需要，发展适度规模经营和集体经济，则是中国农业需要实现的第二个历史性飞跃，目前正在倡导的农业产业化经营是实现"第二个飞跃"的一种途径,而龙头企业则是实现这一目标的重要手段。同时,为了适应经济全球化、市场化的发展趋势,特别是为了适应农业现代化的发展要求,需要尽快完成由传统农业到现代农业的转变过程,实现这一转变就必须充分发挥龙头企业的带动作用,为发展现代农业注入活力。近些年,为推进农业产业化与现代化的发展进程,我国政府对龙头企业的发展密切关注,并出台了一系列政策文件对其发展进行扶持。我国政府在十七大报告中就明确指出,走中国特色的农业现代化道路,就要积极推进农业产业化经营,支持龙头企业发展;党的十七届三中全会再次强调要扶持壮大龙头企业;自2008年起连续四个中央一号文件都提出要加快促进龙头企业的发展。在此影响下,我国龙头企业的发展态势较好,相关资料显示,1996年,官方认定的各类龙头企业只有5381家,2000年,龙头企业的数量已增加到27000家,其中销售收入达1亿元以上的龙头企业有1186家,省级以上重点龙头企业已达1043家(牛若峰,2002)。2004年,国家级龙头企业发展至114000家,是1996年的21倍,带动农户达8450万户(张云,2006);2008年底,全国共有龙头企业8.15万家,建立省级以上研发中心1703个,带动农民9808万户,促进农户户均年增收1797元(农业部,2009)。农业部的相关资料显示,2011年全国范围内的各类农业产业化组织共有25万多家,广泛涉及种植、畜牧、水产等领域的生产、加工、流通环节,带动农户1.07亿户,促进户均收入增加了2190余元(农业部新闻办公室,2011)。近几年来,中国农业企业发展迅速,但尚未得到国际上的普遍关注,所以有国外学者(Waldron et al.,2006)指出:"龙头企业已成为中国农业未来发展的新动向,意义重大但还未得到有效的宣传与报道。"

二 龙头企业服务农户的形式及意蕴

龙头企业通过与农户建立利益联结机制,将产供销、农工贸结合起来,在延长农业产业链条的基础上,在加工、流通环节增加农户的收入,带动农户参与市场经济,推进农业产业化经营。龙头企业在开拓市场和引导生产的同时，还能为农户提供各种社会化服务，具有重要的经济意义和社会意义。

(一) 龙头企业服务农户的具体形式

按照服务方式与内容，有学者把农业龙头企业分为生产资料提供型、农产品收购加工型、农产品销售型和功能型四种（徐海斌、王丽平，2006）。本研究则根据龙头企业与农户间的利益联结机制的不同，将其服务农户的形式划分为以下四种。

1. "龙头企业+农户"

"龙头企业+农户"是出现最早和最为普遍的农业龙头企业服务农户的一种形式，是指围绕一项或多项农产品，龙头企业与农户结成产、加、销一体化的经营组织。与农户建立关系的方式主要是合同制或契约制，因此，这一服务形式也经常被称为"订单农业"，即企业通过规范化的购销合同与农户建立相对稳定的购销关系，形成利润共享和风险分担的机制，企业为农户提供种植或养殖方面的技术信息服务，从而促进双方都能获得较为稳定的收益（赵树丛和顾江，2003）。但是，在这种利益联结模式中，农户与龙头企业的地位悬殊。由于缺乏中介组织，农户只能单独与龙头企业进行谈判并签订合作协议，而龙头企业不仅具有充分的市场信息，而且具有较强的谈判能力，处于优势和支配地位，它们可能会出于利润最大化的考虑而压低协议价格或因为价格过高而拒收，出于同样的考虑，农户不履约的情况也较多。在利润分割方面，龙头企业可以获得的利润较多，而农户只能获得固定比例的利润（郭晓鸣等，2007）。

2. "龙头企业+基地+农户"

这一服务形式主要是通过农村土地流转的方式，将农户与龙头企业的利益联结起来，建立标准化、规模化、现代化的企业生产基地，形成"企业+基地+农户"的生产模式。土地流转主要是按照"依法、自愿、有偿"的原则进行，农户可以通过土地转包、出租、入股、互换、转让等方式将土地流转给龙头企业或种养大户，以入股分红或收取租金的方式获得基本的利润。参与土地流转的农户还可以优先进入企业务工，成为农场工人,从而额外获取工资。这一形式是当前龙头企业与农户实现利益联结的重要方式,推动了农业产业结构调整、产业化经营和特色产业的快速发展,促进了劳务经济的发展,增加了农民的收入,还帮助企业走向标准化生产和规模化发展,实现了企业和农户的双赢。

3. "龙头企业+中介组织+农户"

针对龙头企业直接面对农户所带来的利益分割方面的问题,我国各地区不断出现"龙头企业+中介组织+农户"的服务形式。在这种形式中,中介组织是双方的委托代理人,扮演着非常重要的协调角色。中介组织主要包括各类农民专业合作组织、技术协会、供销社、农民经纪人等,他们作为联结企业和农户的纽带,负责协调处理两者之间的关系。一方面,中介组织受龙头企业的委托对农户的行为进行规范,使其按照企业的标准和要求进行生产,保证原料供应的数量和质量;另一方面,中介组织又受农户的委托与龙头企业进行谈判和协商,以最大限度地维护农户的利益,并为农户提供产前、产中、产后的系列化服务,通过农民组织化的形式实现规模经营和规模效应。在这一服务形式中,龙头企业并不直接与农户对话,而是将各种需求信息传递给各类中介组织,由中介组织与农民签订契约,并对生产品种、规模、质量、时间等做出安排,并针对农户的生产过程提供相关的社会化服务。在这种情况下,农户只是具体的实施者,主要负责完成生产任务,履行契约上规定的义务,并不与龙头企业发生直接联系,中介组织在其中发挥着重要的调节作用。

4. "龙头企业+农技部门+农户"

龙头企业通过与政府农技部门合作,充分利用农技部门在技术和组织方面的优势,为农户的生产经营提供社会化服务。在这种服务形式中,企业与农户签订购销合同,企业以聘请或提供工作费用等方式与农技部门达成一致,农技部门负责按照企业确定的各项标准与规则对农户的生产进行技术指导与教育培训,以确保农户生产出来的农产品在数量与质量上达到企业的标准和要求。这一服务形式可以减少企业与农户打交道所产生的交易成本,协调企业与农户之间的利益关系,通过技术服务的形式促进科学技术的推广与应用和农户生产经营能力的提高。

(二) 龙头企业提供农业社会化服务的内容

农户作为从事农业生产经营的微观经济主体，规模小且高度分散，缺乏适应市场经济并进行开拓与创新的能力，在市场营销、产业链延伸、生产专业化等方面困难重重。为使我国农业适应国内外市场的需求，就必须加强龙头企业对农户的带动作用，有效地克服农户分散经营的弊端，从而实现农业生产的专业化和规模化，促进优势与特色产业发展，切实增加农民收入。龙头企业为农户提供的社会化服务主要包括如下几个方面。

1. 技术服务

龙头企业为农户提供的技术服务主要围绕种植业和养殖业进行，以发放技术资料、提供技术指导、进行技术培训和直接提供技术服务等形式，解决农户在生产中遇到的问题。中国人民大学课题组2007年对山东、山西和陕西25家龙头企业的调查表明，龙头企业围绕种植业开展的技术服务涵盖播种、灌溉、机耕、机修、田间管理、收割、脱粒、采摘、包装、收购、贮藏、运输、销售和加工等各个环节。围绕养殖业开展的技术服务则包括良种畜禽提供、疫病防控、饲养技术指导、屠宰、畜禽产品的销售和加工以及质量安全控制等方面（谭智心和孔祥智，2009）。另外，龙头企业还通过行业协会和农民专业合作组织的平台，广泛开展技术培训，着力提高农户素质与技能水平。

2. 信息服务

龙头企业提供信息服务的方式包括：发放传单与小册子、开通网上信息平台、举办培训班、召开会议等，定期向农户发布技术、政策法律、生产资料、市场价格、疫病等方面的相关动态信息，为农户的科学决策提供参考。同时，龙头企业在协助组建各种行业协会和农民专业合作组织的过程中，逐步将一些信息服务的职能下放，交由协会和专业合作组织来办，利用其贴近农民生产生活的优势，为农户提供各类信息咨询服务。

3. 金融与营销服务

龙头企业通过与农户签订合同，在收取一定保证金的前提下，由龙头企业向农户提供生产必需的良种和生产资料，并为其介绍贷款的渠道，以解决农户生产的融资难题。同时，龙头企业以收购的形式为农户提供农产品营销服务，较好地解决了农产品卖难的问题。

龙头企业作为市场化服务供给主体，在完善农业社会化体系中发挥了重要作用，但在服务方面仍存在许多不足之处。目前从整体上来看，我国农业龙头企业规模较小、数量不多、综合实力不强，所提供的社会化服务不完善，辐射带动能力有限，服务的层次也较低。服务内容以生产技术指导等产中服务为主，产前、产后服务较少，农产品初级加工较多，深加工较少，在信息、金融和营销服务等方面还比较欠缺。此外，龙头企业与农户之间尚未建立有效的利益保障机制，由于信息不对称，龙头企业掌握的市场信息较为全面，而农户在农产品销售方面则处于被动地位，增产不增收的现象依然比较突出。

（三）龙头企业在农业社会化服务体系建设中的作用

随着我国农业结构调整和城市化进程的不断推进，农业生产专业化与市场化的程度将不断提高，仅依托政府公共服务机构提供社会化服务已不能满足农户的生产需求。龙头企业作为市场经济主体，市场灵敏度较高，能够快速地对市场变化做出反应，通过与农户结成利益共同体的方式，较好地解决小农户与大市场的矛盾，成为完善农业社会化服务体系的重要市场力量。龙头企业在科技带动、延伸产业链条和组织合作方面发挥了重要作用，促进了农业社会化服务体系的发展与完善。

1. 科技带动

相关调查结果显示，我国农民的受教育程度整体较低，科技素质还不是很高。2008年，我国农民的平均受教育年限是7.8年，初中、小学文化程度的占70%，比城镇居民的平均受教育年限少3.2年；同时，农民的科技素质也比较低，接受相关技术培训的机会较少，农民在一年中接受过一次科技培训的不到33%，接受过三次以上技术培训的不足3%（中国网，2008）。龙头企业以市场需求为导向，对各方面的科技力量进行有效整合，建立原料生产基地，并与合作组织和政府农技推广部门开展广泛的技术合作，不断采用新的生产、经营和管理模式，研发和引进新产品、新品种，提高产品质量，占据市场并实现市场价值，为农户提供技术指导、咨询、推广与培训等服务，促进了科研成果的转化与应用，成为推动农业科学技术发展的重要主体。龙头企业带动农户有效地规避了农业风险，并促进了地方主导产业的发展与壮大，提高了农民的科技素养，增强了农民的科学意识和市场意识，在促进农业增效和农民增收过程中发挥了重要作用。

2. 延伸产业链条

我国是一个传统的农业大国，农产品品种多样，产量也较高，但与世界上农业发达的国家相比，我国的农业生产能力仍然比较低，尤其是在农产品深加工业方面还比较薄弱，制约着农业市场竞争力的提高和农民收入的增加，迫切需要引入现代市场因素对其加以改造。我国农民收入低的主要原因在于他们只参与农业的生产过程，而较少涉及农产品加工与流通过程，从而无法获得农产品附加值的那部分收益。随着市场经济的发展和外部环境的变化，我国的农业生产须逐步由劳动密集型向土地集约型、技术适用型和资本节约型方向转变，以增强产业链的竞争力，提高农户的生产经营水平。龙头企业凭借其在产业集约和组织方面的优势，以市场需求为导向，对农产品产后的加工与流通环节进行了拓展，建立了农产品加工与流通体系，使农民能够根据加工要求开展农业生产，推广运用现代农业技术，在提高农产品科技含量的同时也增加了农产品的附加值，延伸了农业产业链条，提高了农业的综合效益，增加了农民的收入。

3. 组织合作

受历史原因与现实条件的限制，我国的农业经营活动主要以户为单位，规模小，经营分散，组织化程度较低，应对市场环境变化的能力不强，无法有效抵御市场风险。龙头企业作为在市场经济条件下发展起来的强势企业，在技术、管理和营销方面具有极大优势，它依托主导产业，以公司为平台，以营利为目的，通过联合的方式与农户结成利益共同体，引领规模化生产和专业化经营的现代农业发展方向，有力地促进了品种、技术、质量、管理、标准以及农户行动的统一，切实提高了农产品的市场竞争力。同时，龙头企业在帮助农户组建农民专业合作组织方面发挥了重要作用，促进了农民专业合作组织的蓬勃发展，提高了农民的组织化程度。龙头企业作为独立的经济法人，在服务中具有明显的利益倾向，在"农户+龙头企业"的利益联结模式中，龙头企业占优势地位，而农户则处于劣势地位，企业很可能会侵占农户的利益或向农户转嫁风险，这种形势间接促进了农民的组织化进程，农民为有效应对龙头企业的盘剥、维护自身利益而逐渐走向联合与合作。

三 龙头企业带动模式的本土化思考

（一）发达国家经典农业发展模式反思

关于发达国家农业发展的道路，无论是秦晖先生笔下的"民主化的美国式道路"还是"专制形式的普鲁士道路"，最终都是通过发展资本主义大公司与企业来实现规模效应，其中社会资本的融入、金融体系的支持和政府的高度补贴是这一模式得以运行的重要保障。以美国为例，在象征自由和民主的《宅地法案》（Homestead Act）全面实施的基础上，西进运动完成了最初的资本原始积累过程。从20世纪50年代起，伴随着大量的工商和金融资本投向农业，一大批产、供、销纵向一体化的农业公司或企业开始建立。这些公司或企业一般资金雄厚、规模较大，在运作方式上主要有以下三种。一是内部一体化方式，即由私营企业通过购买或租赁土地的方式开办农场，再雇用相应的管理人员和农场工人开展生产，从而在纵向一体化经营的基础上进行类似工厂装配车间的流水化作业，如泰森食品股份有限公司（Tyson Foods Inc.）等。二是签订合同方式，即公司或企业与农场主签订合同，双方根据一定的要求与规范形成产—供—加联合体，并承担一定的责任与义务。一方面，农场主需要按照公司或企业的相关规定，购置相应的设备以达到公司所要求的技术水平，并且需严格按照公司的标准进行生产，以保证产品的数量与品质；另一方面，公司或企业会为农场主提供相应的技术指导与咨询服务。普渡公司（Perdue Company）和史密斯菲尔德食品公司（Smithfield Foods

Inc.）都属于此类。三是物资服务方式，即公司或企业与合作社联合，为其提供优质的农资货源和技术服务等，如孟山都公司（Mansanto Company）。为促进这些公司或企业的发展，美国政府出台了各种优惠政策，并为其提供信贷支持，从而形成了专业化与社会化的农业服务体系，大大提高了劳动生产率和服务效率。

再来看一下德国农业的发展历程。19世纪末伴随着第二次工业革命的浪潮，德国开始大力发展工农业，容克地主通过与政治势力联合而逐步将自己转变为资本家，形成了所谓的"容克资本主义"。随后德国在第二次世界大战中战败，农业发展受到重创。二战后，德国政府在美国的大力支持与帮助下，通过财政、信贷与价格渠道为农业生产提供直接与间接资金，政府不仅支付农民向银行机构贷款的部分利息，还对农业发展进行政策支持与财政补贴（吕新雨，2010）。德国的农业公司或企业主要通过与合作社联合的方式，参与农产品的生产、加工与销售过程，并在政府的大力扶持与促进下获得发展。

相比之下，法国的农业则经历了一个相对缓慢的发展过程。近代法国农业一直是以自主经营式的小规模家庭农场为主要生产经营单位。直到20世纪90年代，法国的农业企业才开始迅速发展，但其中家庭与家族式农业企业所占的比重较大。孟德拉斯于1964年所著的《农民的终结》一书详细地描述了这一发展过程："人们无法再继续否认，在多种生产的企业和越来越复杂的农业技术之间存在着明显的矛盾。农业再也无法逃避某种形式的劳动分工。多种生产的企业，无论是农民的和家庭的，还是资产阶级的和工业化的。"随后，在美国取得成功的各种一体化式和签约式的企业发展模式开始在法国得到全面推行与发展，而签订合同已成为目前法国最为普遍的服务形式。农业企业通过与农业劳动者签订有关农资供应、技术指导和产品供销方面的购销合同，确定交易的内容、数量、质量和价格，并为农业劳动者提供种苗、畜牧良种、饲料及设备等。这样，法国传统的家庭生产经营形式得以存活下来并日益焕发出无限生机。

再如日本与韩国，其农业发展模式虽然不同于西方国家的企业运作形式，而采用了合作组织与协会形式，但从某种意义上来说，都是国家主导式的发展，即农业发展以国家对农业的高投入与高补贴为支撑。

通过对上述一些国家农业发展模式的考察可以发现，世界上大多数国家都经历了工业经济迅速发展从而促进农业剩余人口向外流动的发展阶段，在这一时期大农场和企业开始在政府的支持下快速发展。但在这一发展模式不断获得成功的同时，其在环境、食品安全、观念等方面的问题也开始日益暴露。因此，在一定程度上可以说龙头企业带动模式是依靠强大的国家力量与市场资本发展起来的，并日益成为一种名副其实的食品工业和粮食武器。在这个意义上，需要对发达国家的农业发展模式进行重新认识与反思，并充分考虑中国作为"后发外生型国家"的文化根底与国情。

（二）中国发展龙头企业的社会环境分析

龙头企业在管理、资金、信息、技术、销售及谈判等方面具有突出优势，可以提供部分农业社会化服务，并能较好地解决小生产与大市场对接的问题。但也需要对中国发展龙头企业的社会环境进行分析，以便更全面地认识龙头企业带动模式在中国发展的可行性。

1. 巨大的人口压力

人口数量庞大是中国最基本的国情之一，同时也是我国政府制定各项政策的前提和基础。在改革开放的前20年中，中国的人口数量随着经济的快速发展而增长，1978~1990年，我国农村劳动力总数从3亿人猛增到近5亿人（黄宗智和彭玉生，2007）。国家统计局公布的数据显示我国有5亿农村劳动力，但温铁军认为这个数据不够准确，还应加上30%的半劳动力，这样计算我国的农村劳动力就有6亿多人，当前的农业生产仅能吸纳1.5亿人左右的劳动力，农村剩余劳动力将有5亿人之多。可以说这就是当前中国"三农"问题的部分社会背景，庞大的人口数量导致农业生产的"过密化"，大量的农村劳动力处于隐性失业状态，农民收入增长缓慢。正因为农村拥有如此多的剩余劳动力，中国就不可能像国外发达国家那样轻松地走上龙头企业带动式的农业发展道路，更不可能完全使用市场化手段进行社会分工与利益分配。如何消化农村剩余劳动力以促进其稳定就业，这将是影响中国农业改革与发展的重要因素。

2. 农业可持续发展

中国自给自足的小农经济发展至今已有千年的历史，"男耕女织"一直是一个很稳定的模式，黄宗智先生将这种家庭经营方式称为"僵化了的过密型农业经营"（黄宗智，1986）。此种模式在市场经济面前虽然日益显露出其在生产效率和市场竞争力方面的不足与弊端，但与西方企业式的大农业生产相比，其在保护生态环境、促进农业可持续发展以及维护社会稳定等方面具有突出优势。这种过密型的小农业在农业收入较低的情况下仍然可以继续生产，而企业式的大农业在收入与工资持平的情况下却会停止生产；同时，小农业对市场依赖程度较低，而大农业则与之相反。因此，在这个意义上，龙头企业带动模式在具有明显的效益与规模优势背后，也隐藏着深重的风险与危机。另外，为了降低生产成本，国外发达国家的企业式大农业多采用高投资、高能耗的生产方式，大量使用农业机械和农用化学品，给生态环境造成了严重污染。基于中国人均耕地不足的现实国情，这种生产方式不利于我国农业的可持续发展。

3. 差序格局与乡土文化

中国人讲究"关系"，"关系"在中国是一种非常重要的社会资本。费孝通先生（2005）认为，差序格局是对"关系"最好的解释。这种文化在生产、生活的各个层面都左右着中国人的思想与行为，同时在中国的经济与政治层面上也有所反映。中国当前的经济体制便具有明显的小农经济烙印，中国经济大部分依靠出口，中国长期扮演着世界加工厂的角色，而出口的都是较为低端的耗费资源、污染严重的劳动密集型产品。中国当前的政治体制则同时包含三种成分：历代王朝的"官僚"体系、革命时期学自苏联的"干部"体系以及新近倡导的现代西方"公务员"体系（袁刚，2007）。中国的传统文化环境无疑为龙头企业的发展提供了严峻的考验与挑战，龙头企业作为西方文化的产物，其是否能适应中国的乡村土壤，不违背国家扶持其发展的初衷，避免与官僚资本相结合，真正做到为农民服务，是很值得关注与思考的。

（三）对龙头企业带动模式的理论质疑

1. 对龙头企业发展动力的质疑

匈牙利的经济学家科尔奈（Janos Kornai）1980年出版了《短缺经济学》一书，对传统社会主义经济体制进行了深入的分析，提出了著名的"软预算约束"理论。他指出古典资本主义经济体制是需求约束型体制，而传统社会主义经济体制则是资源约束型体制。在生产过程中，公有制企业偏重于产出而不注重效率，在预算过程中，公有制企业更是不受销售收入的限制，而且当企业面临亏损或资源短缺等问题时，还会不断地得到国家的援助和关照（周雪光，2005）。这一理论观点也可用于对龙头企业发展模式的理论分析，目前大多数龙头企业都是在当地政府的支持与帮助下发展起来的，从而对政府财政高度依赖。国家的财政扶持导致龙头企业的预算约束软化，对投资风险的敏感度不断降低，而将企业资金集中用于扩大规模，将注意力从开拓市场转向拉拢政府，工作重点也从降低成本、提高质量、开发新产品和新工艺等转向寻求补贴，逐渐影响企业的经营效率和效益，导致投资需求成为一个无底洞。此外，政府对龙头企业进行扶持，还有可能引起市场的不公平竞争，导致盈利少的企业获得支持与发展，而盈利多的企业反而得不到发展。

2. 对龙头企业服务意识的质疑

根据"经济人"假设，作为市场上独立的经济实体，企业会按照经济理性进行考虑，以追逐利益最大化作为其行动的动因。因此，龙头企业在与农民合作或为农民提供服务的过程中很容易在以下三个方面出现问题：一是龙头企业的发展目标与服务农民的宗旨相悖，龙头企业一般以追逐和维护自身利益为主要目标，从而导致其服务农民的意识不强，并且在服务内容和服务形式上不能有效满足农民的需求；二是龙头企业在合作中往往处于主导地位，掌控着整个合作的外部联系和内部管理，在话语权和管理权方面具有绝对优势，这种情况极易造成内部管理结构的变形与无效，不利于管理民主与制度规范；三是在龙头企业带动模式中，还易出现剥削农民社员的现象，即龙头企业有可能会制定有利于己的利润分配方案,对农户进行施压、控制或向其转嫁风险,导致农民社员的利益难以得到保证。结合李东等(2011)对河北省龙头企业农技推广活动的调查研究可以证实,农户对龙头企业帮助其提高经营收入和降低经营成本方面满意度较低,对其服务的全面性与专业性评价也较低,这反映出龙头企业在满足农户个性化需求方面还存在诸多不足。

3. 对农业多样化与农民主体性的质疑

1998年诺贝尔经济学奖得主印度籍经济学家阿马蒂亚·森(Amartya Sen),对已往发展观的旧范式进行了批判,并对发展的概念进行重新解读。他认为发展是一个多因素参与的综合过程,涉及政治、经济、社会、价值观念等多个方面,发展主要意味着消除贫困、人身束缚、各种歧视压迫,改变缺乏法治权利和社会保障的状况,从而提高人们按照自己的意愿生活的能力。他将自由视为发展的目标和促进发展的重要手段(Amartya Sen, 2002)。用这一理论来反观龙头企业的运行机制可以发现,尽管农业劳动者在表面上是相对独立的,但实质上失去了一切自主权,而成为实实在在的合同完成者和计件受薪者。在这一模式下,农民将不再具有选择的自由,对于种植或养殖什么、工作时间、工作环境以及如何进行生产,农民无法进行选择,他们只能按照合同规定的时间和地点来提供劳动或产品,而农产品出售的价格则成为一种变相的工资。因此,在某种意义上,龙头企业带动模式不仅会限制农民选择的自由,而且会影响农业的多样化发展,因为农民无法决定种植或养殖什么,基于逐利性,企业往往会选择生产那些附加值高或需求大的农产品,从而导致农产品生产的集中化和单一化。

4. 对利益分享机制的质疑

长期以来,人们在对我国历史上的赋税与财政变革进行评价时,总是习惯于从整体上进行评说,热衷于谈论减免了多少税收和取得了多少成就,却很少从横向比较的角度对该政策进行考察与评价,也就是说,在税收与财政方面国家出台各项优惠政策来发展农业,初衷总是好的,但基于我国农户经营规模小且分散的基本国情,政策实施后的真实情况是,底层农民往往从中受益很少,而那些拥有大规模土地的阶层则从中获益较多，本研究将这一现象概括为"背离导向型的规模经济效应"。与之相似，在与农民合作的过程中极易出现龙头企业单边控制把持的局面，一些龙头企业还打着服务与带动农户的幌子，套用和侵占政府的支农资金，并在税负减免、金融信贷立项审批等方面获利，使国家财政旨在促进农户增收的资金无法得到有效利用，从而背离了国家制定政策的原意。

四 完善龙头企业服务功能的对策建议

通过前文对发达国家经典农业发展模式的考察与反思可以发现，任何一种移植于外来文化的东西，都需要适应本国的社会文化土壤，并不断发生交融与变化，一成不变地照抄照搬国外模式，只会导致水土不服，而经不起时间与空间的考验。结合我国的现实国情，可以试从如下一些方向进行努力，以充分发挥其功能。

（一）创建纵向一体化的合作企业

农民收入增长困难的主要原因在于，当前的农业产业链条短、小、弱，农民只扮演生产者的角色而不参与农产品的加工与流通环节，无法分得加工和销售环节的后续利益，因而收入低下。在市场经济条件下，组织化和管理水平是利益分配的前提基础，要增加农民收入，就必须提高农民的组织化水平，增强农民在信息获取和经营管理方面的能力，从而通过延伸产业链条使农民能广泛地参与产品增值环节，通过纵向一体化增加农民收益。然而，当前的主要问题是，由于土地规模小且一般兼业经营，出于对成本收益的考虑，部分农民在参与合作组织方面缺乏主动性与积极性。对此，地方政府应主动承担合作组织运行的成本和交易费用，并通过税负减免与专业补贴等方式，推进农民专业合作组织的建设与发展。支持和鼓励农民专业合作组织向加工、销售、金融、保险、旅游、商业等领域发展，建立纵向一体化的合作组织。在此过程中，合作组织应借鉴并引入企业的薪酬管理与激励机制，在利益分配和经营管理上并进发展,从而实现高效运行与科学管理。

(二) 鼓励发展"龙头企业+合作社+农户"模式

从前文的分析中可以看出,龙头企业与农户直接对接并不是目前最佳的发展方式,龙头企业的角色应该是实现农业产、加、销纵向一体化的龙头骨干。在早期发展阶段,龙头企业应作为农业产业化的典范与领头羊,引领农业生产进入正轨并带动农户增收致富;未来的发展方向则是要全面实现专业化、市场化和集约化,通过与农民专业合作组织合作,为农户提供各种专业化服务。因此,在战略角度上应积极促进农民组织化,建立能够代表农民自身利益的合作组织,通过"龙头企业+合作社+农户"的组织形式将分散农户联合起来,以增强农民的话语权和市场竞争力。由合作组织代表农民与龙头企业进行谈判并签订合同,以降低农民与龙头企业打交道的交易成本,真实反映农民的各种需求,促进技术与信息的传播,增强农民的信任感与归属感,降低农民的违约率。这一模式把农民纳入以市场为导向的现代化大生产,维持了家庭联产承包经营责任制的完整性和连续性,又克服了小农经营所具有的分散性与盲目性,增加了农民的收入,促进了农业产业化的发展。

(三) 国家介入进行规范管理

在当前的历史条件,一方面,国家应积极采取措施支持农民建立各种类型的经济合作组织,承担相应的责任并发挥应有的作用,克服小农生产经营的弱点,完善利益联结机制,推进农民合作经济组织向纵向一体化的合作企业发展;另一方面,作为监管方,国家也应主动对龙头企业与农民的关系进行调节,促进其形成稳定的利益联结机制,以维护市场交易的公平,保障农民的正当利益。要加强对龙头企业的引导与监督,促进其健康发展。通过政策引导,提高龙头企业为农民服务的意识,避免和减少企业压低农产品价格、违反合同条款等;对龙头企业的发展扩张进行宏观调控,严格审查企业的扩张行为,杜绝其非法占用农地的现象,减少对土地和资金等资源的浪费;建立农产品质量监管机制,严把食品质量安全关,规范龙头企业的市场行为。政府应出面制定合作与交易规则，对龙头企业的市场行为进行有效的监督、约束和管理，确保交易在公正、平等的条件下进行，从而真正实现企业与农民风险共担、利益共享。此外，各级政府应安排专项资金对农民进行培训，培育农民在生产经营、组织管理、财务会计、谈判合作等方面的技能，培养社会主义新农村建设所需的新型农民，从而促进农村经济社会的全面发展（李俏，2011c）。

第六章 农民专业合作组织及其他社会服务组织的骨干效能

一 农民合作的形态与演进趋势

（一）农民合作的基本形态

农民合作是一种群体性行为，是农民为了解决生产生活中遇到的难题而协调行动以实现互利的社会互动过程（邱梦华，2008）。人类社会从远古发展至今，经历了血缘、地缘、业缘的不断进化，在此基础上农民合作的内容与形式也在不断发生变化。马若孟（1970）利用"满铁"资料对20世纪前后的华北农村进行研究发现，不仅存在自发性的合作形式，以解决生产生活中物品、资金、劳动力短缺等问题，而且存在地方政府强制性要求的合作形式，以保护庄稼和维护社会治安，如青苗会、红枪会等。费孝通（2001）通过对江村的调查，认为合作是一种协同行动，广泛存在于农民的日常生活中，如防卫性工事建设、农业生产、农产品流通、工业生产、宗教、救助、休息和娱乐等方面都存在合作现象。罗兴佐（2004）根据群体行为产生的基础把农民合作分为外生型和内生型。外生型合作是指主要通过外部强制性压力将分散的个体纳入统一组织体系的合作形式，它以国家性目标为导向，并依托国家权力进行动员，中国历史上围绕"治水"而形成的农民合作以及人民公社时期的合作化运动，都属于这种类型。内生型合作可细分为两种类型，一是建立在市场基础上的自愿合作，具有开放性特点，它以利益为纽带，通过建立内部规则来实现合作，主要以农村合作社为代表；二是建立在地域基础上的自治型合作，具有明显的区域边界，通过社会认同实现社区内事务的自组织治理，主要以村民自治为代表。李远行（2011）认为中国历史上主要存在三种形态的农民合作，即社区性合作、强制性合作和单功能合作，分别对应中国传统村落、国家政权建设和市场化三种社会环境。他认为在当前的历史条件下，强制性合作与单功能合作都不太可行，而社区重建是促进合作可持续发展的一种有效方法。由此可见，国内外学者对农民合作的研究已取得了一定的成果，他们的观点各有侧重，尚未形成统一意见。面对中国农村纷繁复杂的农民合作现象，本研究根据农民合作的历史发展过程，将农民合作分为两种基本形态，即农户互助与农民专业合作组织。农户互助是以血缘、地缘、业缘为基础的一种社会互动过程，它以非市场化的人情关系和高度的社会信任为特点。农民专业合作组织是指为解决生产经营中的问题，按照"自我管理、自我服务、自我发展"的原则，由从事同类产品生产的农户自愿组织起来的合作组织。这一类型的农民合作是为适应农业、农村发展需要建立的，以家庭联产承包经营责任制为制度背景，主要目标是促进小农与市场的对接、提高农产品的竞争能力和增加成员收入。

（二）农民合作的历史脉络

农户互助是我国农村合作的早期形态，在经历了计划经济时期的合作化运动之后逐渐演变为今天的农村专业合作组织形态。1978年实行农村经济改革以来，中国农业逐渐进入了全面产业结构调整的新时代。农户对良种、技术、农资、信息等生产要素的需求与渴望日益强烈，而早期为农业生产与经营服务而建立的政府经济技术部门以及市场化的服务主体，都不能有效满足广大农户对服务的需求。于是，20世纪80年代以后各种类型的农民专业技术协会不断涌现，并逐渐发展成现在的农民专业合作组织，有效弥补了政府公共服务的不足，成为连接农户与市场的有效载体。农民合作的发展主要经历了如下一些发展阶段。

1. 萌芽阶段

在传统社会，农民合作的雏形主要是民间自发形式的乡村互助，围绕血缘与地缘关系形成，这在第五章中已经提到，这种雏形是中国本来就有的东西，日后形成的农民专业合作组织基本上都是从西方国家的思想与经验中学习借鉴得来的。自19世纪早期英国、德国、美国、日本等国家先后创建农民专业合作组织以来，一些中国留学生深受启发，陆续将欧洲、美国、日本等地的合作思想与制度移植到中国来，在中国搞试点推广合作社，代表人物主要有薛仙舟、徐沧水、朱进之、胡钧等（陈柳钦和胡振华，2010）。1918年，由北大的胡钧教授及其学生共同组织创办的"北大消费公社"，成为中国历史上第一个合作社；1919年10月，在上海成立了"上海国民储蓄银行"；1922年9月，毛泽东在安源创办了"路矿工人消费合作社"。但这些金融合作仅局限于城市，还没有深入中国农村。

2. 早期发展阶段

20世纪20~30年代，国民政府在一些有识之士的倡导下积极推行"农村复兴运动"及"县政建设实验"，投入了大量人力、财力，并建立了相应的法律体系和政府机构。在此影响下，平民教育、乡村教育等各种建设性实验不断在全国各地出现，最具代表性的是由晏阳初在河北定县开展的"平民教育实验"和梁漱溟在山东邹平开展的"乡村建设实验"。相关统计资料显示，1935年，有关合作组织已达到1000余个（陈序经，1946）。在根据地和解放区，中国共产党号召进行"生产自救"，陆续在各地建立了劳动互助社、耕田队、消费合作社和犁牛合作社等生产互助合作组织，在发展农业生产、保障战时供给、促进农民团结和根据地建设等方面，发挥了积极作用。

3. 强化发展阶段

新中国成立以后，在实行土地改革的基础上，于1952年开始在农村进行从初级社、高级社到人民公社的合作化实践，实行"三级所有、队为基础"的人民公社体制，从而确立了对村庄进行控制的"政社合一"的制度型框架。在这一时期，"合作化"与"集体化"相混同，农民在强制推行过程中被高度组织起来，国家集体对农业、农村和农民具有强有力的资源动员和支配能力，使农民在此过程中丧失了退出的自由与权利，严重违背了农民的意愿，也使合作社失去了发展的生命力。合作化后期追求"一大二公",发展平均主义"大锅饭",偏离了合作化的本质,挫伤了农民生产的积极性。公社体制的本质不能真正地保护农民的利益,无法有效提高土地利用率和劳动生产率,甚至连温饱都难以保证。在这种情况下,农业合作化运动宣告失败。

4. 快速发展阶段

家庭联产承包经营责任制的推行,极大地调动了农民的生产积极性,土地利用率和农业生产水平得到了极大提高,人民的生活水平得到了有效的改善。但是随着市场经济的不断发展,分散的小农经营越来越显示出其市场信息缺乏、竞争力差、抵御风险能力弱等缺陷,造成农业生产的比较利益下降,许多农户开始通过外出打工来增补家用,从事农业生产的人数不断下降。在这种情况下,20 世纪 80 年代在山东、浙江等地率先兴起了一批建立在市场化基础上的新型农村合作经济组织,20 世纪 90 年代以后农村专业合作组织在全国范围内迅速发展。2000 年以后,国家政府日益重视农村合作组织的发展,陆续出台了一系列政策文件对其进行扶持。2007 年 7 月 1 日,《中华人民共和国农民专业合作社法》正式实施,该文件对农民专业合作组织的地位与组织行为进行了明确的界定,标志着中国农民专业合作组织的发展进入了一个新阶段。近年来,国家一号文件中反复提出要大力发展农民专业合作社,促进农户的联合与合作,以形成多元化、多层次、多形式的经营服务体系,号召各级政府支持并扶持农民专业合作社发展。截至 2008 年底,全国拥有农民专业合作社 11.09 万家,成员总数为 141.71 万人,其中农民成员占 94.51%(农业部,2009)。2009 年,银监会和农业部联合出台了《关于做好农民专业合作社金融服务工作的意见》,强调要从七个方面改进农民专业合作社的金融服务工作,极大地促进了农民专业合作组织的发展。根据农业部统计,截至 2010 年,我国农民专业合作组织有 21 万多个,拥有成员 3878 万人,其中,农民成员有 3486 万户,占全国农户总数的 13.8%,比 2002 年高 11 个百分点(王曙光,2010)。目前,农民合作组织的发展势头良好,所涉及的产业和服务领域已逐步多元化,能为农户生产与生活提供多方面的服务。

(三) 农民合作的功效

1. 降低交易成本

随着市场经济的发展,劳动分工日益细化,在这种条件下,如果农民仅仅通过个人能力来解决其生产生活中的问题,就会导致其成本较高。而农民合作则可以帮助其解决生产生活中的公共物品供给和农资购销问题,从而提高其集体行动的能力。农民通过合作来解决生产生活中的供给和购销问题,要比个体实践更有效率,也更能节约交易资本。目前我国农民人均耕地面积仅为两亩多一点,试图依靠个体农户来解决农业生产的各种服务问题是困难极大的,交易成本也极高。农民合作,不仅可以降低交易成本,提高农业生产效益,还可以有效解决这些生产生活中的各种问题。

2. 化解市场风险

在市场经济条件下,我国小农生产和大市场之间的矛盾日益尖锐和突出,小农生产规模小、分散且各自为营的特点,使他们无法及时、全面、准确地了解市场信息和销售情况,在生产经营上具有较大的盲目性。与此同时,由于无法全面有效地利用土地、生产工具等农业资源,生产效益也无法得到保证。另外,农民在与市场对接方面,组织化程度较低,明显缺乏抵御市场风险的能力,从而在市场竞争过程中处于弱势地位。而农民专业合作组织的建立与出现,恰好可以弥补个体小农在生产经营中的各种缺陷,从而为农民进入市场搭建桥梁。农民合作,可以有效结成组织联盟,积极开展对外交流与沟通,签订购销合同以促进农产品的销售,从而实现小生产与大市场的有效对接,有效化解市场风险。

3. 抵御外部危机

专业合作组织的作用在于其不仅能够有效应对市场风险,还能有效应对国家权力、集体权力、官方势力以及农村黑恶势力的影响。比如,面对"自上而下"的国家权力,个体农户无力自保,这就是在国家取消农业税前,国家集体权力对农业、农村进行干预,导致农民负担沉重的历史状况。个体农民根本无法与来自外部的权力和暴力抗衡,无论这种外部力量属于何种性质。农民只有合作起来，才能形成凝聚力与合力，共同抵御外部危机；农民只有合作起来，才能增强话语权，增强维权能力。如果农民是一盘散沙，就只能处于弱势地位。

4. 推进社区建设

社区是农户生产与生活的主要领域，但随着市场经济的发展与城市化进程的推进，农村劳动力和资金大量外流，使农村社区日益成为老人、妇女、儿童留守的场所，同时公共基础设施建设不到位等问题导致农村社区日益凋敝。通过发展农民专业合作组织，可以在经济层面将人才与资本留在社区内部，促进社区内部经济与基础设施建设的良性循环，还可以强化人们在血缘与地缘基础上的团结与合作，促进人们之间的相互交流和社会互动，增强人们间的相互信任感和对集体组织的认同感，促进良好文化风气的形成。

二 农户互助形式的演变与现状

农户互助在中国具有悠久的发展历史，是完善补充农业社会化服务的重要形式，可以有效解决现有农村经济制度下分散小农与市场对接困难的问题，是推进农业社会化服务体系建设的内发性动力。

（一）传统意义上的农户互助

中国是一个传统的农业国家，以自给自足的小农经济为主要特点，受人口与土地面积的限制，经营规模较小，再加上劳动力、生产工具、技术、资金等资源要素的不均衡分布，使各种形式的农户互助行为产生并发展。中国农户互助的历史悠久，对传统意义上农民互助的历史进行考察，可以帮助我们更加深刻地思考与挖掘农户合作的现实性与可能性。从我国农村的历史来看，传统意义上的农户互助主要有邻里互助和宗族互助两种合作类型。

1. 邻里互助

传统中国是一个典型的乡土社会。乡土社会的一大特征是遵循"差序格局",即人们会根据血缘与地缘关系去联系与整合社群,围绕生产与生活开展各种活动(费孝通,2007)。也就是说,在传统的乡土社会中,农民的生产与生活基本上是自给自足的,很少与外部进行资源交流与市场交换,但是农民会通过组合社会关系,在村落内部实现社会交换和资源整合,主要表现为农业生产和日常生活中的互助合作。在农业生产方面,出于经济上的考虑,中国小农会权衡成本与收益,经常会两三家"搭伙",共用牲口和劳动力来犁田、栽种、中耕等。黄宗智(1986)在《华北小农经济与社会变迁》一书中曾记载道:"贫农常把所购买和饲养一头驴的费用摊分数份,由数户共同负担。"有学者将农业生产中的互助合作分为三种:生产工具互助型、劳动力互助型和社会共耕互助型。生产工具互助型通常被称为"伙""合""插""搭"等;劳动力互助型被称为"变工""拨工""换工""调工"等;而社会共耕互助型则是一种较为纯粹的全要素合作行为,如陕北的伙种、冀鲁豫交界的伙佃地、冀中的客家班、广东的集体耕作等(刘金海,2009)。农户生活方面的互助主要表现在人情往来方面,如婚丧嫁娶时的用工帮助及人际交往上的资金与礼物流动等。人情在传统中国不仅是一种社会资本,同时还代表人际交往中的"面子"。人情消费与礼尚往来是增进人际情感的一种方式与手段,同时其作为一种资本投资,可为农户家庭带来更多的机会与收益,可以借此建立并强化农户的互助网络,维持互助的稳定性与长期性。

2. 宗族互助

在传统的中国社会,以小农经济为基础的农村家庭基本上是自给自足的,分散、独立,且国家统治的特点是"皇权不下县",村庄内缺乏正式的管理组织,只存在一些非正式组织,如乡约、社仓、青苗会、庙会、水利组织、联防组织等。在这种条件下,建立在血缘关系和地缘关系基础上的宗族便成为最重要的组织资源,并在农民的生产生活中发挥了重要作用。宗族在中国传统乡土社会普遍存在,而且是农户实现自身利益的重要社会途径(董颖鑫,2006)。中国最基本的社会单位是家庭而非个人,家庭集经济与社会功能于一体,宗族组织将独立分散的小农家庭联结在一起,向外推及形成邻里社会。宗族结构是中国农村社会的典型特色,宗族范围内的成员相互信任、守望相助、亲密无间，由此形成一种有益于农户的"强关系"力量。宗族互助的内容主要有以下几个方面。一是对宗族成员的经济抚恤与救助。对宗族内贫困或受灾的成员开展赈济活动，给予其一定的物质帮助；还有一些较为富裕的宗族成员会捐献出一些钱财或田产，建立具有慈善性质的"义庄"，以对资源贫乏的成员进行周济，起到了维系宗族和保障成员生计的作用。二是对宗族内成员进行思想教化与道德规范。宗族一般会履行教化的责任，对其成员进行有关伦理道德、文化知识、生产技能等方面的教育。三是抵御外部势力侵犯，保卫成员安全，尤其是在历史上的国家战乱时期，宗族会以武装的形式相互救助，维护当地治安，保障宗族成员的生命和财产安全（王文涛，2006）。除此之外，宗族还在收养孤弱、赡养老人等方面发挥了积极作用。宗族组织下的农户互助，增强了村庄内部的凝聚力，维护了农户的基本利益，增强了成员的集体意识与合作意识。

总体来看，传统意义上的农户互助的特点是以血缘与地缘关系为基础，具有高度信任性，遵循互利互惠的原则；规模较小，一般仅限于血缘群体或村落范围内；较为分散且多是临时性或季节性行为，缺乏稳定的组织基础；互助的性质并非等量交换，而是遵循"差序格局"原则，根据村庄生活中的人情进行互助，关系越近，互助的形式就越复杂。

（二）当前历史条件下的农户互助

自 1978 年在农村实行以家庭经营为基础、统分结合的双层经营体制以来，分散的小农家庭经营模式得到确立，但农村集体"统"的功能不断弱化。随着市场经济不断向纵深发展和全球经济一体化的实现，面对激烈的市场竞争，个体小农的生产很难与市场化需求有效对接，经常处于弱势地位。为解决农户小生产和社会化大生产之间的矛盾，各种形式的农户互助不断出现。在农户的农业生产和日常生活中，一些单个家庭无法完成同时政府和市场力量又难以发挥作用的领域里，农户间的互助合作发挥了重要作用。但农户互助的关系不断弱化，互助逐渐趋向理性化，互助需求与互助的内容也在发生变化。

1. 农户互助的趋势

（1）互助关系不断弱化

随着城市化进程的加速与社会进一步开放，传统农户间的信任、忠诚和认同不断弱化，私人化、个体化、原子化特征不断突出，农村社区的生活共同体也全面陷入解体的危机之中。农村人多地少的矛盾、农业生产效益的下降以及城市经济的发展，促使剩余劳动力不断向城市流动，农户内部开始出现分化。农村青壮年劳动力大都选择进城务工，留守的多是老人、妇女与儿童，进城务工人员只在逢年过节时才回到农村；另有一部分农户已在城镇购买房屋，很少回到农村；还有一些农户因为婚姻关系已脱离村庄。这些因素都导致农户在职业、身份、收入、生活方式、利益、观念与社会关系等方面发生了变化，农户间的熟悉程度不断下降。农户对社区认同感与归属感的淡化，导致农村居民的信任度下降，农户对农村社会关系或"人情"的投资预期也开始变化，互助关系开始出现不断弱化的趋势，"熟人社会"逐渐向"陌生人社会"转变。

（2）互助趋向理性化

伴随农村经济结构与社会制度的整体变迁，农户间的同质化程度不断降低，农村社区的认同总体趋向消解（项继权，2009）。家庭联产承包责任制的实行，加强了农民对个人利益的关注，而集体"统"的功能的弱化，又进一步强化了农民的个体意识。与此同时，在社会流动加快的情况下，农民日益被卷入市场经济体系，市场经济的货币化计算方式、经营方式与理性化思维方式逐渐浸透农民生产与生活的各个方面，社会交往方式已不仅仅是"人情"与"面子"了，情感性与地缘性的连接纽带已日渐薄弱，而货币化的计算与衡量方法日益兴盛。传统社区内互利互惠、互相帮扶的原则已淡化，人际关系逐渐变成功利性金钱交易关系。由于考虑到机会成本，村民在劳动力方面的互助已逐渐消失，转变为临时性雇工；在资金互助方面，无偿借贷的现象越来越少，现在一般在还款时都要附加一定的利息。建立在血缘与地缘基础上的互助维持机制已逐渐失效，农户在进行互助合作时，会较多地考虑自己将会从中得到什么，会对付出、回报及机会成本进行反复权衡，理性化算计的成分增多，互助已日益趋向理性化。

（3）互助需求发生变化

农户在生产与生活中的互助在一定程度上仍然存在，但与从前相比，农户互助的需求在某些方面不断减少，在另外一些方面却不断增加，互助需求不断变化。这主要表现在：一方面，随着农业机械化的推广与应用，农户间需要互借农具与劳动力的可能性已不断降低；另一方面，随着社会流动的加剧，留守老人、妇女与儿童逐渐成为农村社会的劳动力主体，他们在生产与生活上的负担比较重，处于弱势地位，建立在情感支持基础上的新的农户互助形式不断出现，如共同购买农资、共同租用农机器具、互相帮助照看孩子与老人、捎带生活物品等。由此可见，在农户个体化与理性化趋势不断加强的同时，农户对社会化服务的需求也进一步加强了。与此同时，农村内部的利益分化也导致农户互助需求的多元化，不同农户互助需求的内容有所不同，需求的强度也有所不同。

2. 农户互助的内容与形式

当前农户间互助的内容除了存在于农忙、建房和红白喜事等领域外，还广泛存在于资金流通领域。互助的形式已由过去的无组织或非正式组织形式逐渐向正式组织形式过渡，各种类型的互助合作社不断产生，但主要以资金互助社为代表。一家一户分散的小农经营已经越来越难以适应生产力发展的要求，为促进农民持续与稳定的增收，就必须解决农户贷款难的问题。一方面，现有的金融机构不能有效深入农村帮助农民；另一方面，向小农贷款的信用风险较大，导致贷款利率和交易成本都比较高。所以，一旦农户在生产或生活中遇到资金问题，其一般都会向亲属或熟人借贷，这种借贷具有数量小、时间短、非正规和不稳定等特点。为解决农户的融资难题，中国政府进行了多方面的探索与努力。1984年，中央在《关于改革信用社管理体制的报告》中倡导要促进农村信用社的发展，使其成为群众性的合作金融组织。但在当时的历史条件下，农村信用社的"官办"特色明显，其运行与发展受到农业银行的指导与管理，农民没有监督权；自1996年起，中国人民银行开始承担农村信用社发展的责任；2003年，农村信用社开始进行多元化的改革；2006年中央一号文件提出，要大力推进农村金融改革，鼓励农户建立资金互助组织；2007年中央一号文件提出要在贫困地区试点进行农村多种所有制金融组织的培育；2010年中央一号文件倡导加快培育适应"三农"需要的农村资金互助组织，有序发展小额贷款。通过这些年来的一系列改革与整顿，农业贷款明显比以前增多，管理与服务效率也有所提高，但信用社始终处于中国人民银行的行政管理之下，建立农民合作制和服务农户的愿望始终没有完成，反而走上了商业化改革的道路。在这种情况下，2007年3月9日，经中国银监会批准，中国第一家农村合作金融机构——百信农村资金互助社在吉林省梨树县榆树台镇闫家村正式成立；2007年4月2日在四川广元市苍溪县又成立了益民农村资金互助社；随后在河南、山东、安徽、山西、重庆、江苏、北京等地又由农民自愿入股相继成立农户资金互助社。互助合作的具体形式不断创新，一些地区依托供销社和生产合作社广泛开展资金互助。农村资金互助社的建立，可以有效解决农民资金短缺的难题，方便社员随时贷款，而且简化了办理手续，不需要任何贷款抵押，为农户提供了一个聚积资金的平台，成为农民自己可以信赖的银行。一方面，农民在需要用钱时可以向资金互助社贷款，之后归还本金并支付一定的利息；另一方面，农民可以通过存款的方式获取相应的利息。

（三）农户互助的社会基础

1. 地缘性农村社区结构

农村社区是相对于城市社区的一个概念，是指由从事农业生产的农户聚居在一定的地域范围内所结成的社会生活共同体，它构成了农户生产、生活与娱乐的空间与场所。农村社区的基本要素包括：地域范围、共同的联结纽带、具有一定特征的社会群体、社会互动、社会认同与归属感等。由于拥有一定数量的土地且生活在同一地域范围内，并在生产与生活过程中发生不断的交往与互动，长期形成了比较相似的生活方式，在此基础上产生信任，地缘性社会关系由此形成。在农村社会，在生产经营、建房子、红白喜事等大事上，农户一般会向血缘性亲属求助，而在日常生活中的小事上，如借用生产工具或生活用品、照看孩子、修理器具、赶集捎物等,则一般会向社区内的邻居街坊求助。"远亲不如近邻"描述的就是这种地缘性社会关系,它是农户间互助合作的前提和基础。在农村社区范围内,农民互助遵循互惠互利的原则,具有交换的含义,但不是短暂意义上的即时交换,而是长期性的交换,需要在长久交往中获得平衡。地缘性农村社区结构为农户互助创造了条件,农户在这一特定的空间范围内互通有无、患难相恤、守望相助。在当前历史条件下,这种地缘性社会资本具有重要的互助功能。一是可以全面调动与整合社区内的各种力量,实现资源的优化配置,如农具共用、技术传授、人力支持等。二是为农户提供了各种有关生产、销售、就业等的市场信息,增加了就业机会。相关研究也一再表明,地缘性社会资本在为农民提供就业信息与渠道方面作用显著(李培林,1996;赵立新,2006;肖卿,2009;李俏等,2010)。三是能够及时有效地满足农民的各种需求,提升农户的生活水平,增强社区的凝聚力和认同感。

2. 人情与社会关系

在本书中,人情就是指人们之间的互动关系与互动行为。中国社会长期以来形成了礼尚往来的观点,《礼记·曲礼上》中就曾记载:"往而不来,非礼也;来而不往,亦非礼也。"强调互助互济在人际交往中的重要作用。与西方国家不同,中国社会最基本的社会单元是家庭而不是个人,其他社会关系都是由家庭关系向外推及所形成的,血缘关系是联结人们的重要纽带,也是产生信任和社会交往的基础。费孝通(1998)运用差序格局分析了传统乡土社会的社会关系,他认为,就像把一块石头投入水中所产生的一圈圈推出去的波纹,每个人都是那些圈子的中心,而人们之间的社会关系就是"一根根私人联系所构成的网络"。在这个层面上,宗族、邻里、村落、城市、国家,都不过是家庭的扩大化,不过是基于血缘的亲疏而建立起来的。但是,无论是建立在血缘还是地缘基础上的社会关系,都需要人情往来加以维持。行人情的方式主要是在红白喜事等仪式性活动及非仪式性活动中,通过馈赠金钱与实物的方式来表达自己的心意与感情,以建立或加强相对稳定的关系,实质上是一种互助行为。这种人情互助具有重要的经济功能与社会功能。对于那些在农业生产与日常生活中遇到经济问题的农户,行人情可以在一定程度上缓解经济困难,帮助其度过危机;对于家中遇难或丧失亲人的农户,行"人情"则具有安抚的情感功能,通过加强人与人之间的"情"来构建"关系"。同时,与自己有人情往来的人越多,代表越有"面子",拥有的社会资本越多,也越容易得到别人的尊敬。人情与社会关系是产生互助的基础,农户在不断的人情付出与回报过程中,开展互助互济活动。

3. 社会认同

社会认同就是一种集体观念或集体意识,即人们对自己所从属的社会群体所产生的强烈情感性力量,通常是成员在拥有共同的价值与行为取向的基础上形成的。社会认同是农户互助的一个重要社会基础,农户所具有的观念与意识具有决定性作用,它是农户解释行动意义的重要来源。当农户对自己所属的群体或所在的地域形成一种内部认同后,就会在生产与生活的不同层面开展合作。家庭是农户行动与认同的最基本单位,但它只能解决有限的社会事务,无力解决超出自身范围的事务。而社会认同一般是指超出家庭范围的对社会群体或所属社区的认同。这种认同一旦形成,就可以降低农民的市场交易成本,协调社会关系,促进社区内部建设。虽然存在区域经济与文化传统方面的差别,但几乎所有人都是归属于一个地域或群体的,这种归属性的意识与情感就是一种社会认同,能够转化为一种"软约束"力量,而像民规乡约、家族规范等属于"硬约束"力量,两者相结合就会形成一种强大的规范与动员力量,帮助人们树立区域共识与集体观念,促进农户在共同认识与价值观的基础上相互帮助与合作。社会认同曾经在中国农村社会的运行中发挥了重要作用,但在农村实行家庭联产承包经营责任制以后,分田到户使农民越来越只关注个体家庭的利益,社会流动也在一定程度上削弱了农民对自己所属农村社区的认同意识,经济理性主导着农民的行为逻辑,农民"原子化"趋势日益明显。在这种情况下,社会认同开始出现危机,农户之间的互助也开始受到影响。如何对作为农户互助基础、社会团结与价值源泉的社会认同进行培育与整合,已成为一个重大现实问题,需要我们不断地进行反思与探索。

（四）农户互助的意义与作用

农户互助并非一个古老与过时的话题，其对于及时满足农民需求、促进农业生产、提高农民生活水平以及完善当前的农业社会化服务体系，具有重要的现实意义，具体表现在以下方面。

1. 及时有效地满足农民的各种需求

近年来，伴随着城市化进程与社会流动速度的加快，农民内部出现了明显的分化趋势。在人民公社时期，由于无差别的生产分工与利益分配，农民的同质性较高，差别较小，需求也较为相似。但是随着社会开放程度的不断加深，农民的职业、收入、生产与生活方式都发生了变化，异质性开始出现，分化现象越来越突出。这种分化导致农民的生产与生活需求逐渐多元化与差异化，统一性质的服务或单一的服务主体根本无法有效满足农民的多种需求。而建立在地缘与血缘基础上的农户互助更能了解农民的需求，也更能满足农民的需求。

2. 便利农民的生产生活

由于农户互助是建立在一定的地缘与血缘关系基础上的，农户彼此之间相互信任、相互了解，因此具有其他组织所缺乏的民间基础，在促进农业生产、改善农民生活方面作用显著。农户互助能够有效代表农民的自身利益，充分调用和整合农村社区内部的各种资源，有助于解决农民生活、经营中的各种问题，实现真正的互通有无、互帮互助。与此同时，农户互助还能起到对内连接农户与对外连接市场的作用，成为沟通内外的中介与桥梁。通过社会关系传播信息、技术、文化、思想等，农户互助为农民从事农业生产、外出就业与提高自身素质创造了机会，尤其是近年来在资金互助方面效果明显，促进了农村闲散资金的聚集与积累，便于农民在生产经营和消费方面形成合作，提高了农民的市场竞争力。

3. 完善农业社会化服务体系的重要补充

农户互助是一种较为分散的非正式的合作形式，由于缺乏规范的限制、特定成员与目标，互助是缺乏稳定性的。我们可以将农户互助看成合作组织的雏形，但它与合作组织有较大的差别。农户互助不一定会发展成合作组织，但一般的合作组织都是从农户互助发展起来的。它们共同作为中国农业社会化服务的供给形式，所发挥的作用也有所不同。农民专业合作组织为入社的成员提供相关服务；而对于那些进城务工的农户来说，他们一般不会加入相关合作组织，农户互助则是最有效的服务形式。在政府、村集体与市场力量等无法达到的服务领域，农户互助可以充分发挥服务作用，成为完善农业社会化服务体系的重要补充。

三 农民专业合作组织社会化服务情况与特点

近年来，我国农民专业合作组织发展较快，但由于地区间发展差异较大，很难通过现有数据资料对中国农村专业合作组织做一个全面的论述。据此，本书以陕西为典型个案，对农民专业合作组织的发展现状与特点进行考察。

（一）数据来源与说明

本书所使用的数据来源于陕西省农业厅 2010 年"村域经济提升工程项目"，该项目拟通过考察陕西村域经济的发展情况，选出首批项目示范村，提升村域经济。该课题组带领团队成员于 2010 年 7～10 月深入陕西农村进行了实地调查。[①] 基于陕西省农业厅 2009 年对全省村域经济的专题调研结果，形成了陕西省村域经济发展一览表。从中选出以农业为主导产业的 8 个市，然后从各市中选出 15 个典型的县（区），再从中选择 16 个村域经济发展较好的典型乡镇，最后确定 16 个示范行政村。16 个村共拥有农民专业合作组织 30 个，平均入社农户 162 户，平均入户率达 80%。

（二）样本村基本情况描述

样本村的平均户数为 486 户，平均人口为 1869.9 人，村庄平均耕地面

---

① 该课题由陕西省农业厅"一村一品"办公室主持，西北农林科技大学经管学院的博士研究生王建华等参与了数据收集与实际调研过程。笔者参与了部分问卷的整理过程，本书所使用的数据得到了课题组的许可。在此，对他们在实地调研过程中付出的辛勤劳动表示感谢。

积为3349.4亩，人均耕地面积为1.79亩（见表6-1）。在地理位置分布上，关中地区的样本村最多，共有10个，占样本总数的62.5%；陕南地区的样本村有4个，占样本总数的25%；陕北地区的样本村有2个，占12.5%。种植业和畜牧业是村域经济发展的主导产业，产业发展模式主要是粮、果、蔬、畜、禽相结合。从本次调查结果来看，村域经济发展的区域特色比较明显，陕北示范村的主导产业是蔬菜种植与生猪养殖，关中地区示范村的主导产业是水果种植与生猪养殖，陕南地区示范村的主导产业是蔬菜种植、茶叶生产、肉鸡养殖与豆制品生产。在农民生活水平方面，这16个样本村2008年的农民人均纯收入的平均值为4462元，2009年为5666元，2010年为10756元。

表6-1 样本村基本情况

地区	村 名	户数（户）	人口（人）	耕地（亩）	合作社	产业模式
陕北	延安市甘泉县高哨乡雷家沟村	104	470	370	甘泉田源蔬菜合作社 甘泉县星火养鸡专业合作社 甘泉县高哨乡沼气服务专业合作社	菜畜结合
陕北	延安市子长县南沟岔镇双牛湾村	105	540	4200	子长县双牛湾万头养猪专业合作社	粮畜结合
关中	铜川市王益区黄堡镇孟家塬村	650	2540	3900	孟家塬兴果果业合作社 孟龙果业专业合作社 奶牛协会	果畜结合
关中	铜川市印台区高楼河乡贾家塬村	264	968	3680	贾家塬苹果专业协会 红心农民专业合作社	果畜禽结合
关中	咸阳市礼泉县西张堡镇白村	420	1890	3400	白村果业专业合作社 白村养殖专业合作社	果畜结合
关中	渭南市华县毕家乡钟张村	420	2060	4780	华县民兴蔬菜专业合作社 华县姐妹面花专业合作社	果菜畜结合
关中	渭南市澄城县王庄镇水洼村	496	1986	6055	兴水苹果合作社 益农生猪养殖合作社	果畜结合
关中	渭南市大荔县埝桥乡黄营村	380	1560	2600	兴旺果蔬合作社 安友果品合作社	菜畜结合

续表

地区	村　名	户数（户）	人口（人）	耕地（亩）	合作社	产业模式
关中	宝鸡市陈仓区周原镇王家村	1080	4100	5380	宏源养猪专业合作社 陈仓区宏源种植专业合作社	菜畜结合
关中	宝鸡市眉县齐镇齐镇村	1371	4924	4870	齐鑫猕猴桃合作社	果畜结合
关中	宝鸡市千阳县文家坡乡曹家塬村	490	2006	5663	千星食用菌专业合作社 乾龙蚕桑专业合作社	菜畜结合
关中	宝鸡市眉县金渠镇第二坡村	547	1786	2730	楚红猕猴桃合作社	果畜结合
陕南	安康市汉滨区建民镇忠诚村	288	1048	1180	忠诚蔬菜合作社 忠诚生猪养殖合作社	菜畜结合
陕南	汉中市南郑县牟家坝镇秧田坝村	102	350	705.2	严氏绿叶茶产业专业合作社	畜沼茶结合
陕南	商洛市丹凤县棣花镇万湾村	454	1623	1739	万湾果品专业合作社 蔬菜专业合作社 万湾养鸡专业合作社	果畜禽结合
陕南	商洛市山阳县十里铺乡高一村	605	2067	2338	山阳县养鸡专业合作社	果畜禽结合及豆腐加工

（三）农民专业合作组织服务农户的特点

1. 以专业化服务为主

从本次调研结果来看，目前陕西的农民专业合作组织坚持以市场为导向，全面发展产、供、销一条龙服务，同时紧密结合当前的市场发展形势，围绕农产品的生产、储运、加工等环节，全面发展专业化、标准化、集约化生产，为农户提供专业化服务。具体服务内容主要有以下几类。一是提供农资采购服务。对于社员所需的物资，由合作社统一与厂家直接联系购买，减少中间环节，降低了交易成本，而且也保证了农资的质量。二是提供技术指导与培训服务。结合市场需求，推广标准化技术，对农户进行关键技术培训。例如，成立于2008年8月的渭南澄城县兴水苹果专业合作社设置了有机苹果生产技术部和管理部,负责技术引进研发和技术指导培训。为大力发展绿色无公害有机苹果,该合作社全面推行标准化生产技术,并在生产环节中为社员提供全面技术指导。宝鸡千阳县的合作社采用专家大院模式,邀请专家及专业技术人员到农户家中或深入田间地头对农户进行操作指导和技术培训,加快了从先进技术到生产力的转化过程。三是提供信息服务。合作组织通过购置信息化办公设备,向社员发布各类市场供求信息,提供网上信息查询服务,方便社员了解市场行情,促进农民增收的效果明显。四是提供销售服务。例如,延安市雷家沟村的甘泉田源蔬菜专业合作社,围绕鲜辣椒的生产与销售,不断发展包装、加工、储运服务,开拓销售渠道,不仅积极与西安、银川、延安、兰州等地的超市进行联系,尝试推行"农超对接",还在政府的扶持下建立了批发市场,形成了稳定的销售渠道。

2. 农民自主形成服务团体

根据研究需要,按合作组织的组建方式及其与政府、企业、农民之间的关系,可将合作组织分为三类,即政府主导型、企业带动型与农民自主型。需要说明的是,这只是一种理想的分类方式,实际上有些合作组织会同时具备这三种特征,因此,本书主要根据合作组织在组建与发展过程中所依靠的决定性力量进行划分。所谓政府主导型,是指合作组织由政府按照自上而下的方式建立,并依靠政府的政策进行引导与支持;所谓企业带动型,是指合作组织与企业结成合作伙伴关系,依靠企业的技术与管理运行;所谓农民自主型,是指合作组织按照"自我组织、自我管理、自我服务、自我受益"的原则建立,其实际运行由农民自我控制。从调查结果来看,目前陕西的农村合作组织以农民自主型为主,这一类型占农民专业合作组织的53.3%,并且地区差异明显(见表6-2)。陕北地区的合作组织以政府主导型为主;关中地区的合作组织以农民自主型为主,兼有企业带动型;而陕南地区的合作组织则以农民自主型为主,兼有企业带动型与政府主导型。究其原因,这可能与地区的经济基础、地理条件及历史文化有关,陕北作为革命老区,深受各级政府的重视,相应的财政与政策支持较多;关中地区土地肥沃、气候适宜,经济基础较好,具备形成农民自主型合作组织的条件；而陕南山区较多，交通不便，气候较为湿润，盛产茶叶、食用菌及中草药等，经济基础相对较差，因而需要政府的支持与企业的带动以联系外部市场，农民专业合作组织的类型较为复杂。

表6-2　不同类型合作组织的数量

单位：个

组建方式 \ 地区	陕北	关中	陕南
政府主导型	4	0	1
企业带动型	0	6	3
农民自主型	0	13	3
总计	4	19	7

3. 以社区内服务为主

本次调查发现，目前合作组织大多以村为单位组建，服务范围主要集中在农村社区内部，难以突破村庄的地理界线，这与各村的自然地理条件与发展特点具有一定的关系。由于生产种类存在差异，再加上交通运输等方面的问题，目前农民专业合作组织主要在村庄内部发育，服务范围也因此受到一定的限制。本次调查的农民专业合作组织基本上都是依托主导产业在本村内部发展，它们虽然在生产、经营、信息与技术传播等方面发挥了较好的带动作用，但受发展空间的限制，资源的集中与整合困难，其市场竞争力与服务农户的能力也因此受到影响，规模效益不易实现。从长远发展来看，合作组织要做大、做强，需要逐渐突破村庄的地理界线，围绕当地的优势农产品，以市场为导向，搭建交流合作平台，从而打造主导产业与形成品牌效应，带动农业、农村经济的快速发展。另外，在社会服务功能上，农村合作组织的规模扩大后，能够更好地对资源进行优化配置，促进经济效益提高，吸引人才、技术、资金等生产要素回流，从而进一步增强服务农户的效果，以服务为中心推动农村经济发展并创造良好的社会环境。

4. 产业链中游的加工服务较为欠缺

本次调查发现，目前陕西地区的农民专业合作组织类型多样，经营的产品涉及蔬菜、水果、茶叶、家畜家禽、面制品等，但从总体上来看，主要集中在种植业和养殖业两个方面，并且绝大多数产品都属于初级产品，产品的加工程度和科技含量较低。具体来看，在本次调查的30家农民专业合作组织中，从事种植业的有18家，占60%，从事养殖业的有10家，占33.3%，从事沼气服务的有1家，占3.3%，从事面花生产的有1家，占3.3%。在经营种植业的18家专业合作组织中，经营蔬菜的有7家，经营水果的有10家，经营茶叶的有1家；在经营养殖业的10家专业合作组织中，养鸡的有3家，养猪的有4家，养牛的有2家，养蚕的有1家。这些专业合作组织大多参与农产品产业链的上游和下游，为农户提供的服务包括生产环节中的农资购买、技术指导、市场信息咨询，以及产后的销售与流通环节的一系列服务，较少参与产业链中游的农产品深加工层面，缺乏增值链条。农民收入低的主要原因就在于只涉足农产品的生产环节，而对于利润较高的深加工、销售与流通环节较少参与。增加农民收益的最佳途径之一就是让农民更多地参与产业链中游的农产品加工环节，增加农产品的附加值。然而，现实情况是大部分农村专业合作组织尚处于初级发展阶段，为农户提供的服务只是生产与销售层面的，服务的水平与层次还较低，虽然在一定程度上可改善分散小农生产水平低、组织化程度低、交易成本高和市场谈判能力缺乏的状况，但在增加农民收入方面效果仍然不太明显。另外，农产品的产量增加与技术含量提高，也无法从根本上解决农产品销售层面上的问题，比如在市场供大于求时经常会出现农产品的价格竞争，使农户利益受损。因此，合作组织的服务层次需要不断提高，从最初的单纯向农户提供生产与销售服务提升到为农户提供农产品深加工服务，从而提高服务的效果与质量。

5. 农村精英的带头作用明显

本次调研结果显示，农村精英在合作社组建、发展与服务农户的过程中发挥了重要作用，80%以上的合作社依赖于农村精英组建。精英是一个社会学概念，属于社会分层的范畴。依据马克斯·韦伯提出的"权力、财富、声望"三位一体的分层标准，可将农村精英分为政治、经济与社会精英三类，本书所指的精英主要是前两种，他们通常是在政治生活、农业生产或其他方面取得一定成绩或具有一定威望的人，在农村当地具有一定的影响力。在本次调查中，农村精英主要由村干部、私营企业老板、农村经营大户和农民经纪人组成，他们一般愿意通过各种政治便利、社会关系或经济手段，积极帮助村民解决生产、技术、贷款、销售等方面的难题。因此，由他们牵头组建农民专业合作组织，比较容易获得村民的信任、认可与支持，能够将分散经营的小农联合起来，共同抵御市场风险。这种模式服务农户的效果也较为明显，农户加入合作组织以后不再需要出门找销路，有效地解决了小农户与大市场相连接的问题。这种现象在当前农村具有一定的普遍性，农村精英成为农村经济发展的推动力量。在政府制度与市场资本无力涉及的乡村生产与服务领域，农村精英的出现弥补了这一"真空"地带，并适时地发挥了带头示范的作用，给农户带来了市场效益。

6. 服务需求差异较大

伴随着我国经济社会的全面转型，土地、劳动力、资金、技术等生产要素的商业化运作不断加深，农民内部已经开始出现分化，农村精英阶层不断涌现就是这一分化过程中的典型样本。Forrest Zhang（2010）认为农业生产中的资本渗透形式的出现促进了农民的内部分化，按商业化生产水平与雇佣劳动力的情况，他将目前的中国农户分为7种，即自给自足的农民、商业化农业生产者、企业化农业生产者、合同式农业生产者、中国特色的半无产农场工人、半无产农场工人和无产农场工人。还有学者根据职业属性及占有经济、组织和社会等资源的情况，划分出农业劳动者、农民知识分子、农民工、农村管理者、乡镇企业管理者、乡镇企业职工、个体工商户、私营企业主等群体（长中子，2008）。按地理位置可将农民分为发达地区（含城郊或城中）农民和一般农业型地区的农民；按收入来源可将农民划分为纯农户、兼业户和离农户（王习明，2010）。不同类型的农民拥有土地与劳动力的情况不同，对服务的要求也有所不同。本次调研表明，所拥有土地规模的大小、劳动力的多少及专业化程度都会影响农户对服务的需求强度。比如，作为农民中大多数的兼业户，对灌溉、机耕等服务的需求较大；从事专业化种植与养殖的农户对农资购买、技术指导与市场信息咨询等服务的需求较大。本书第二章中也指出：经营规模、农户年龄、家庭劳动力人数、是否从事农业生产、人均纯收入、区域位置对农户的服务需求具有一定影响。但是，农民在分化过程中，对社会化服务的需求不断增加，这是其共同利益的联结点与出发点。

四 农民专业合作组织面临的问题与对策

(一) 农民专业合作组织面临的问题

农民专业合作组织在农业经济发展、农村建设与农民增收方面发挥着不可替代的重要作用。通过将分散小农组织起来，农村专业合作组织可以充分发挥组织功能与联合优势，对内可为成员提供多种农业社会化服务，对外能够代表农民利益与外部力量进行沟通、谈判与合作，提高农民的社会地位和参与市场竞争的能力，从而推进农产品生产的专业化、标准化和集约化，实现规模经济。通过让农户广泛参与合作组织的运行与管理，可以拓宽他们的眼界，增强他们的合作意识与集体凝聚力，提高个人的综合素质与能力，尤其是在应对农户生产专业化及商业化方面，合作组织发挥了重要作用，促进了农业科技的传播与推广。目前，我国农户的合作意愿逐渐增强，各种类型的农村合作社迅速增加，并呈现合作方式日益多样化、服务内容不断扩大、组织运行趋于规范等新特点。据此可以预测，我国农民专业合作组织未来的发展前景广阔，在服务农户、提高农户市场竞争力和促进农业发展方面具有巨大的潜力。但是，目前我国农民专业合作组织的发展还不成熟，虽然其属于民间供给主体，却或多或少地依赖于地方政府，缺乏独立性与自主性，内生性发展动力不足。随着农村社会内部分化程度的不断加深，"大农吃小农"的现象不断出现（仝志辉和楼栋，2010），合作组织由领办人控制的现象比较普遍，我国农民专业合作组织在建设与发展过程中还面临诸多问题与挑战。

1. 组建动机上是否真正为农民着想

2006 年 10 月颁布的《中华人民共和国农民专业合作社法》中明确规定，农民专业合作组织的宗旨是为成员提供服务，并为全体成员谋求共同利益。而在现实情形中，一些合作组织在代表农民利益方面缺乏真实性，在组建过程中没有以农民为主体,"挂牌"或"空壳"合作社不同程度地在各地农村存在。一些企业或农民企业家打着建立合作组织为农民服务的旗号,骗取政府扶持农民专业合作组织的各种专项资金或套用税负减免等优惠政策,其中不乏一些农村精英利用与政府的关系建立合作组织,其建立合作组织的出发点并不是为农民着想、为农民服务,而是谋求自身的利益,组建动机不纯,严重扭曲了合作组织的建立目标与合作宗旨,不仅导致农民无法获得真正的服务,还影响了农民加入合作组织的积极性与对合作组织的信任感。

2. 成员构成上能否代表农民的利益

专业合作组织应该以农民为主体,以服务成员为宗旨,在成员地位平等的基础上实行民主管理。《中华人民共和国农民专业合作社法》中规定:"农民专业合作社的成员中,农民至少应当占成员总数的百分之八十。成员总数二十人以下的,可以有一个企业、事业单位或者社会团体成员;成员总数超过二十人的,企业、事业单位和社会团体成员不得超过成员总数的百分之五。"在当前的中国农村,农民分化现象突出,不同成员具有不同的服务需求,导致合作组织在成员构成上具有异质性,这无疑给民主管理带来了极大挑战。农民群体以外的成员在合作组织的管理与决策过程中施加了影响(苑鹏,2010),导致农民专业合作组织受到领办人员的掌控,使民主管理成为一种形式,不具有实际意义,也无法真正代表农民的利益。

3. 服务水平上能否有效为成员服务

关于目前农民专业合作组织的服务水平与效率,由于相关研究资料较为缺乏,我们无法从中了解中国整体的发展情况。但从个别研究资料及本次调查中可以发现,合作组织的服务水平还比较低,服务效率还有待提高。在当地具体实践中,合作组织的发展十分迅速,并且基本上具备了农资购买与技术指导的服务功能,但在农产品加工与流通环节的服务还比较薄弱。随着市场需求的不断发展,农民专业合作组织需要不断完善其在加工领域和信息化服务方面的功能,这将是提升农村专业合作组织市场竞争力的有效途径,也是服务农民、促进农民增收的重要手段与方法。

4. 在合作能力上能否实现组织目标

贺雪峰（2007）在对湖北荆门地区的农民在治水过程中的合作行为进行研究后发现，农民具有一种"特殊的正义观"，即他们不是根据自身实际能获得的好处来计算得失，而是根据与周围人的收益比较来决定自己的行动，他们更在乎其他人的"搭便车"行为，如果其他人会从自己的行动中获得好处，那么本人就不会参与这项行动。他们过多地考虑如何对付少部分自私的人，而忽略了参与整体行动所能获得的利益。这种"特殊的正义观"所蕴含的前提假设是：所能获得的整体利益不变，别人得的多了，自己得的就少了。而实际上如果大部分人都参与集体行动，则整体利益是会增多的，并不会减少个人的投资收益。这种观念无疑反映了当前农民的合作心态与能力，他们极有可能因为个别现象而放弃参与权与控制权。同时，农民目前的整体受教育程度比较低，技术水平较低，掌握的市场信息也较少，直接影响了他们实现组织目标的能力。

（二）增进农民专业合作组织骨干效能的对策建议

1. 整合挖掘农村互助资源

目前中国农村社会正处在一个全面转型的历史阶段，各种新思想、新信息以及现代化的技术手段不断充斥着人们生活的各个方面，与世界接轨成为人们追求的一个目标。但是现代化的实现并不代表我们就要抛弃历史与过去，中国历史上形成的农户互助的优良传统是需要不断加以保持的。农户互助作为一种来自民间的实践，具有地方特色，同时具有较强的资源动员能力，而且在形式上具有灵活多样性，能够随着农民需求的变化进行自我调整与更新。另外，农户互助作为农业社会化服务体系的重要组成部分，其角色与功能是任何其他服务主体无法取代的。王铭铭（1997）将农户互助称为"民间福利模式"，认为其可以有效弥补当前农村社会福利层次低、范围小、覆盖面窄等不足，发掘乡村内部资源，完善社会保障功能，提高农民的生活水平。中国的乡村社会具有丰富的传统文化与社会资源，这些无疑可以成为联结农户的纽带，而人情往来中表现出来的互惠互利、高度信任和互相帮扶等思想，则又构成了一种社会支持机制。传统文化与社会资源在维持互助方面发挥了重要作用,维护了社会团结与稳定。处于乡村社会关系网络中的社会资本实际上是一种可以利用的潜在社会资源,而且稳定性较高,而这正是农户互助得以形成的根基。所以在实践层面,要深入挖掘与利用传统文化资源与社会关系,广泛发展农户互助,这是推动和促进资源优化配置与功能互补的重要途径。对此,国家政府在鼓励发展各种形式的农户互助时,要高度重视农村社会本土性资源的利用情况,调动各种积极因素,促进农户互助活动的开展。

2. 完善合作组织的内部运行机制

与欧美发达国家相比,中国农民专业合作组织的历史相对较短。从1844年罗虚代尔(Rochadile)合作社成立以来,欧美国家的农村专业合作组织已有170余年的发展历史,而我国只有大约80年的发展历史,我国农村专业合作组织在建设与发展过程中面临诸多问题与挑战。综观西方国家发展农村合作组织的经验可以发现,资本带动型的农民合作社是其主要的发展形式,即在运作方式上,通过大规模的土地流转发展种植业或养殖业,从而将农民转化为城市居民或农业工人,实现"农民的终结",而农场主则成为合作社的负责人。这种形式的合作社具有经济实力强和规模大等优点,但同时也增加了管理和运行的成本,要实现长期发展只能运用抬高价格和压榨工人的方法。结合当前中国农民数量众多的国情,不适宜发展资本型的农民合作社,而应该发展农民自主联合型的合作社,即广泛开发利用乡村熟人社会的资源,在有限的范围内将农民尽可能地组织起来,同时,服务内容也应有所突破,从以销售服务为主,逐渐向技术培训、农业保险、市场信息提供等方面延伸。要增强合作社的信息服务功能,鼓励合作社运用网络信息系统为农户实时发布市场供求信息,强化收集发布、分析判断、预测预警方面的作用,为农户的生产经营活动提供信息指导服务。另外,还要鼓励合作社与科研教育单位、社区、超市、农资生产企业等开展多种合作活动,以带动农民增收致富。

3. 改善合作组织的外部支持环境

建立健全农民专业合作组织任重道远,为积极应对当前经济社会环境所带来的挑战,有效实现民主管理和服务农民的宗旨,政府应积极引导与支持农村专业合作组织，以保障其健康发展。政府应采取的具体措施包括以下几方面：一是要继续对农民专业合作组织的发展进行政策扶持，加强与其他部门的沟通，完善政策、统筹规划，促进农户广泛参与；二是要对农民合作社的组织基础严格把关，对其成员构成与组建动机进行考察，防止假合作社的产生，维护农民利益；三是要加强对合作组织运行机制的管理，从法律与制度的角度对其进行规范；四是要采取措施建立联动机制，帮助合作组织完善相关服务，支持合作社在地方农贸市场和社区菜市场设立直销点或连锁店，拓宽合作社的产品营销渠道，以充分满足农民的意愿和需求，推进农业社会化服务体系建设；五是要加强对农民自身素质与合作能力的培育，帮助其树立风险共担、互助互利与民主管理的意识与观念，促使其由"生存小农"向"企业家农民"转型，以真正实现农民与合作社的双赢。

4. 推动合作组织的对外交流与合作

农民专业合作组织将其发展空间局限于村庄内部，不利于资源的整合、技术的创新以及规模的扩大。从现实情况看，我国的农民专业合作组织在发展程度上存在明显的区域差异，东部沿海地区的合作组织发展较为成熟，建立并形成了市场销售渠道和品牌，并在资金、技术、人才、管理等方面积累了较多的经验。相比之下，中西部地区的农民专业合作组织则发展较为滞后。对此，应借鉴和学习西方发达国家的实践经验，不仅要逐步完善合作组织在农资供应、信息与技术传播、产品销售等方面的服务功能，还要积极促进合作组织与政府农技部门、科研教育单位、农业企业等机构的交流与合作。加强地区内部合作组织间的交流与合作，有利于资源的优化配置和规模效益的实现；加强跨地区的合作组织的交流与合作，有利于传播技术，增强管理能力和市场竞争力，开发深加工领域，促进产业链条的延长与产品的增值，从而切实提高农民的收入，完善农民专业合作组织的社会化服务功能。

五 其他社会服务组织的类型及存在的问题

在农民的日常生活中与其打交道最多的就是各类社会服务组织，包括各类专业协会、基层农资经销商、农村经纪人、种养大户等,他们在直接创造经济效益的同时,也间接为农户提供了一定的实用技术推广和科技信息服务,已成为农业社会化服务体系的有益补充,带动并促进了农业产业化的发展。在连接分散小农与市场方面,其他社会服务组织发挥了重要带动作用,提高了农户的技术水平,解决了农产品的供销问题。凭借灵活的经营方式与营销手段,其他社会服务组织在当前历史条件下,具有旺盛的生命力。但由于其位于市场底层,信息透明度较高,因此市场竞争越来越激烈,其发展也面临诸多问题。

(一) 基层农资经销商

近年来,众多农民工返乡创业,由于国家对农资经销商的资质与经营资格缺乏明确规定,因此回流农民工中具有一定资金与经验的人员纷纷介入农资经销行业,村级农资经销商数量快速增加。相关报道显示,在河南、山东等地,村级农资经销店数量增加异常迅速,各行政村的农资经销商平均每年增加1～2户。村级经销商运用社会关系与赊销方式来吸引农户,经营方式比较灵活,同时在价格上要低于县级批发商,购买也比较便利,因此很受农民欢迎。但伴随着村级农资经销店数量的增多,行内竞争变得异常激烈,出现了互相压价和不能保证产品质量等恶性竞争问题,其发展面临着挑战。存在的问题主要包括如下几个方面。

1. 市场竞争激烈导致逐利空间变小

由于基层供销社、农资企业和基层农业服务站等都将农资供销领域作为重要的增收项目,并通过政策结盟等手段形成垄断趋势,因此成为基层农资经销商的有力竞争对手。例如,一些地方的农业技术推广站不强化其在农业信息咨询、技术指导与推广方面的功能,反而重点加强农资供销,还有一些政府涉农部门如种子公司、生产资料公司、供销社等,更容易得到信贷支持,通过与政府的关系利用相关政策优惠,导致不公平竞争。同时,由于基层经销商入行门槛低、增加速度快,因此赊销风气盛行,假冒伪劣商品泛滥,严重影响农资市场的经营秩序,造成经营管理上的混乱。

2. 规模小、资金不足导致抵抗风险能力弱

基层农资经销商不仅在市场上处于多重挤压地位,要与批发厂家、业

内同行、上层经销商、政府涉农部门等进行竞争,而且由于规模小、资金不足,抵抗市场风险的能力也非常有限。目前村级农资经销商基本上都是夫妻店、父子店的形式,规模小、周转资金少,为确保生存空间,很少会与业内同行进行联合与合作,经常会互相砸价,甚至会进行恶性竞争。村级经销商通过乡村社会的熟人关系经常会对农户进行赊销,经常会有旧账没有结清而新账不断出现的局面,从而导致资金运转困难。同时,如果村级经销商对市场的判断不准确,就难以确保收益,再加上农户的欠款现象,经销商很难抵御市场风险。

3. 专业技术与管理知识缺乏导致服务水平上不去

目前村级农资经销商的整体素质还不高,对自己所经营的农资产品了解不多,对于病虫害防治、平衡施肥等农业生产中的具体操作知之甚少,难以保证服务的质量。同时,由于缺乏管理知识,其在资金使用、产品定价、贷款、收账等方面都存在困难,因此产品价格越来越低,利润空间也越来越小。基层农资经销商要想在激烈的市场竞争中站得住脚,就需要不断加强学习与培训,增加对农资产品的成分、使用方法、作用以及市场信息等方面知识的了解与掌握,同时还要学习管理方面的经验,提高自身的从业素质,以此来增加农民的信任,以技术取胜,增强服务意识,不断提高服务农户的水平与质量。

(二)农村经纪人

随着农业产业化与商品化水平的提高,一大批连接小农户与大市场的农村经纪人不断涌现,他们促进了市场信息的传播与流通,带动了农村相关产业的发展,促进了农业经济结构的调整,增加了农民的收入。在农业部2003年发布的《关于加强农村经纪人队伍建设的意见》中规定,农村经纪人是在农村社会范围内,通过从事农产品中介服务来获取收益的公民、法人和其他经济组织。相关资料显示,2006年我国农村经纪人数量达到60余万人,业务量超过2000亿元,范围几乎涵盖了所有的农副产品(富子梅,2006)。为适应不断变化的市场需求,农村经纪人的服务方式正从传统的代购代销转向现代的专业经纪和规模经纪,连锁经营、专业配送、网上交易等新型服务方式不断出现，促进了农产品的销售与流通，极大地改变了农村传统的自给自足的生产方式，增强了农民的市场意识，较好地帮助农户解决了市场连接问题，成为发展农村经济、促进农民增收的一个不可替代的群体，但其在发展过程中也存在一些突出问题需要解决。

1. 缺乏政策扶持

在农业市场上，与农民打交道最多的就是农村经纪人，但一直以来他们未能得到政府部门的应有重视。在传统社会，农村经纪人被称为"贩子"，被看成走街串巷的底层商人；在计划经济时期，其被当成"投机倒把分子"，经营行为一直未得到社会的认可。直到近些年，国家政府才开始肯定其在农村经济发展中的作用，将其称为"经济能人"、"农村致富带头人"和"农村经纪人"。但政府的政策仍然更重视那些组织化程度较高的服务供给主体，如龙头企业和农民专业合作组织等。政府对农村经纪人缺乏有效的管理，导致其无证经营的现象较为普遍，同时，政府部门也很少对其进行科技与管理方面的培训，政策性鼓励与财政支持也较少。对此，政府相关部门应为农村经纪人提供各种政策支持，加强对农村经纪人的执业管理，开展多种形式的科技与管理培训，以提高农村经纪人的综合素质。

2. 自身能力建设不足

目前农村经纪人的综合素质普遍不高，在科技、政策、法律、管理方面的知识较为欠缺。不少农村经纪人仅是凭借个人的经验与能力来应对市场，而对相关的政策和法律了解甚少，由此造成交易过程的不规范，经常引起一些不必要的纠纷。另外，由于大多数农村经纪人都是个体经营，缺乏组织与联合，其经营行为比较随意，缺乏约束，也会出现盲目性问题。同时，由于缺乏相关的技术培训机会，农村经纪人很少在提高自身能力上下功夫，在经营手段与营销方式上比较落后。对此，各级政府应努力做好对农村经纪人的培训工作，充分利用农民夜校、技校和各类组织资源，根据农村经纪人在实际经营中对科技、信息、流通、加工等方面的需求，提供相关培训，以促进农村经纪人队伍的健康发展。

3. 服务质量难以保证

农村经纪人在连接小农户与千变万化的大市场方面发挥了重要作用，

是完善农业社会化服务体系的重要主体之一,其活动领域遍及农业生产的各个方面。相关资料显示,农村经纪人主要活跃于农产品经营、农村工业与手工业产品销售、农村科技传播与农村劳动力就业等方面,并且以个体经营为主,分工合作的比较少,在市场中经常处于无序竞争状态,互相排挤的现象时有发生。还有少数农村经纪人为获得高额利润,不讲商业信用和职业道德,在经营过程中不择手段,囤积居奇、欺行霸市、操纵价格、强买强卖、垄断市场,坑农、害农、损农,甚至长期拖欠农产品收购款,不仅影响了自己在农民心目中的形象,而且也影响了服务农户的质量与效果。

4. 组织化程度低

目前,农村经纪人的发展尚处于初级阶段,组织化程度较低,因为多数农村经纪人是根据农民的生产生活需求自发形成的,同时受农业生产季节性的影响,以个体家庭式经营为主,合作型、企业型等组织化经济实体较少,相互之间也没有形成信息共享机制。同时,由于缺乏现代管理知识与营销手段,经营规模小,周转资金不足,市场竞争力不强,信誉较差,抗风险能力也比较弱。因此,努力提高农村经纪人的组织化程度是比较关键的问题。各级政府应不断降低农村经纪人的准入门槛,因地制宜地对农村经纪人给予政策支持与鼓励,充分利用各种培训机构对农村经纪人进行教育培训,提高其科学文化水平与服务能力,增强其组织意识,促进其广泛开展交流与合作,更好地为农户服务。

(三) 科技示范户

针对农户生产规模小、素质低、消息不灵通、科技转化困难等问题,农业部于 2005 年启动实施了"科技入户"工程,以加大对农业科技示范户的培养力度。这项工程主要采用政府出资、专家指导、县乡科技部门配合等方式,通过培育农业科技典型发挥辐射带动功能,达到服务农户的目的。截至 2009 年,在全国各级农业部门与地方政府的共同努力下,科技示范户的数量已达到 65 万户,带动农户 1000 万户(农业部科技教育司,2009)。继"科技入户"工程之后,2009 年 8 月,农业部又推行了"全国农技推广示范县"项目,范围遍及全国770个县,在促进农业科技普及与推广、提高农民科技水平、服务带动农户方面发挥了重要作用,培养了一大批农业发展带头人,促进了农业科技成果的转化。科技示范户充分利用自身的科技素质及贴近农户的优势,与周边农户结成社会化服务网络,促使各种农业科技信息、技术成果和市场项目有效传递到农户,从而达到带动周边农户共同增收致富的效果,这可以有效解决科技信息入户"最后一公里"的问题。在中国农村,示范带头的教育作用不容忽视,农民喜欢眼见为实,只有看到科技示范户的效益与成果,农民才会相信科技的效果,才会进行学习与模仿。

科技示范户已成为当前传播农业科技的主要载体,是对农业社会化服务方式与手段的创新与突破,充分发挥了服务农户、带动农户的作用,有效解决了现行农技推广体系制度僵硬、手段单一、投入不足、联系不畅等问题。但由于这一服务形式的形成时间比较短,因此发展还不是很成熟。科技示范户仍然处于个体经营的分散状态,相互之间缺乏联合与合作,组织化程度低,同时他们的发展还主要依赖于政府、农业科技部门及科研教育单位的扶持,自身发展动力不足。另外,他们在了解市场信息与科技信息方面不是很灵通,在销售、流通方面也面临挑战,服务农户的意识也有待增强。

六 其他社会服务组织的作用及发展方向

从总体上来说,农业社会化服务体系就是由不同供给主体构成的服务网络,服务是连接农户的线,各供给主体是服务网络中的节点,而农户则是网络的终端。在第三章已专门提到,农业社会化服务的供给主体划分为公益性、市场化、互助性及科技性供给主体。按照组织化程度可将市场化供给主体分为两类(孔祥智等,2009),一类是组织形式的主体,如龙头企业、专业批发市场等,另一类是个体形式的主体,如基层农资经销商、农村经纪人、科技示范户等,在这里我们将这类供给主体称为其他社会服务组织。在农村实行以家庭联产承包经营责任制为主的统分结合的双层经营体制以后,"统"的功能不断弱化,"分"的功能不断加强,尤其是20世纪90年代初开始的供销社与政府涉农部门的改革,促使一大批私营主体进入基层农业服务领域谋求发展,逐渐成为农业社会化服务体系中一支不可缺少的力量,在服务农户方面不可忽视。

(一)其他社会服务组织的作用

1. 农业社会化服务的重要补充

在1978年农村经济制度改革以后,农民成为独立的个体生产经营者,急需各种农业服务。但是,目前农业社会化服务体系的发展还不是很健全,还存在管理体制不顺、机构重叠、服务意识缺乏等问题,导致服务中存在"断层"现象,尤其是在农村基层,不能有效满足农户在农资、技术、资金、信息、销售与管理等方面的需求,而私营个体形式供给主体的出现,则可以弥补这些方面的不足与缺陷。其他社会服务组织是在农村商品经济发展的基础上,在经济利益诱导下发展起来的满足农户需求的服务形式,可以在政府经济技术部门、科研教育单位和集体经济组织无法到达的地方与领域发挥作用,给农民的生产生活带来了方便。

2. 创新服务形式的重要力量

个体形式的其他社会服务组织是在适应农业经济与农村社会发展的过程中出现的,有效地克服了农户生产分散、组织化程度低等弱点。个体形式的其他社会服务组织虽然以营利为目的,但最能关注农民需求,具有较强的服务意识,具有极强的适应性与调整能力。在具体操作过程中,它们通过提供多样化的服务,如农资供应、农产品购销、技术指导、市场信息咨询、农机器具租赁等,融入渗透农户生产生活的各个方面,成为村庄生活不可或缺的一部分。同时,它们还通过上门指导、示范宣传、教育培训、面对面互动交流、开展文娱活动、赠送礼物等服务方式,灵活地适应了农村社会的实际情况,并通过与农民建立、发展社会关系的形式,获得了农民的认可与信任,具有广泛的社会基础。另外,作为自主经营、自负盈亏的经济个体,它们在参与市场竞争的过程中形成了较强的服务意识,不断创新出贴近农民生活的服务形式。

3. 主动有效地满足农户的需求

个体形式的其他社会服务组织是一种典型的以农户需求为出发点的服务供给主体，由于扎根于基层，面对的主要服务对象是农户，它们与农民的关系较为密切，也最了解农户的需求，成为深受广大农民群众欢迎与依赖的农业社会化服务力量。同时，在管理与服务过程中，它们具有较强的自主意识、市场意识与服务意识，主动性、进取性较强，为获得经济利益，它们一般会主动深入基层了解农民需求，听取农民意见，通过社会互动形成反馈机制，从而不断提高经营管理能力并改进宣传手段。这种服务方式在农户生产中发挥了重要作用，有效解决了农户小生产与大市场之间的矛盾，它们的介入在一定程度上减少了农民生产经营的盲目性，降低了市场交易成本，增加了农民的收入。

4. 促进服务体系的内部分工

针对农户、服务基层、内容多样、方式灵活等特点，使个体形式的其他社会服务组织突破了地域和经济条件的限制，促进了农村生产要素的合理流动与资源的优化配置，在国家力量无法达到、科技推广力度不强、村级集体服务弱化、市场资本不愿注入的领域，发挥了积极的作用，实现了各供给主体之间的功能互补。同时，在参与市场竞争的过程中，促进了各类服务的专业化与市场化，服务能力与水平不断提高，形成了新的服务产业，带动了地方经济发展。同时，其出现创造了大量的工作机会，拓宽了农村的就业领域，促进了农村劳动力的转移就业，为农村产业结构调整创造了条件，为农村经济发展注入了活力。另外，其改变了农业服务大而全的情况，促进了农业社会化服务体系的内部分工与专业化服务水平的提高。

（二）其他社会服务组织的发展方向

其他社会服务组织是在农村经济发展中涌现的重要组织形式，也是农业社会化服务体系的重要组成部分，它不仅能够吸纳劳动力就业，带动农户科技致富，而且由于身处基层农村，与农民的关系密切，易于了解农民需求，在农民生产与生活中发挥了重要作用。其他社会服务组织可以有效弥补当前农业社会化服务体系发展不健全的缺陷，在政府涉农部门、科研教育单位和集体经济组织不能到达的领域充分发挥服务功能，方便农民的生产生活。另外，其他社会服务组织具有极强的适应性与调整能力，这些都表明其在未来一段时间内，仍具有发展的潜力与机会。但是，当前其他社会服务组织在发展过程中尚存在规模小、个体分散、素质低、抗风险能力弱、技术改进慢等问题，因此，随着市场经济与农业的发展，个体形式的主体要想在激烈的市场竞争中生存下来，就需要根据实际情况实现一些突破、转化。

有学者结合相关调研结果提出，个体形式的社会服务主体的发展出路在于"组织化"，即通过合作与联合的方式实现功能改进，具体包括政府主导的组织化与市场主导的组织化两种途径。政府主导的组织化道路，就是由政府牵头组织个体形式的社会服务主体加入农资协会、农村经纪人协会或将其纳入现有的供销体系。市场主导的组织化道路，是指个体形式的社会服务主体在拓展业务的过程中相互协作，达成"横向联合"和"纵向联合"，从而形成能够提供综合性服务的企业（钟真，2009）。这种思路不无道理，但在组织数量庞大且分散的情况下，促使其达成合作不是一件容易的事情，而且目前组织化形式的主体如企业与合作组织等，也不同程度地面临发展困境与问题。借鉴邓小平同志"两个飞跃"的思想，本研究认为在农村社区层面上还存在较大的整合空间与发展潜力，采取有效措施对个体形式的社会服务主体进行整合是一个可能的发展出路。因为单纯提倡农民个体的组织化，其联结纽带就显得比较单薄，各人需求不同，追求的目标也就不同，一旦需求或利益发生变动，合作的基础就不复存在了，因此将分散的个体组织起来是有难度的。而本研究提出的在社区层面进行整合，是一种试图通过社区和村落建设而形成的组织化形式，以乡村生活共同体为开发对象，以完善农业社会化服务为目标，通过调用各种经济社会资源如传统文化、社会关系、风俗习惯、乡规民约等，实现个体的积极参与，以农村社区为边界对内部进行资源整合与优化，提升整个农村社区的经济发展与综合服务能力。

第七章　科研教育单位的支持作用

2012年中央一号文件以推进农业科技创新为主题，将农业科技发展作为保障农产品供给和实现农业可持续发展的根本出路，指出农业科技具有公共、基础和社会属性，并要求科研教育机构承担服务"三农"的责任，积极开展公益性农技推广服务。科研教育单位作为孕育农业科技人才和开发技术的基地，在从事农业科技推广过程中发挥了十分重要的作用，主要体现在三个方面：一是参与公益服务，即与政府相关涉农部门合作，广泛参与公益性农业技术推广服务；二是进行教育研发，即从事科研和教学工作，在不断开发新技术与新成果的同时，培养和教育社会所需的农业技术人才；三是执行科技推广，即围绕社会需求，为个体农户、合作组织、农业企业等提供相关技术服务，开展农业技术推广工作。

一　科研教育单位社会化服务的改革与发展

改革开放以来，在政府的高度重视下，我国农业取得了举世瞩目的成就，农业发展势头良好，综合生产能力不断增强，农村产业结构不断优化，农民生活水平稳步提高，农村的面貌也发生了变化。但是，在我国农业仍然是一个弱势产业，农民的增收问题仍然严峻，在新的社会经济环境中，个体小农将面临越来越大的压力。与发达国家相比，我国农业科技的总体水平较低，农业科技的贡献率和农业机械化率均低于发达国家，以人力和畜力为主的传统耕作方式仍然是目前我国最为普遍的农业生产方式，对化肥、农药等生产要素的投入较大，对水、土等资源的消耗较高。相关资料显示，我国每年都有大量的农业科技成果问世，但科技成果实际转化率仅为30%~40%，而且转化时间较长，远低于发达国家的科技转化应用水平。随着我国城镇化和工业化进程的推进，水土流失、环境污染和劳动力短缺等问题将逐渐成为经济发展的限制性因素，与此同时，广大城乡居民对农产品质量与安全的要求也将逐渐提高，这些都迫切要求传统农业向科技型现代农业转型升级。

目前，农业服务水平的落后已成为限制我国农业、农村发展的瓶颈因素，完善农业社会化服务体系是解决这一问题的重要出路。科研教育单位作为农业社会化服务体系的主体之一，在农业科技研究、成果转化、技术推广、农业人才培养与农业服务提供方面发挥着重要功能，是发展完善农业社会化服务的重要力量。新中国成立初期，围绕提高粮食总产量和单产量这一主要任务，我国初步形成了以中央和地方各级农业科研机构、试验站、农业技术服务站为主的农业科技推广体系，确保了国家的总体粮食安全和社会稳定。1961年我国开始对农业科技机构进行精简，约有2/3的农业科研力量被精简或分流，农业科技系统遭到严重破坏，农业科研和推广活动几乎处于停滞状态，社会化服务能力严重削弱。在1978年以后，伴随着集体化运动的衰落，我国农业科研与推广系统进入改革与恢复期，科研机构和高校的农技研发与推广工作得到迅速恢复和重建。相关资料显示，1979年全国农业科研机构只有597家，拥有农业科研人员2.2万人，1985年全国农业科研机构发展到1428家，农业科研人员达10.2万人（黄季焜，2010）。但同时，由于集体经济的解体，我国传统的农业科技系统也因此失去了重要的经济基础，行政驱动型科研体制所导致的高交易成本和低服务效率逐渐引起关注，我国开始引入市场机制和竞争机制对公共科技系统进行改革。1999年，我国农业科研教育单位开始实行转制，并由企业参与进行投资。近年来，我国不断调整农技推广方式，科技服务能力得到提升，技术供给者和使用者之间的沟通与交流不断增多，符合小农需求的各类实用、适用技术和农技服务形式不断涌现，如农村科技特派员、农业专家大院、农业科技园区、星火110、农业科技示范场、科技入户示范工程、阳光工程、测土配方施肥、绿色证书工程等。截至 2005 年，我国共培育专家大院 672 个，建设 110 信息服务中心站点 7846 个，选派科技特派员 23115 人，全国科技示范户先进实用技术入户率和到位率达到 90%。2005 年全国地市级以上划归农业部管理的全民所有制独立研究与开发机构共有 1144 个，其中国家重点实验室有 5 个，从事科技活动的人员总数为 59170 人；全国共建有 74 所普通高等农业院校，其中大学、专门学院有 32 所，专科学校有 42 所；从事教学与科研的人员共有 39145 人；全国农业科研机构的总经费共达 92.07 亿元，其中政府对农业的科技投入达 53.93 亿元，占总经费的 58.57%（科学技术部农村科技司，2006）。2008 年，我国农村中学有 31458 所，农村高中有 1762 所，农民技术培训学校有 15.3 万所（国家统计局，2009）。这些农业科研院所在科学研究、人才培育和示范推广中发挥了桥梁纽带作用，并逐渐得到中国政府的重视。2006 年，国务院出台了《关于深化改革加强基层农业技术推广体系建设的意见》，明确肯定了农业科研教育单位在基层农技推广体系中的地位与作用（郭亚梅，2010）。2012 年中央一号文件将新时期"三农"工作的重点放在农业科技改革上，强调要增强农产品的供给保障能力。在国家政策的引导下，社会各界对农业科技日益关注，科研教育单位在健全完善农业科技创新机制方面的重要性也必然会得到强化。

二 科研教育单位社会化服务中的问题

科研教育单位作为科教兴农战略的重要实施者，是加快农业科技进步和实现农业增产、农民增收、农村发展的主要推动力量，但就目前科研教育单位的发展状况来看，形势并不理想，还存在诸多问题需要解决。

（一）涉农科技资金浪费现象突出

目前国家每年都对农业科研教育投入大量的资金，这些涉农科技经费基本上都集中在高校和科研机构的手中，不同层次的科研教育单位在可支配的科研资源方面存在显著差异，拥有富余科研资源的国家级科研教育机构，主要集中精力开展国际或国内领先的"高、精、尖"型基础研究，而科研资源相对不足的地方科研教育机构，则集中发展见效较快的"短、平、快"型应用研究（黄季焜等，2003）。但从整体上来看，大多数科研成果都仅停留在发表论文的层面，而在其他方面应用不足，导致科研基础条件简陋、技术设备落后、农业科研教育人员待遇不高等问题，涉农科技资金的浪费问题较为严重。目前我国农业科技成果转化率较低，多数科技成果在研发之后就被束之高阁了，无法有效满足农户对实用、适用技术的需求。对此，要有计划地对科研经费进行合理分配，更多地向实用性技术研发领域倾斜，防止涉农科技资金的浪费。要支持鼓励科研教育单位开展基础性、公益性研究和社会化服务，市场化服务则要逐步交给龙头企业和其他社会服务组织，由其根据市场需求确定科研与服务的目标，开展经营性服务，从而提高服务的水平与效率。

（二）综合性农技服务欠缺

现行科研教育单位在体制建设中存在诸多问题，如学科设置不合理、重复建设、力量分散、与农民需求相脱节、技术实用性差、与农户联系不紧密等，导致其综合性服务功能不强。当前农业推广工作运行困难的一个主要原因就在于分割的学科结构与综合性农业服务需求不相适应（李小云，2011）。由于我国农村教育与推广工作才刚刚起步，在服务人员构成、服务内容和服务形式等方面发展还不成熟，农业研究、教育与推广活动缺乏科学的安排和用户的参与，研发与应用之间存在"断层"，不能很好地与农民需求对接。目前农业科研体系条块分割、力量分散，学科与机构设置不合理，使各服务机构之间缺乏有效的沟通与协作，农、科、教和产、学、研联系仍不紧密，突破性成果较少。另外，高水平的农业科技人才较为稀缺，部分农技服务人员不具备综合知识与能力，导致单项型农业服务较多，而综合型农业服务相对匮乏。对此，要立足于农业、农村发展与农民需求进行农业科技创新，不断推进各级科研教育单位深化体制改革，从单纯性技术研发与推广向综合性技术服务方向发展，逐步实现科技服务机构的网络化和综合化，完善人才培养机制，广泛开展有关农村发展与农业推广的教育与培训，促进农业科技服务的规范化、科学化与综合化。

（三）考核和激励机制不合理

农业科研教育单位的管理体制较为僵化，考核评价体系较为单一，导致工作人员的工作积极性不高，缺乏竞争与服务意识。目前我国确立的农业科技研发目标主要借鉴自西方发达国家的农业技术发展模式与经验，注重技术层面的量化效果而严重脱离了中国实际，导致科学研究领域功利化和技术化倾向比较严重。近年来，在农业科研机构与高校的绩效考核中，均将发表论文、申请项目和获奖的情况作为晋升与发展的主要考核指标，从而导致大部分科研成果都集中在论文层面，实际能够得到应用的却寥寥无几，以致农技应用推广几十年来很少有重大突破。目前科研教育单位的激励方式也几乎等同于追求"高、精、尖"，因为从事这些领域较易获得资金支持和学术荣誉，这极大地影响了从事应用推广的服务人员的积极性，愿意深入农地基层从事实用技术研发和技术推广方面的工作的人越来越少。这一发展状况导致农业科技与教育资源不能得到有效利用与优化配置，严重影响了农业技术推广的效率和服务农户的效果。因此，发展完善的农业社会化服务体系，就要对现有的农业科技资源进行有效整合，充分发挥农业科研教育单位的技术支撑作用，建立将科技成果传输给分散小农的通道。

三　科研教育单位社会化服务中的创新模式

科教兴农是推进我国农业发展的一项重要战略，是破解"三农"问题的重要途径与手段，意义重大。农业科研教育单位作为实施这一战略的重要主体与推动力量，肩负着推动科技进步和提高农业综合生产能力的重大历史责任。经过多年来的不断实践，我国科研教育单位探索出一些适应地方农业生产发展的科技服务模式，获得了显著的经济效益与社会效益。具有代表性的服务模式如下。

（一）专家大院模式

1999年，陕西省宝鸡市政府与西北农林科技大学形成互助合作机制，建立了农业科技专家大院，即由市财政拨出专项资金修建了220平方米的二层别墅，并配备各种齐全的生活设施，同时，在此小区内设立实验室、培训室、图书室等，并配置电气化教学设施，用于邀请专家居住。将这一专家大院与当地的科技试验基地相连接，搭建专家与农民沟通交流的平台。在这一服务实践的带动下，目前农业科技专家大院模式已逐渐推广到全国26个省份，成为我国农业社会化服务实践中的重要形式之一。

经过10余年的实践，陕西省内已建立54个省级农业科技专家大院，并在省政府的引导支持下，探索市场化运作方式，不断对农业科技专家大院模式进行创新与突破，逐渐由政府主导转向多主体参与，涵盖范围包括科研院所、高等学校、龙头企业、集体经济组织、民营经济实体等。在此基础上建立多样化的社会化服务模式，具体包括如下一些形式。一是专家与企业相结合，建立"企业+专家+基地+农户"和"以科技专家为法人代表的科技企业+农户"的服务形式。依托企业资金和专家的技术优势，发展科技见效快、产业化程度较高的产业如食用菌和中药材产业等，陕南地区多运用这一服务形式。二是专家与合作社或协会相结合，建立"专家+合作社或协会+基地+农户"的服务形式。依托农民专业合作组织或专业协会，发展农民独立意识强、基础较好的产业，这一形式在关中地区较为普遍。三是专家与基地相结合，建立"专家+基地+农户"的服务形式。四是多重主体相结合，将专家、合作社、企业、基地、农民结合成一体，通过企业化管理与运作，实现多方利益共享。这些服务创新形式充分利用科研教育单位的人才与技术优势，实现了农业科研成果的有效转化与示范推广，促进了农业、农村经济的发展，加快了农民增收的进程。

（二）专家下乡入户模式

为有效解决科技成果转化困难和农民增收缓慢等问题，2009年春，东北农业大学下派33名中青年专家，深入大庆市两县基层农村为农户提供上门科技服务，扩大了农业社会化服务的覆盖面，拉近了科学技术与农民生产生活的距离。以"尊重地方需求和农民需要"为行动原则，东北农业大学与地方政府合作，根据地方需求拟订下派人员计划，然后在对农户需求进行实地调研的基础上，选派 33 名教师为农民提供种植、养殖等多方面的服务，真正做到服务工作深入田间地头和农民家中。这些教师平均每周抽出 3 天时间在基层工作，并结成了多个服务团队，每个团队由一名专家负责本县及所属乡镇的农业服务工作，充分发挥团队成员的聪明才智，互相交流合作，增强服务能力。在这些专家的带动帮助下，各地因地制宜，不断开发出具有资源优势与地方特色的产业，不仅提高了农产品的科技含量，也带动了地方经济的发展，增加了农民的收入，增进了农户与科研教育单位之间的联系。到目前为止，东北农业大学共派出中青年专家 400 余人次，广泛涉及农学、园艺、农机、畜牧、兽医等方面，通过开办讲座、培训授课、入户指导、信息咨询、编印教材等方式，对地方乡镇领导、农民及种养大户等进行专业技术技能培训，6000 余人从中受益（徐梅，2010）。为了培育具有带动示范作用的农村精英，东北农业大学还积极开展了"村村大学生"计划，鼓励两县农民走进大学课堂，获得专门的学习与培训。另外，东北农业大学师生还为当地农村捐赠大量书籍、光盘、实用技术手册、计算机设备等，帮助其建立图书资料室，以提高农民的科学文化素质，满足农民的学习需求。

（三）科技大篷车模式

20 世纪 80 年代末，南京农业大学率先组织专家、教授，采用科技大篷车的形式对农户进行下乡服务，包括：建立了 60 余个农业科技园区和科教基地，开展多种形式的科技集市、技术讲座、技术指导、科技咨询等活动，将新技术、新品种、新产品介绍给农民，每年选派 3000 余人下乡进行科技指导和服务，并积极运用大众传媒如广播、电视等，将科学知识与实用技术传授给农民。目前，科技大篷车模式已广泛应用于江苏 50 余个县（市）、300 余个乡村，甚至还影响外省安徽等地。南京农业大学的这一措施，促进了 200 余项农业科技成果成功转化。同时，南京农业大学还与 60

余个县市开展科技教育合作,并为农村基层干部提供专业培训机会,培训人次达3万人次之多,创造社会效益300余亿元(邢志刚,2002)。南京农业大学的科技大篷车模式,深受地方政府与广大农民群众的欢迎,带动了相关产业发展,促进了农民致富。科技大篷车模式的具体服务方式主要有:根据地方农业结构和产业优势,有针对性地开展农业技术讲座和培训;为解决农民在生产生活中遇到的问题,举办现场咨询活动;深入田间地头进行直接指导,面对面交流;向农民捐赠农业科技书籍与资料,促进科技普及;实地考察并与农民互动,形成信息反馈机制,在对地方农业经济发展情况进行综合分析的基础上,提出规划建议,促进农业、农村经济结构的调整。另外,南京农业大学还在科技大篷车的实践中探索出多种服务模式,以适应不同地区的资源条件与经济特色。这一模式极大地促进了科技知识与成果在农村的传播,促进了农民思想观念的转变,提高了农村干部的专业技能水平,增强了其服务意识,获得了巨大的社会效益。2003年,南京农业大学与连云港市有关单位合作开展了"百名教授科教兴百村小康工程",该工程以增加农民收入为落脚点,以高校科技教育能力为支撑,建立了从专家到农户的科技服务渠道,由南京农业大学的专家在示范园区和产业基地为农民进行示范讲座培训和现场技术指导(汤国辉等,2008)。这一服务模式有效地促进了农民增收,使科技研发、成果转化与推广紧密结合,推进了农业产业化进程,提高了农民的科学文化素质,增强了其科技意识,增加了其收入。

(四)产学研结合模式

河北农业大学从1979年承担河北省科委的"太行山区开发研究"项目开始,坚持科教兴农,充分利用农业院校的综合优势,组织各学科专业的教学科研骨干深入农村开展科技服务,发挥农业院校在科学研究、人才培养和社会服务方面的功能,推进了教育、科技与农业共同进步。在服务"三农"的过程中,河北农业大学探索出科研、教学、生产实践相结合的发展途径,形成了独特的办学特色。1986年得到国家科委的肯定,将其服务"三农"的模式称为"太行山道路"。近年来,为适应农业、农村、农民发展的需要，河北农业大学坚持教学、科研、生产相结合，精心技术打造了四个平台，即农业科技创新平台、现代农业人才培养平台、成果转化与技术推广平台、"三农"问题研究平台，并陆续创建了科教兴农中心、国家北方山区农业工程技术研究中心、新农村建设研究院等，组织果树、蔬菜、畜牧、农学等方面的专家、教授深入农村开展农业技术培训。2009年，河北农业大学在河北省6个生态类型区共建立了51个产学研结合基地，辅助网点有100余个（李保会等，2009），以此为基础实现了产学研的有效结合，在推进科技进步提高农民素质发展农村经济方面发挥了极为重要的作用。在农业人才培养方面，构建了理论与实践相结合的人才培养模式，并于2002年开始实施"一村一名大学生工程"，为农村培养了一批高素质的管理人才与组织者。河北农业大学还充分利用现有教育资源建立了农业实用人才培训网络，针对农村基层干部、技术人员和重点示范户开展培训班进行专门培训，截至2008年，通过培训班累计培训学员1200余人次，通过现场培训累计培训农民30余万人次（王志刚和刘向荣，2008）。另外，河北农业大学与定州德胜农林开发有限公司合作，建立了高新技术示范园区，主要用于展示河北农业大学自主研发的农业高新科技成果，以此来示范和推广新技术，带动了当地农业的发展，取得了显著的经济效益和社会效益。

（五）科技特派员模式

科技特派员模式是指以科研单位、农业院校、农业技术推广部门和其他科技人员为基础，深入农村为农民提供科技服务的做法。这一模式最早由福建省南平市于1999年创立，随后在全国范围得到了广泛的推广。科技特派员模式坚持政府引导与市场调节相结合和科技服务与个人业绩相挂钩，充分调动科技人员的工作积极性、自觉性和主动性，促进科技特派员与农民结成利益共享、风险共担的利益共同体，以共同应对市场风险，从而将短期的服务转化为长期利益共享的合作行为，这是在市场经济条件下形成的新型科技服务模式。在人员选派机制上，科技特派员模式坚持双向选择、供求对接的原则，在综合考虑农民的技术需求和科技人员专业特长的基础上，选派优秀的科技人员深入农村基层创业。在合作方式上，采取技术承包、租赁经营、有偿服务、独立经营、技术入股等方式，建立各种类型的服务团队。同时以技术为支撑，帮助农民组建各类专业技术协会和农民专业合作组织，为农民提供农资供应、信息咨询、农产品加工和销售、教育培训等服务，推动地方农业向产业化、集约化、标准化、规模化的方向发展。另外，科技特派员进入产前、产中、产后环节，推动科技、信息、资金、人才、市场等要素向农村流动，促进了科学技术成果的转化与应用。科技特派员模式的实施与推广，有效地整合了地方多级科技力量，迅速提高了农业科技服务的合力和实力，改善了农技服务的效率和效果，促进了科技与农户的直接对接，实现了互利共赢，在促进农业增产、农民增收和农村经济社会发展方面发挥了重要作用。截至2010年，全国共有2207个县推行了科技特派员模式，科技特派员总人数达13.9万人，在科技特派员的帮助下建立各类专业协会和合作组织1.34万个，创办龙头企业3349家。近800万名农户得到了直接服务，4000万名以上的农民在其辐射带动下受益（曹健，2010）。

四 增强科研教育单位支持作用的对策建议

通过上述分析可以发现，尽管近年来各种类型的科研教育单位不断出现，但在整体上我国科研教育单位服务"三农"的功能还比较弱，在公益性农技推广服务方面更是如此。借鉴美国农业发展的经验，要完善我国的农业社会化服务体系，应充分重视和发挥科研教育单位的技术支撑作用，明确其在社会化服务体系中所扮演的科研、教育与推广角色，承担公益性农技推广服务的供给功能。对此，政府要加大对农业科研教育单位的资金投入力度，提供稳定持续的科研经费，同时要积极开拓多种资金渠道，增加农业科研的经费来源；引导农业院校适应现代农业发展需求，调整学科方向，支持各农业高校开展特色学科建设，改进培养方式，培育专门人才；激励科研院所的专家和科技人员下乡入户，开展农技推广、信息咨询和农民培训；完善农业人才引进机制，制定相关政策鼓励农业院校的毕业生到基层工作；促进科研教育单位与社会上其他服务供给主体的交流与合作，建立社会联动机制，形成产、学、研和科、教、推循环发展机制，促进公益性服务与经营性服务协调发展。各科研教育单位要立足于自身发展优势，以服务农户需求、带动相关产业发展为根本方向，促进农业科技与农业、农村经济发展需求相融合，对现有管理体制与服务机制进行大胆创新，因地制宜地探索发展模式，发展特色农业。同时还要立足于"三农"问题，完善农业人才培养机制，坚持理论联系实际，将课堂教学与社会实践有机联系起来，走产、学、研相结合的道路，提高知识的应用转化能力。另外，各科研教育单位还要充分发挥自身在人才与科技上的优势，搞好农业技术推广和培训工作，促进科学技术成果的转化，提高农民的科技文化水平，为农村经济社会发展服务。

第八章 结语

一 结论

现阶段我国农业发展的基本思路是要在稳定家庭联产承包经营责任制的基础上实现农业现代化,而建立健全农业社会化服务体系则是实现这一目标的有效途径。一方面,可以将分散的生产经营转变为合作生产与联合经营,促进小生产与大市场的有效对接,降低农民的市场交易成本和自然风险,提高农业的综合生产能力,推动现代农业的发展;另一方面,有利于增加双层经营中"统"的活力,强化其为农民服务的功能,为农业生产提供保证,促进农村基本经营制度的稳定和完善。经过60余年的发展,我国已经初步形成了一个贯穿整个产业链条的多主体参与的农业社会化服务体系,但这与农村经济发展的现状和农业现代化对农业社会化服务的需求相比仍有很大差距。在工业化与城镇化的现实背景下,大量农村青壮年劳动力流向城市谋求发展,导致农村现有的劳动力结构和农业生产经营方式发生了很大的变化。在这种情况下,适应农业、农村变化发展的新形势,探索完善农业社会化服务体系的方法与路径,便具有极为重要的理论意义与现实意义。本研究主要围绕两条主线展开,一条是围绕体系建设进行整体性研究,通过分析我国现行农业社会化服务体系的现状及存在的问题,借鉴国外发达国家农业社会化服务体系的发展经验,构建适合新时期农业生产力发展的现代农业社会化服务体系框架;另一条是围绕体系构成进行局部性研究,对各类服务供给主体的角色与功能进行了分类研究,得出以下结论。

第一，从农业生产形式的角度对中国农业社会化的衍生逻辑进行了梳理，发现随着历史与空间的变化，中国农业生产大致经历了农户兼业化→农业商业化→农业产业化→农业社会化的发展过程。但这四个过程并不是相互更替发展的，而是在演化过程中相互联系、相互促进。同时，本书运用相关统计数据对中国农业社会化的发展情况进行了细化分析，发现中国农业社会化具有巨大的发展潜力与发展空间，但同时存在显著的区域差异。

第二，我国农业社会化服务体系的发展已粗具规模，但尚不健全，整体服务水平较低，管理不够规范，各服务供给主体之间缺乏有效的沟通与配合，服务之间不能有效衔接，公益性服务缺乏，还不能满足农业生产发展的需要。借鉴国外发达国家农业社会化服务体系建设的经验，应立足于农民的生产经营需求，重视开发科研教育单位的服务功能，鼓励发展农民自办合作组织，加强政府与各供给主体之间的协作，全面提升农村人力资本的素质，发展综合性农业服务。

第三，为适应新时期"三农"领域的变化发展，构建了现代农业社会化服务体系的发展框架。体系发展的主要目标是：以服务农户为宗旨，坚持政府主导、企业带动、民间协同、科教示范、社区参与，逐步建立与经济发展水平相适应的、功能完善的、多元化、多层次、多形式的农业现代化服务体系，促进农村生产力的发展和农业现代化的实现。影响体系建设的外部资源因素主要包括政策支持、财政投入、管理制度、人才队伍建设、社会支持和市场流通体制六个方面；内部结构主要由四个部分构成，即政府公共服务机构、市场化龙头企业、农民专业合作组织以及其他社会服务组织、科研教育单位。这四个部分分别代表政府、市场、民间和事业单位四方利益，因而在体系中分别承担公益性服务功能、市场化服务功能、互助性服务功能、科教推服务功能，发挥着目标导向、经济适应、社会整合和模式维持的作用。促进现代农业社会化服务体系建设的思路是：在宏观上，要推进政府公共服务机构和科研教育单位转型回归公益性，鼓励社会力量参与提供服务；在微观上，要支持社区成为我国现代农业社会化服务体系建设的重要载体。

第四，政府公共服务机构在我国农业社会化服务体系中处于主导地位，不仅承担为农户提供公益性服务的功能，而且对其他服务供给主体的行为与功能进行管理与调控。在新中国成立以后，政府公共服务机构经历了组织构建、组织形成和改革推进三个发展阶段，在此过程中，政府部门逐渐向乡镇基层延伸，形成了县、乡、村三级服务，但随着农村经济社会的发展变化，我国政府职能部门在社会化服务中面临一系列困境。对此，政府部门应逐渐从传统意义上的服务提供主导者、竞争规则制定者和强制推行者的角色向服务参与者、服务网络构建者和合作促进者的角色转变。同时，还要重新进行功能定位，由管理功能向服务功能过渡，以"放权、转移与参与"为改革方向。

第五，龙头企业不仅能够带动农户增收致富，而且在科技带动、延伸产业链条和组织合作方面发挥了重要作用，促进了农业社会化服务体系的发展与完善。通过对西方发达国家农业发展经验的考察发现，龙头企业带动模式是依靠强大的国家资本和力量发展起来的，需要我们对发达国家发展农业的这种模式进行不断的分析与反思，要充分考虑中国作为"后发外生型国家"的文化根底与国情。因此，在未来的发展方向与功能定位上，应着重在三个方面努力：创建纵向一体化的合作企业，鼓励和发展"龙头企业＋合作社＋农户"的模式，由国家介入进行规范管理。

第六，农民专业合作组织是农业社会化服务体系的骨干力量，是新时期推进农业社会化服务体系建设的有效载体。本书以陕西为个案对农村专业合作组织的发展现状进行了考察，发现专业合作组织具有一些新的特点：以专业化服务和社区内为主，并由农民自主形成服务团体，产业链中游的加工服务较为欠缺，农村精英的带头作用明显，服务需求差异较大。另外，由于我国农村专业合作组织的发展时间相对较短，所以在发展过程中还面临诸多问题与挑战。需要政府对农民合作社的组织基础严格把关，同时加强对农民自身素质与合作能力的培育，以真正实现农民与合作社的双赢。社会服务组织主要包括基层农资经销商、农村经纪人、科技示范户等，他们凭借灵活的经营方式与营销手段，在当前历史条件下具有旺盛的生命力，但由于位于市场底层，信息透明度较高，因此市场竞争越来越激烈,其发展也面临诸多问题。对此,要不断完善科研教育单位的科研、教育、推广功能,并对其他社会服务组织进行空间整合。

第七,科研教育单位和其他社会服务组织是发展完善农业社会化服务的支持性力量,在农业科技研究、成果转化、技术推广、农业人才培养与农业服务方面发挥了积极作用。近年来,科研教育单位在不断的探索实践中创新性地推出了专家大院、专家下乡入户、科技大篷车、产学研结合、科技特派员等科技服务模式,但在促进科技供给与农民需求对接方面还存在一些问题。对此,政府要加大对农业科研教育单位的政策支持力度和财政投入力度,完善科研教育单位在农业社会化服务体系中的科研、教育、推广功能。

二 有待进一步研究的问题

第一,随着农村经济社会的不断发展,我国农业社会化服务的组织形态与服务模式也在不断发展变化,其服务供给主体除了本书主要探讨的几类之外,还存在其他一些组织形式,如随着第三部门的发展壮大,一些慈善团体与社会工作者等也开始加入为农民服务的行列。同时,社会化服务模式也在发展中不断创新,本书无法全部囊括,在这些方面还有待后续研究进行充实与扩展。

第二,龙头企业在带动农户发展方面具有明显的制度优势,不仅可以提高资源配置效率,实现规模经济,还可以促进技术的创新与推广。但要注意,在企业与农户的利益联结模式中,农民处于相对劣势的地位,在具体操作层面上,如何通过制度改革保障农户在与企业博弈的过程中利益不受损害,还需要在以后的研究中逐步解决。

第三,现代农业社会化服务体系是本书设计的一种理想类型与理想状态,各组成部分之间功能和谐、相互协调,但在现实条件下,各供给主体之间的关系较为复杂。因此,在实际操作层面上,如何通过制度化的途径协调处理好体系内部组织之间的关系,还需要进行深入的探讨。

参考文献

[1]〔德〕斐迪南·滕尼斯:《共同体与社会:纯粹社会学的基本概念》,林荣远译,商务印书馆,1999,第65页。

[2]〔德〕马克斯·韦伯:《新教伦理与资本主义精神》,于晓、陈维纲译,生活·读书·新知三联书店,1987,第123页。

[3]〔法〕埃米尔·涂尔干:《社会分工论》,渠东译,生活·读书·新知三联书店,2000,第313~353页。

[4]〔法〕雷蒙·阿隆:《社会学主要思潮》,葛智强、胡秉诚、王沪宁译,华夏出版社,2003,第214~216页。

[5]〔法〕孟德拉斯:《农民的终结》,李培林译,社会科学文献出版社,2005,第254页。

[6]〔美〕D. 盖尔·约翰逊:《经济发展中的农业农村农民问题》,林毅夫等译,商务印书馆,2004,第131~148页。

[7]〔美〕阿马蒂亚·森:《以自由看待发展》(第2版),任赜、于真译,中国人民大学出版社,2002,第1页。

[8]〔美〕凡勃伦:《有闲阶级论——关于制度的经济研究》(第6版),蔡受百译,商务印书馆,2004,第35~40页。

[9]曹健:《我国13.9万科技特派员辐射带动农民超过4000万人》,http://news.xinhuanet.com/society/2010-09/09/c_13487071.htm,2010年9月9日。

[10]常红:《我国东、中、西部地区农民收入差距逐年缩小》,http://news.163.com/10/0420/14/64NI8SC7000146BC.html,2010年4月20日。

[11] 陈静然、陈潮昇：《农民合作经济组织发展问题探析》，《当代经济》2009年第9期。

[12] 陈可文：《农业社会化服务体系建设与管理》，青海人民出版社，1993，第6页。

[13] 陈柳钦、胡振华：《中国农村合作组织的历史变迁》，《农业经济问题》2010年第6期。

[14] 陈伟：《推进村级综合服务站拓展供销合作新领域》，《中国经济快讯》2002年第29期。

[15] 陈序经：《乡村建设运动》，大东书局，1946，第1页。

[16] 池成泰：《韩国农协和农业社会化服务体系建设》，载孔祥智主编《中国农业社会化服务：基于供给和需求的研究》，中国人民大学出版社，2009，第399~400页。

[17] 淳伟德：《农村社会化服务体系建设的问题及对策》，《宏观经济管理》2005年第10期。

[18] 邓小平：《邓小平文选》（第2卷），人民出版社，1994，第315页。

[19] 邓小平：《邓小平文选》（第3卷），人民出版社，1993，第355页。

[20] 东部地区加快发展现代农业课题组：《东部地区如何加快发展现代农业（上篇）》，《农村工作通信》2010年第8期。

[21] 董颖鑫：《以集体主义摧毁集体：小岗村悖论解读》，《社会科学战线》2006年第4期。

[22] 樊亢、戎殿新：《美国农业社会化服务体系——兼论农业合作社》，经济日报出版社，1994，第1页、第52页和第369页。

[23] 方鸿：《依靠科技进步提高粮食生产能力》，http://finance.people.com.cn/GB/16232202.html，2011年11月14日。

[24] 费孝通：《江村经济——中国农民的生活》，商务印书馆，2001，第95页。

[25] 费孝通：《乡土中国生育制度》，北京大学出版社，1998，第24~39页。

[26] 富子梅：《农村经纪人大有可为》，http://finance.people.com.cn/

nc/GB/4929767. html，2006 年 10 月 18 日。

[27] 高雷：《贵州毕节地区村级党建综合服务站一站多能》，http：//gzrb. gog. com. cn/system/2007/04/17/010037363. shtml，2007 年 4 月 17 日。

[28] 高原、武广汉、陈雪、王海侠：《"两翼"农户万元增收工程：重庆农村发展的经验与启示》，http：//www. snzg. cn/article/2011/1013/article_ 25719. html，2011 年 10 月 13 日。

[29] 龚道广：《农业社会化服务的一般理论及其对农户选择的应用分析》，《中国农村观察》2000 年第 6 期。

[30] 郭彩英：《构建新型农业社会化服务体系刻不容缓》，《新农业》2010 年第 3 期。

[31] 郭翔宇、范亚东：《发达国家农业社会化服务体系发展的共同特征及其启示》，《农业经济问题》1999 年第 7 期。

[32] 郭晓鸣、廖祖君、付娆：《龙头企业带动型、中介组织联动型和合作社一体化三种农业产业化模式的比较——基于制度经济学视角的分析》，《中国农村经济》2007 年第 4 期。

[33] 郭亚梅：《省级农业科研单位在农技推广中的作用——以吉林省农科院为例》，《农业科技管理》2010 年第 1 期。

[34] 郭有林：《发展村级中介组织服务农村经济发展》，《山西农业》（致富科技版）2009 年第 4 期。

[35] 国家发改委农村经济司：《发展现代农业增强农村经济综合实力》，《中国经济导报》2011 年 8 月 2 日，第 B01 版。

[36] 国家统计局安徽调查总队：《发展农村"能人"经济促进农民增产增收》，http：//www. snzg. cn/article/2007/0527/article_ 5876. html，2007 年 5 月 27 日。

[37] 国务院：《中共中央、国务院关于一九九一年农业和农村工作的通知》，《新疆农业科技》1991 年第 1 期。

[38] 国务院：《中共中央、国务院关于做好 2000 年农业和农村工作的意见》，《科技日报》2000 年 2 月 24 日，第 1 版。

[39] 何菊芳:《完善我国农业社会化服务体系的对策思考》,《浙江师范大学学报》(社会科学版) 2009 年第 5 期。

[40] 贺雪峰:《熟人社会的行动逻辑》,《华中师范大学学报》2004 年第 1 期。

[41] 候钧生:《西方社会学理论》,南开大学出版社,2001,第 147~152 页。

[42] 胡家浩:《美、德农业社会化服务提供的启示》,《开放导报》2008 年第 5 期。

[43] 湖南省民革:《农业产业化龙头企业的概念和标准》,http://www.zgxcfx.com/Article_ Show.asp? ArticleID = 10446,2008 年 5 月 22 日。

[44] 黄季焜:《六十年中国农业的发展和三十年改革奇迹——制度创新、技术进步和市场改革》,《农业技术经济》2010 年第 1 期。

[45] 黄季焜、胡瑞法、Scott Rozelle:《中国农业科研投资:挑战与展望》,中国财政经济出版社,2003,第 61~69 页。

[46] 黄婧、纪志耿:《完善中国特色农业社会化服务体系评析》,《现代经济探讨》2009 年第 4 期。

[47] 黄宗智、彭玉生:《三大历史性变迁的交汇与中国小规模农业的前景》,《中国社会科学》2007 年第 4 期。

[48] 黄宗智:《华北的小农经济与社会变迁》,中华书局,1986,第 6 页、第 109 页、第 155 页和第 200 页。

[49] 黄宗智:《中国农业面临的历史性契机》,《读书》2006 年第 10 期。

[50] 江泽民:《全面建设小康社会,开创中国特色社会主义事业新局面——在中国共产党第十六次全国代表大会上的报告》,《求是》2002 年第 22 期。

[51] 蒋忱忱:《我国乡镇农业技术服务机构的历史现状和改进思路》,载孔祥智主编《中国农业社会化服务:基于供给和需求的研究》,中国人民大学出版社,2009,第 185 页。

[52] 金兆怀:《我国农业社会化服务体系建设的国外借鉴和基本思路》,《当代经济研究》,2002 年第 8 期。

[53] 靳铭、刘传磊、李小娜、吕君:《从过渡模式到目标模式——对陕西省农业社会化服务体系的调查与思考》,《中国延安干部学院学报》2009年第3期。

[54] 经纬:《始终着力创新进取、遵循规律——三论学习贯彻卢展工书记对供销社重要批示》,http://www.hncoop.com/old/ShowNewsInfo.asp?id=2152,2011年5月5日。

[55] 孔祥智、徐珍源、史冰清:《当前我国农业社会化服务体系的现状、问题和对策研究》,《江汉论坛》2009年第5期。

[56] 孔祥智、钟真、李明:《农业社会化服务体系中的农资供应商:困境与出路》,《青岛农业大学学报》(社会科学版)2009年第2期。

[57] 乐施会:《〈农业产业化龙头企业发展与社会责任〉报告在京发布》,http://www.chinadevelopmentbrief.org.cn/newsview.php?id=2717,2010年11月26日。

[58] 李东、卢小磊、张万福、赵翠媛、陶佩君:《农业产业化龙头企业农技服务活动的农户满意度测评》,《农业技术经济》2011年第8期。

[59] 李保会、任士福、郑洁:《河北农业大学:产学研合作的实践与探索》,《中国高校科技与产业化》2009年第6期。

[60] 李炳坤:《农业社会化服务体系的建设与发展》,《管理世界》1999年第1期。

[61] 李鸿儒:《农村社会化服务体系的概念化》,载四川省学会、四川省县域经济学会等主编《农业社会化服务体系建设的探索与实践》,西南财经大学出版社,1992,第48~53页。

[62] 李力、曹元水:《我国月均新增1万家农民专业合作社全年或超35万家》,http://www.tianjinwe.com/rollnews/201012/t20101209_2789590.html,2010年12月9日。

[63] 李培林:《流动民工的社会网络和社会地位》,《社会学研究》1996年第4期。

[64] 李俏、张波、王建华:《农民工市民化的困境与超越——来自贵州省遵义市的调查发现》,《城市发展研究》2010年第1期。

[65] 李俏、张波：《龙头企业带动农业发展模式的本土化思考》，《贵州社会科学》2011c 年第 3 期。

[66] 李俏、张波：《农业社会化服务需求的影响因素分析——基于陕西 74 村农户的抽样调查》，《农村经济》2011b 年第 6 期。

[67] 李俏、张波：《中国农业社会化的发展潜力与路径探微》，《中国农业大学学报》（社会科学版）2011a 年第 3 期。

[68] 李武、胡振鹏：《试论我国农村社会化服务组织发展》，《江西社会科学》2009 年第 2 期。

[69] 李小云：《论我国农业科技发展的方向与战略》，http：//www.zgxcfx.com/Article_Show.asp？ArticleID=45676，2011 年 11 月 23 日。

[70] 李远行：《历史变局与农民合作之困》，《人民论坛》2011 年第 23 期。

[71] 李增元：《农村社区建设：治理转型与共同体构建》，《东南学术》2010 年第 3 期。

[72] 刘慧：《振兴东北从振兴农业做起》，http：//finance.people.com.cn/nc/GB/61154/10315168.html，2009 年 11 月 4 日。

[73] 刘金海：《互助：中国农民合作的类型及历史传统》，《社会主义研究》2009 年第 4 期。

[74] 刘玉梅、田志宏：《我国发展现代农业的国际经验借鉴——基于东亚地区农业社会化服务体系的经验》，《农业经济》2009 年第 5 期。

[75] 罗兴佐：《农民合作的类型与基础》，《华中师范大学学报》（人文社会科学版）2004 年第 1 期。

[76] 吕佳龄：《有机体·结构·功能——孔德"有机体类比功能主义"及其他》，《兰州大学学报》（社会科学版）2005 年第 4 期。

[77] 吕新业：《小规模经营国家的农业社会化服务——以日本和韩国为例》，《国际社会与经济》1996 年第 7 期。

[78] 吕新雨：《中国的农业不能绑在美国资本主义农业的"泰坦尼克号"上》，http：//www.snzg.cn/article/show.php？itemid-17375/page-1.html，2010 年 2 月 9 日。

[79] 马桂琴:《东西部地区农村信息化比较研究》,《云南农业》2006年第10期。

[80] 马克思:《资本论》(第3卷),国际出版社,1967,第333页。

[81] 〔美〕马若孟:《中国农民经济:河北和山东的农民发展 1890~1949》,史建云译,江苏人民出版社,1999,第135页。

[82] 穆月英:《试论新时期农业社会化服务体系的建设问题》,《经济问题》1995年第11期。

[83] 牛若峰:《中国农业产业化经营的发展特点与方向》,《中国农村经济》2002年第5期。

[84] 农业部:《产品加工业发展行动计划》,http://www.agri.gov.cn/zcfg/bmgz/t20060123_541000.htm,2002年7月29日。

[85] 农业部科技教育司:《65万科技示范户成为农村致富带头人》,http://www.china-nmjy.com/article_detail.asp?id=14471,2008年10月23日。

[86] 农业部农村经济研究中心课题组:《我国农业技术推广体系调查与改革思路》,《中国农村经济》2005年第2期。

[87] 农业部新闻办公室:《韩长赋部长:进一步发挥好龙头企业的带农惠农作用——农业产业化龙头企业负责人座谈会侧记》,《农业科技与装备》2011年第9期。

[88] 农业部:《德国农业可持续发展情况报告》,http://www.mof.gov.cn/pub/nongyesi/zhengfuxinxi/tszs/200806/t20080623_47821.html,2006年12月20日。

[89] 庞晓鹏:《农业社会化服务供求结构差异的比较与分析——基于农业社会化服务供求现状的调查与思考》,《农业技术经济》2006年第4期。

[90] 彭真怀:《解决"三农"问题需要顶层设计》,http://www.horise.com/news/20101229/00375482.shtml,2010年12月29日。

[91] 邱梦华:《中国农民合作的历史变迁——兼论农民合作的分类》,《中共四川省委党校学报》2008年第3期。

[92] 全国人大农业与农村委员会代表团：《法国农业合作社及对我国的启示》，《农村经营管理》2005年第4期。

[93] 史传林：《构建农村新型社会化服务组织体系探讨》，《探求》2009年第4期。

[94] 宋玉丽、王建民：《法国农业可持续发展的经验与启示》，《山东农业大学学报》（自然科学版），2010年第1期。

[95] 孙鲁威：《农民人均纯收入5153元是如何实现的》，《农民日报》2010年2月6日，第2版。

[96] 孙明：《美国农业社会化服务体系的经验借鉴》，《经济问题探索》2002年第12期。

[97] 谭智心、孔祥智：《新时期农业产业化龙头企业提供农业社会服务的现状问题及对策研究》，《学习论坛》2009年第11期。

[98] 汤国辉、蔡薇、郭忠兴：《农业院校专家负责制农技推广服务模式的探索》，《科技管理研究》2008年第7期。

[99] 陶传进：《草根志愿组织与村民自治困境的破解：从村庄社会的双层结构中看问题》，《社会学研究》2007年第5期。

[100] 田先红、王德福：《乡村农技服务：在改革中沉沦——从肉价上涨谈起》，《中国农业大学学报》（社会科学版）2008年第1期。

[101] 田先红、杨华：《税改后农村治理危机酝酿深层次的社会不稳定因素》，《调研世界》2009年第3期。

[102] 仝志辉、楼栋：《农民专业合作社"大农吃小农"逻辑的形成与延续》，《中国合作经济》2010年第4期。

[103] 仝志辉、温铁军：《资本和部门下乡与小农户经济的组织化道路——兼对专业合作社道路提出质疑》，《开放时代》2009年第4期。

[104] 仝志辉：《论我国农村社会化服务体系的"部门化"》，《山东社会科学》2007年第7期。

[105] 涂圣伟：《村级集体经济组织与农业社会化服务体系建设——基于山东、山西、陕西3个省27个村的调查》，载孔祥智主编《中国农

业社会化服务：基于供给和需求的研究》，中国人民大学出版社，2009，第251页。

[106] 汪伟：《辽宁农业信息服务水平显著提升》，http://www.china-neast.gov.cn/2011-03/31/c_13806908.htm，2011年3月3日。

[107] 汪志芳：《我省新型农业社会化服务体系的调查与思考》，《政策瞭望》2009年第9期。

[108] 王浩：《美日农业社会化服务体系的比较》，《中国国情国力》1999年第4期。

[109] 王珏：《什么是社区》，《四川统一战线》2007年第5期。

[110] 王凯伦、张百放、林雁：《农业社会化服务各主要力量的分析与比较》，《经济纵横》1997年第4期。

[111] 王铭铭：《村落视野中的文化与权力——闽台三村五论》，生活·读书·新知三联书店，1997，第170页。

[112] 王曙光：《论新型农村专业合作组织与农村经济转型》，《北京大学学报》（哲学社会科学版）2010年第3期。

[113] 王文涛：《汉代民间互助保障的主体——宗族互助》，《学术交流》2006年第11期。

[114] 王西玉：《中华社科基金"八五"重点项目中国农业服务模式》，中国农业出版社，1996，第20~21页。

[115] 王习明：《回归常识：分化的农民与分类的农地——贺雪峰新作〈地权的逻辑〉述评》，《社会科学报》2010年11月25日，第8版。

[116] 王志刚、刘向荣：《坚持学术并举强化服务职能——河北农业大学办学特色解析》，《高等农业教育》2008年第11期。

[117] 魏爱苗、孟翰禹：《德国：多管齐下提高农业生产效率》，http://www.fjsen.com/j/2011-09/04/content_5827130_6.htm，2011年9月4日。

[118] 温铁军：《"三农问题"：世纪末的反思》，《读书》1992年第12期。

[119] 吴承明：《中国的现代化：市场与社会》，生活·读书·新知三联书

店,2001,第31~33页和第123~134页。

[120] 项继权:《中国农村社区及共同体的转型与重建》,《华中师范大学学报》(人文社会科学版)2009年第3期。

[121] 肖卿:《农民工利用强关系求职的效果分析——以威海市农民工为例》,《山西农业大学学报》(社会科学版),2009年第4期。

[122] 新华社:《农业科技发展纲要(2001—2010年)》,《人民日报》2001年5月24日,第5版。

[123] 新华社:《中共中央关于推进农村改革发展若干重大问题的决定》,《农村经营管理》2008年第12期。

[124] 新华社:《中共中央国务院关于加大统筹城乡发展力度进一步夯实农业农村发展基础的若干意见》,《人民日报》2010年2月1日,第1版。

[125] 新华社:《中共中央国务院关于推进社会主义新农村建设的若干意见》,《人民日报》2006年2月22日,第1版。

[126] 邢志刚:《"科技大篷车"里"宝藏"多》,《江南时报》2002年11月20日,第7版。

[127] 熊万胜:《"农业社会化"到底是什么》,《中国乡村建设》2009年第1期。

[128] 徐梅:《黑土地上播撒希望的东农人》,《中国教育报》2010年12月31日,第7版。

[129] 徐祥临:《从日本农协的经验看我国农业社会化服务体系需要解决的问题》,《中国党政干部论坛》1995年第12期。

[130] 徐小青:《中国农村公共服务》,中国发展出版社,2002,第10页。

[131] 徐勇:《农村微观组织再造与社区自我整合——湖北省杨林桥镇农村社区建设的经验与启示》,《河南社会科学》2006年第5期。

[132] 徐勇:《在现代化视野中看"三农问题"》,http://news.sina.com.cn/w/2005-10-28/09347292519s.shtml,2005年10月28日。

[133] 许先:《美国农业社会化服务体系发展的经验与启示》,《山东大学学报》(哲学社会科学版)2003年第4期。

［134］杨杰：《农机购置补贴政策实施七年成效显著》，http：//www.camn.agri.gov.cn/Html/2011_03_09/2_2061_2011_03_09_16604.html，2011年3月9日。

［135］杨群义：《加快农业社会化服务体系建设的思考》，《农村经济》2001年第1期。

［136］姚志伟、韩涛：《信息入村农民轻点鼠标为增收——陕西农村破解"信息最后一公里"难题》，http：//www.zgsnw.cn/news/show.php?itemid=1017，2011年8月1日。

［137］于建嵘：《台湾经验：依靠农会建设农村》，《农村·农业·农民》2006年第7期。

［138］于建嵘：《中国农民问题研究资料汇编》（第2卷下册），中国农业出版社，2007，第1686~1771页。

［139］俞可平：《浅议农业"适度规模经营"问题——警惕强制性"两田制"对农民的剥夺》，http：//www.cctb.net/zjxz/expertarticle/200502/t20050224_4827.htm，2004年1月5日。

［140］郁大海：《免征农业税后乡镇政府职能缺失的现状及成因——基于苏北HA市招商引资热引发的调查》，《调研世界》2007年第8期。

［141］郁大海：《我国农业社会化服务体系改革创新研究》，《农业经济》2001年第1期。

［142］袁刚：《公务员、干部和官僚制》，《学习与实践》2007年第3期。

［143］苑鹏：《合作社民主管理制度的意义和面临的挑战》，《中国农民合作社》2010年第6期。

［144］詹成付、王景新：《中国农村社区服务体系建设研究》，中国社会科学出版社，2008，第42~43页。

［145］张海涛：《河南省供销系统的各类网点覆盖80%以上的行政村》，http：//www.cnr.cn/hnfw/hngbxwzx/201104/t20110410_507877763.html，2011年4月10日。

［146］张利庠、纪海燕：《试析我国农业技术推广中的财政投入》，《农业经济问题》2007年第2期。

[147] 张启文、钟一民、刘德宏:《发展中国家农业社会化服务体系发展的共同特征》,《农业经济问题》1999 年第 12 期。

[148] 张茜:《我国县级农业技术推广体系建设研究》,载孔祥智主编《中国农业社会化服务:基于供给和需求的研究》,中国人民大学出版社,2009,第 185 页。

[149] 张云:《中国农业产业化及金融推动问题研究》,《华太财经证券分析》2006 年第 8 期。

[150] 长子中:《新农村建设背景下的农民分化与整合》,《北方经济》2008 年第 9 期。

[151] 赵立新:《城市农民工市民化问题研究》,《人口学刊》2006 年第 4 期。

[152] 赵树丛、顾江:《农业产业化过程中组织形式的演变》,《现代经济探讨》2003 年第 1 期。

[153] 郑杭生:《社会学概论新修》(第 3 版),中国人民大学出版,2003,第 81~83 页。

[154] 中国社会科学院农村发展研究所:《中国农村经济形势分析与预测(2010~2011)》,社会科学文献出版社,2011,第 60 页。

[155] 中国网:《中国农民平均受教育年限 7.8 年就业培训不到 20%》,http://www.china.com.cn/news/2008-04/25/content_15015953.htm,2008 年 4 月 25 日。

[156] 国家统计局:《中国统计年鉴(2009)》,中国统计出版社,2009。

[157] 国务院:《国务院关于加快发展服务业的若干意见:国发〔2007〕7 号》,《浙江政报》2007 年第 14 期。

[158] 科学技术部农村科技司、中国农村技术开发中心:《中国农村科技发展报告 2006》,中国农业出版社,2006,第 7~9 页。

[159] 农业部:《2009 中国农业发展报告》,中国农业出版社,2009,第 47 页和第 95 页。

[160] 钟真:《个体形式的农业社会化服务主体:现状、困境和趋势》,载孔祥智主编《中国农业社会化服务:基于供给和需求的研究》,中

国人民大学出版社，2009，第185页和第341~343页。

[161] 周伯华：《深入落实科学发展观，切实坚持"四个只有"，为促进经济社会又好又快发展不断作出新贡献——国家工商行政管理总局局长周伯华2009年12月24日在全国工商行政管理工作会议上的讲话》，《中国工商报》2009年12月25日，第1版。

[162] 周雪光：《"逆向软预算约束"：一个政府行为的组织分析》，《中国社会科学》2005年第2期。

[163] 朱樊生、梁天福：《法国：农业社会化服务体系》，《农村经济与科技》1995年第12期。

[164] 朱四海：《政府反哺与社会化反哺：分工与协作》，《经济学家》2007年第6期。

[165] A. D. Kidd, J. P. A. Lamer, P. P. Ficarelli and V. Hoffmann, "Privatising Agricultural Extension: Caveat Empto," *Journal of Rural Studies* 16 (1), 2000, pp. 95~102.

[166] A. De Janvry, M. Fafchamps and E. Sadoulet, "Peasant Behavior with Missing Markets: Some Paradoxes Explained," *Economic Journal* 101 (409), 1991, pp. 1400~1417.

[167] A. Sen and M. Chander, "Privatization of Veterinary Services in Developing Countries: A Review," *Tropical Animal Health and Production* 35 (3), 2003, pp. 223~236.

[168] M. Bussolo, J. Whalley, "Globalization in Developing Countries: The Role of Transaction Costs in Explaining Economic Performance in India," Project Paper, Department for International Development, United Kingdom, 2002.

[169] C. O. Timmer, "Farmers and Markets: The Political Economy of New Paradigms," *American Journal of Agricultural Economics* 79 (2), 1997, pp. 621~627.

[170] D. Carney, "Changing Public and Private Roles in Agricultural Service Provision: A Literature Review," Overseas Development Institute Work-

ing Paper No. 81. ODI, London, 1995a.

[171] D. Carney, "The Changing Public Role in Services to Agriculture: A FrameWork for Analysis," *Food Policy* 20 (6), 1995b, pp. 521~528.

[172] Chen An, "The 1994 Tax Reform and Its Impact on China's Rural Fiscal Structure," *Modern China* 34 (3), 2008, pp. 303~343.

[173] D. Gale Johnson, "Can Agricultural Labor Adjustment Occur Primarily Through Creation Of Rural Non-Farm Jobs In China?" *Urban Studies* 39 (12), 2002, pp. 2163~2174.

[174] David Hulme, "Agricultural extension: Public Service or Private Business?" *Agricultural Administration* 14 (2), 1983, pp. 65~79.

[175] P. J. Dawson, L. J. Hubbard, "Management and Size Economies in the England and Wales Dairy Sector," *Journal of Agricultural Economics* 38 (1), 1987, pp. 27~37.

[176] A. Dinar, "Extension Commercialization: How Much to Charge for Extension Services," *American Journal of Agricultural Economics* 78, 1996, pp. 1~12.

[177] J. Farrington, "Public Sector Agricultural Extension: Is there Life after Structural Adjustment?" *Natural Resource Perspectives*. No. 2. ODI, London, 1994.

[178] H. Friedmann, "Household Production and the National Economy: Concepts for the Analysis of Agrarian Formations," *Journal of Peasant Studies* 7 (2), 1980, pp. 158~184.

[179] George A. Akerlof, "The Market for 'Lemons': Quality Uncertainty and the Market Mechanism," *The Quarterly Journal of Economics* 84 (3), 1970, pp. 488~500.

[180] M. Granovetter, "Economic Action and Social Structure: The Problem of Embeddedness," *American Journal of Sociology* 91 (3), 1985, pp. 481~510.

[181] Gülen Özdemir, "Cooperative-shareholder Relations in Agricultural

Cooperatives in Turkey," *Journal of Asian Economics* 16 (2), 2005, pp. 315 ~ 325.

[182] H. B. Jones and J. C. Thompson, "Agricultural Co - operatives in the United States: Origin and Current Status," *Agricltural Administration* 11 (1), 1982, pp. 1 ~ 22.

[183] James C. Scott, *The Moral Economy of the Peasant: Rebellion and Subsistence in Southeast Asia* (New Haven, CT: Yale University Press, 1976).

[184] John Morley, "Development and Organization of Agricultural Co - operation in the United Kingdom: Apolitical Appraisal," *Agricultural Economics* 2 (1), 1975, pp. 49 ~ 62.

[185] Joseph E. Stiglitz, *Economics* (New York: Norton, 1993), pp. 153 ~ 158.

[186] Kofi Annan, "The Secretary - General's Message on the UN International Day of Co - operatives," http://www.un.org/esa/socdev/social/intldays/IntlCoops/2003/un - sg - message - 2003 _ eng. pdf [2003 - 06 - 05].

[187] Li Zhao, "Understanding the New Rural Co - operative Movement: towards rebuilding civil society in China," *Journal of Contemporary China* 20 (71), 2011, pp. 679 ~ 698.

[188] M. Fafchamps, *Market Institutions in Sub - Saharan Africa* (MIT Press, 2005).

[189] W. D. Maalouf, T. E. Contado and R. Adhikarya, "Extension Coverage and Resource Problems: The Need for Public - private Cooperation," *AgriculturalExtension: Worldwide Institutional Evolution and Forces for Change*, ed. Rivera W. M. and Gustafson D. J. (Elsevier, Amsterdam, 1991).

[190] Malcolm J. Moseley, Stephen Owen, "The Future of Services in Rural England: The Drivers of Change and a Scenario for 2015," *Progress in Plannin* 69, 2008, pp. 93 ~ 130.

[191] J. McInerney and M. Turner, "Farm Diversification: Enterprises and Incomes," *Farm Management* 7 (11), 1991, pp. 525~534.

[192] Michael Spence, *Market Signaling: The Information Structure of Job Markets and Related Phenomena* (Harvard: Harvard University Press, 1972).

[193] Mildred E. Warner, "Competition, Cooperation, and Local Governance," *Challenges for Rural America in the Twenty-First Century*, ed. David L. Brown and Louis E. Swanson (The Pennsylvania State University, 2003), pp. 252~253.

[194] S. M. Mukhtar and P. J. Dawson, "Herd Size and Unit Costs of Production in the England and Wales Dairy Sector," *Journal of Agricultural Economics* 41 (1), 1989, pp. 9~20.

[195] N. Key, E. Sadoulet and A. de Janvry, "Transaction Costs and Agricultural Household Supply Response," *American Journal of Agricultural Economics* 82 (2), 2000, pp. 1273~1279.

[196] National Research Council, "Colleges of Agriculture at the Land Grant Universities: Public Service and Public Policy," *Proceedings of the National Academy of Sciences of the United States of America* 94, 1997, pp. 1610~1611.

[197] Oscar Ortiz, "Evolution of Agricultural Extension and Information Dissemination in Peru: An Historical Perspective Focusing on Potato-related Pest Control," *Agriculture and Human Values* 23 (4), 2006, pp. 477~489.

[198] Partrick H. Mooney, Theo J. Majka, *Farmers' and Farm Workers' Movements: Social Protest in American Agriculture* (Twayne Publishers, 1995), p. 5.

[199] Patrick Develtere, *Co-operative and Development* (Leuven: ACCO, 1994), p. 209.

[200] Prabhu Pingali, "Westernization of Asian Diets and the Transformation of Food Systems: Implications for Research and Policy," *Food*, 32

(3), 2007, pp. 281~298.

[201] Q. Forrest Zhang, "From Peasants to Farmers: Peasant Differentiation, Labor Regimes, and Land – rights Institutions in Chinal's Agrarian Transition," *Politics & Society* 38 (4), 2010, pp. 459~489.

[202] Qian Forrest Zhang and John A. Donaldson, "The Rise of Agrarian Capitalism with Chinese Characteristics: Agricultural Modernization, Agribusiness and Collective Land Rights," *The China Journal*, 60, 2008, pp. 25~47.

[203] R. H. Coase, "The Nature of the Firm," *Economica* (Lorden School of Economics) New Series 4 (16), 1937, pp. 386~405.

[204] R. H. Coase, *The Firm, In The Firm, The Market and the Law* (Chicago: University of Chicago Press, 1988), pp. 95~156.

[205] Richad Swedberc, "Max Weberl's Vision of Economic Sociology," *Journal of Socio – Economics* 27 (4), 1998, pp. 535~555.

[206] R. H. G. Suggett, J. Houghton – Brown, "The Implications of Introducing Horse Enterprises onto Farms," *Journal of the Royal Agricultural Society* 155, 1994, pp. 59~78.

[207] T. Jayne, B. Zulu and J. Nijhoff, "Stabilizing Food Markets in Eastern and Southern Africa," *Food Policy* 31 (4), 2006, pp. 328 – 341.

[208] S. Waldron, C. Brown and J. Longworth, "State Sector Reform and Agriculture in China," *The China Quarterly* 186, 2006, pp. 292.

[209] Wayne D. Rasmussen, "Farmer, Cooperatives, and USDA: A History of Agricultural Cooperative Service," *Agricultural Information Bulletin* 621, 1991, pp. 4~12, 255.

附录 农户社会化服务需求调查问卷

编号：_____

调查地点：____省____市____县____乡（镇）____村

调查员：

审核员：

调查日期：

1. 性别：

(1) 男；(2) 女

2. 年龄：____岁

3. 家庭人口数：____，劳动力人数：____，家中外出务工人数：____

4. 婚姻状况：(1) 已婚；(2) 未婚；(3) 离婚；(4) 丧偶

5. 您的文化程度是：

(1) 小学及以下；(2) 初中；(3) 高中或中专；(4) 大专；(5) 大学本科及以上

6. 当前是否从事农业生产：

(1) 是；(2) 否

7. 您目前从事劳动分类：

(1) 种植业；(2) 养殖业；(3) 在企业务工；(4) 个体工商业；(5) 其他（请注明）_____

8. 家庭主要收入来源：

(1) 粮食种植；(2) 畜牧业；(3) 果蔬种植；(4) 水产养殖；(5) 外出务工

(6) 土特产加工业；(7) 其他收入（请注明）_____

9. 您的家庭人均纯收入：

（1）1000元以下；（2）1001～2000元；（3）2001～3000元；（4）3000元以上

10. 家庭拥有土地总面积：____亩。

11. 主要种植内容：

作物名称							
平均产量							
面积（亩）							
纯收入（元）							

12. 您家主要养殖什么：_____

13. 您所采用的农业技术主要来源？（多选）

（1）政府涉农部门；（2）合作社或专业协会；（3）企业；（4）电视；（5）广播；（6）传统经验

14. 您是否愿意参加教育培训？

（1）愿意；（2）不愿意

15. 在过去的一年中您参加过多少次培训？

（1）没有参加过；（2）三次以下；（3）3～5次；（4）5～10次；（5）10次以上

如果参加过培训，培训的内容：_____

16. 您在生产过程中是否需要农业服务：

（1）是；（2）否

17. 您在目前的农业生产中主要得到了来自哪些方面的服务：（可多选）

（1）县、乡两级农技推广部门提供的服务；（2）村级集体组织提供的服务；（3）科研教育单位提供的服务；（4）龙头企业提供的服务；（5）邻里亲戚间的互助服务；（6）合作组织或专业技术协会提供的服务；（7）私人农资商店/公司提供的服务

18. 您现在最需要获得哪类农业服务，请按迫切需求程度排序：第一：

____；第二：____；第三：____

（1）提供技术指导；（2）提供政策法律信息；（3）提供市场信息；（4）介绍贷款渠道；（5）组织农民外出打工；（6）购买农用生产资料；（7）租用农机；（8）病虫害防治；（9）产品加工和储藏；（10）收购与销售；（11）大宗农作物收割与脱粒等

19. 您对各部门所提供的农业服务的满意情况是：（请在三个选项中选择一个打√）

满意度	县、乡两级农技推广部门	村集体	农民合作社或专业协会	龙头企业	科研教育单位	邻里亲戚间互助
满意						
一般						
不满意						

20. 您认为自己是否缺乏信息？

（1）缺乏；（2）不缺乏

21. 您是否需要参加信息技术方面的培训？

（1）需要；（2）不需要

22. 您目前有没有参加相关的农业合作社或专业技术协会？

（1）参加了（接续23题）；（2）没有参加；（跳过23题，接续24题）

23. 加入之后，您家得到了如下哪些好处？

（1）减少购买农资的费用；（2）得到了技术服务；（3）便于销售；（4）节省劳动力；（5）利于资金借贷；（6）得到了培训；（7）市场信息和经验交流；（8）提高收入；（9）其他（请注明）_____

24. 您家没有参加合作社或协会的原因是：

（1）周围没有农业合作社或协会；（2）对其不了解；（3）没什么好处；（4）没有必要；（5）要交会费；（6）其他（请注明）_____

25. 您是否愿意参加农业合作组织：

（1）愿意；（2）不愿意

26. 您家日常生产所用的农药、化肥、种子和饲料等，是通过哪种渠道购买的？

（1）自己到私人农资商店或公司购买；（2）通过合作组织或专业协会统一购买；（3）由村集体组织统一购买；（4）和邻居或亲戚一起购买

27. 您家生产的农产品采取下列哪种方式销售？

（1）自己到市场上销售；（2）由收购商到家里收购；（3）由村集体统一组织销售；（4）由签过协议的企业统一收购；（5）通过"经纪人"或"协会"等中介来销售；（6）其他（请注明）_____

28. 如果在生产经营中遇到困难时，您主要会获得谁的帮助？

（1）邻居亲戚朋友；（2）村委；（3）县、乡两级政府机构；（4）政府领导；（5）其他（请注明）_____

29. 在你的生产资金紧张时，您主要会怎么办？

（1）自己解决；（2）向邻居亲戚朋友借；（3）向银行贷款；（4）高利贷；（5）从合作社借；（6）其他（请注明）_____

30. 对于在提供农业服务过程中收费的问题，您是怎么样看的？

（1）不应该收费；（2）可以适当收费；（3）就应该收费

31. 您通常获得有关农产品生产和销售（如价格和需求）信息的最主要途径是：

（1）村里的公告；（2）邻居亲戚朋友；（3）村领导；（4）广播；（5）电视；（6）书报杂志；（7）互联网；（8）村里信息员；（9）政府派出机构；（10）其他（请注明）_____

32. 您通常获得有关政府的信息或政策（如农技推广）的最主要途径是：

（1）村里的公告；（2）邻居亲戚朋友；（3）村领导；（4）广播；（5）电视；（6）书报杂志；（7）互联网；（8）村里信息员；（9）政府派出机构；（10）其他（请注明）_____

33. 您所在的乡（镇）信息员有多少人？____

34. 他们由谁来担任？

（1）村干部；(2）专业技术人员；（3）大学生"村官"；（4）合作社

内部人员;(5)其他(请注明)_____

35. 您认为学习信息技术能否在短期内增加您的收入?

(1)能;(2)不能

36. 您认为农民能否在短期内掌握信息技术?

(1)能;(2)不能

37. 您认为信息技术在增加农民生产技能方面的难易度?

(1)容易;(2)一般;(3)较难

38. 在农村设立农业信息员,对您的生产与生活带来了什么影响?

39. 对政府提供农业服务方面有什么要求?

40. 您对技术指导、推广和培训有什么建议和要求?

后 记

本书是在我的博士学位论文的基础上修改完成的。作为过来人回望自己读博的这段经历,可以说是终生难忘,因为我在思想与治学的发展道路上经历了一次"死去活来"式的蜕变过程,也可以说是我人生的一个重要转折点。一个美国的社会学家曾说过,人只有在占有物质之后,才能生出超越物质的概念。推及做学问这个范畴,只有当我沉下心来凭借大量的阅读和实践进入"三农"研究领域之后,才发现自己的研究兴趣究竟在哪里。我是在专业转型的压力下硬着头皮逐步走进"三农"研究领域的,但经过不懈努力,在有所启悟的同时竟发现处处有惊喜,经过从忍受到承受的治学角度转换,正似脱胎换骨的感觉,对我不仅是一大精神磨炼,更是人生一大幸事。当知潜力非经挖掘,不易发现;非经锻炼,不易长进。在此之后,我对于生活中的凡此种种,多了些许从容和耐心。在成为一名教师之后,我更能理解学生的想法与困惑,更同情学生的清贫与不易。读博之前做研究还可说是被动的、不自觉的,但在读博之后,我渐渐认识和体会到做学问的甘苦。

衷心感谢我的导师张波教授,本书是他悉心指导的结果,从选题、结构设计、撰写、修改直至定稿都凝聚着导师的心血与汗水,字里行间渗透着导师深邃的智慧。张波老师严谨的治学理念、深厚的学术底蕴、谦和的学者风范、缜密的思维能力、豁达的人生态度,令我非常钦佩,其言传身教使我终身受益。张老师对我学业上的点拨与提醒,使我能够顺利地适应博士阶段的学习要求,转变思维,走向成熟;对我生活上的关心与鼓励,使我能适时调整自己的心态,感受周围生活的美好。在本书即将出版之际,我要向培养和指导我多年的恩师表达最崇高的敬意!

感谢我的硕士生导师张红副教授多年来对我的教诲和栽培,是她引我进入学术研究领域,并帮助我打下了良好的学习基础。她渊博的学识、敏锐的思维、积极的工作态度和朴实的人生品格,深深地影响和熏陶着我。

感谢西北农林科技大学人文学院的樊志民教授、卜凤贤教授,经管学院的郑少锋教授、李世平教授、王征兵教授、王礼力教授、孔融教授,创新学院的陈遇春教授,以及西北大学的陈国庆教授等在我博士学位论文的选题论证和撰写过程中提出的宝贵意见,使我的研究思路得以清晰、视野变得开阔,各位老师的学术修为,令我景仰。感谢付少平教授、李录堂教授、司汉武副教授、李松柏副教授,以及张丽萍、强百发、张军弛、王曼、崔宇等诸位老师在学习、生活上给予我的关怀与帮助。

感谢母校为我提供了去美国留学的机会,丰富了我的人生经历。感谢我在美国肯塔基大学社会学系接受联合培养期间的导师 Patrick H. Mooney 教授,他在学业与生活上都给予我很大的关心和帮助,不仅细致入微地为我修改英文文章,还抽时间与我探讨中国的"三农"问题,他深厚的理论修养、创新的逻辑思维、开朗达观的性格、和蔼可亲的态度和一丝不苟的工作作风,深深地影响了我,让我受益匪浅。还要感谢 Keiko Tanaka 副教授及徐法寅博士在美期间对我学业上的指导与帮助。感谢梁亮、张琴华、郭娟、秦君、黄幸、Corrie、Grace、Elaine、John、Petronnyla 等师友在美期间对我学业与生活上的关心与照顾。

感谢韦吉飞博士、郭群成博士、于振勇硕士在我的写作过程中提出良好的建议;感谢曾和我一同参与论文论证工作的师兄张军弛、田兵权和师姐邓谨、苏艳平对我的帮助与鼓励,使我能够顺利完成答辩工作;感谢李红涛、魏亚儒、谭光万、李冠杰、王倩、吕庆峰、张磊、梁惠清、赵强社、文雷、杨晓娟、邹伟等众多同期博士班的同学对我的关注与支持,在此表示由衷的谢意。

感谢我的家人多年来对我的鼓励与支持,尤其是我的爱人王建华博士，感谢他在本书资料收集方面提供的帮助，感谢他多年来在生活和精神上对我的理解与支持。

在此向所有关心、支持和帮助过我的老师、同学、朋友和亲人表示最衷心的感谢！

李俏

2015 年 4 月

图书在版编目(CIP)数据

农业社会化服务体系研究 / 李俏著 . —北京:社会科学文献出版社,2015.8
 ISBN 978 - 7 - 5097 - 7664 - 3

Ⅰ.①农… Ⅱ.①李… Ⅲ.①农业社会化服务体系 - 研究 - 中国 Ⅳ.①F326.6

中国版本图书馆 CIP 数据核字(2015)第 147295 号

农业社会化服务体系研究

著　　者 / 李　俏

出 版 人 / 谢寿光
项目统筹 / 颜林柯
责任编辑 / 颜林柯

出　　版 / 社会科学文献出版社·经济与管理出版分社 (010)59367226
　　　　　　地址:北京市北三环中路甲 29 号院华龙大厦　邮编:100029
　　　　　　网址:www.ssap.com.cn

发　　行 / 市场营销中心 (010) 59367081　59367090
　　　　　　读者服务中心 (010) 59367028

印　　装 / 三河市尚艺印装有限公司

规　　格 / 开 本:787mm×1092mm　1/16
　　　　　　印 张:15.25　字 数:235 千字

版　　次 / 2015 年 8 月第 1 版　2015 年 8 月第 1 次印刷

书　　号 / ISBN 978 - 7 - 5097 - 7664 - 3

定　　价 / 69.00 元

本书如有破损、缺页、装订错误,请与本社读者服务中心联系更换

▲ 版权所有 翻印必究